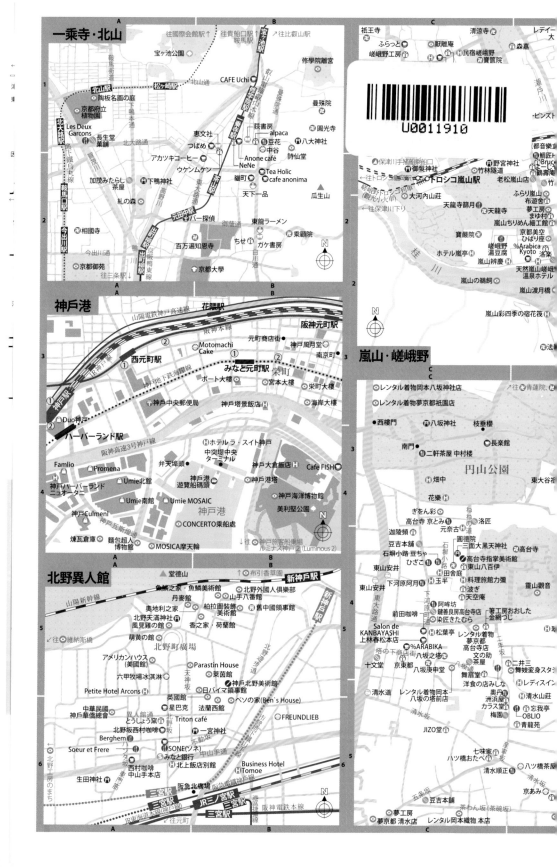

出發！

京阪神
自助
2023~2024
旅行

一看就懂旅遊圖解 Step by Step

NO.26

MOOK

一看就懂旅遊圖解 Step by Step

NO.26

出發！
京阪神自助
2023~2024
旅行

目錄

認識京阪神

你知道京阪神是哪裡嗎？京阪神是指京都、大阪、神戶這三座都市，之所以會被並列，是因為這三座都市正是日本關西地方的主要都會區，同時也是吸引最多旅人造訪的城市。京都古典、大阪繁華、神戶雅致，或許是許多人的直覺印象，但當然不只如此，快來了解京阪神的多重魅力吧。

文／墨刻編輯部
攝影／墨刻攝影組

BEFORE GO TO
KYOTO OSAKA KOBI

京阪神在哪裡？

京都

京阪神位在關西地區，而關西位於日本列島的中心，四周有日本海、瀨戶內海、太平洋圍繞，再加上地形起伏，使這裡的風景別具特色。自古以來關西地區就是日本的經濟文化中心，商業大城大阪、文化古都京都、奈良，藍色港町神戶，周邊的三重、和歌山、淡路島、琵琶湖等地，每個角落都有其韻味。

神戶

大阪

京阪神簡介

京阪神指的是關西地區最熱門的大阪、京都、神戶這三個都市，其實範圍非常廣，人口更將近2000萬，但觀光客大多在市區遊玩，較常聽見的心齋橋、道頓堀、天王寺、神戶、北野異人館，或是河原町、清水寺、祇園都在這裡，是融合現代與古典，引領關西地區流行話題的都會區。

> 大阪是京阪神最主要的都會區

到京阪神觀光
大約需要幾天？

想體驗京阪神各種面貌的話，建議至少要安排個5天4夜。這樣的時間其實並不算長，畢竟京阪神可是有三個都市，雖然可能無法非常深入每座都市，但已經足夠到大阪、京都、神戶的主要觀光地一遊。安排行程時記得要算上乘車、轉車時間，建議每天不要超過三個地區(車站)，以免顧著轉換地點，反而無法盡興。

> 熱鬧商圈、在地氣息、傳統文化，都是迷人之處

認識京阪神

行前準備

機場介紹

當地交通

主題旅遊

常見問題

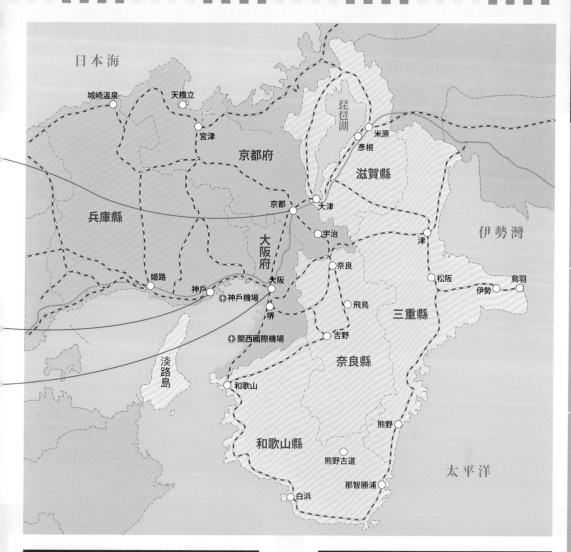

氣候怎麼樣？

　　京阪神各地氣候略有不同，大阪最為炎熱乾燥，神戶則較溫和，因為海風吹拂之故夏天也不會過熱，而京都市偏向內陸型氣候，四季變化最明顯；整體而言，春秋需注意早晚溫差，夏季氣溫偏高，也會有梅雨、颱風，冬季降雪相對較少，但均溫仍在10度以下，需做好禦寒準備。

京阪神的天氣大多爽朗，最適合出遊

哪個季節最美？

　　想要看到最美的風景，當然要事先確認最佳旅遊季節。如果想要賞櫻，3月下旬到4月中旬最為適合，7、8月接連舉辦的祭典能夠感受到熱烈的夏日風情，11月中旬左右楓葉轉紅，若是對楓紅、銀杏有興趣，11月中旬到12月上旬最適合。

火紅的楓葉是京都的秋日印象

京阪神主要旅遊地介紹

京阪神有許多值得一訪的地點，以下介紹幾個主要旅遊地，不妨作為參考。當然，除此之外還有許多面貌，喜歡藝術、美食、小店、公園、老街情調的人，都可以在這廣大都會區裡找到屬於自己的角落。

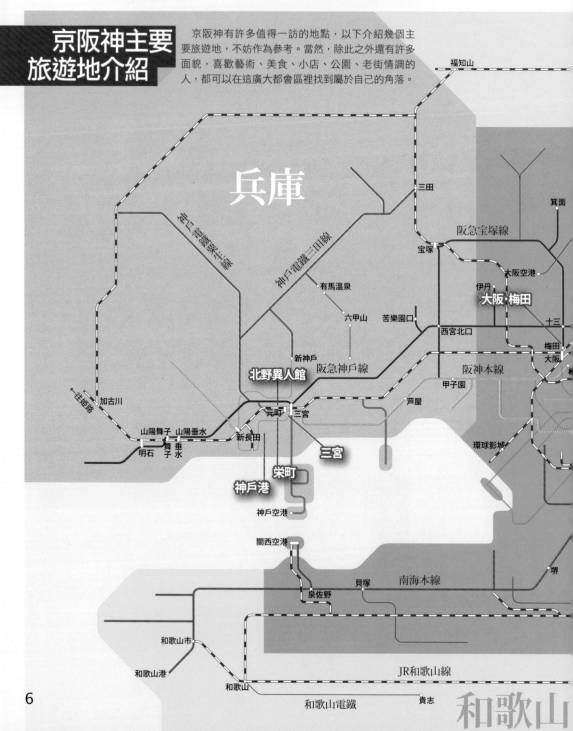

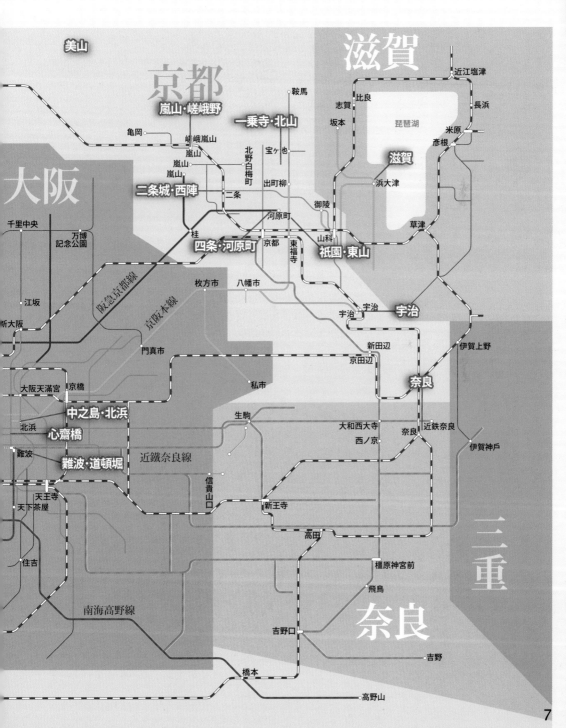

認識京阪神

行前準備

機場介紹

當地交通

主題旅遊

常見問題

7

大阪

大阪・梅田

　　大阪站周邊稱作「梅田」，梅田是大阪北區，同時也是大阪市最重要的交通、商業中心。梅田藍天大廈、Grand Front Osaka、LUCUA等知名百貨都聚集在此區，不僅大阪的潮流文化是從此處發祥，更可以說是京阪神最時尚的一區。

大阪

難波・道頓堀

　　「道頓堀」是一條匯流入海的人工運河，但現在大多是指運河周邊的熱鬧商圈，足以代表大阪的固力果看板與大招牌都在此地，同時還有章魚燒、拉麵、大阪燒等國民美食齊聚，更與南區的難波相連，早已是最富地方色彩的樣貌。

大阪

心齋橋

　　心齋橋是條具有百年歷史的購物街，知名的百貨SOGO就是從此地發跡。從前，大阪商人利用長堀運河載著貨物到此交易，讓此地成為商賈繁盛之地，熱鬧景象維持至今。鄰近的御堂筋林蔭濃密，更是大阪精品最集中的區域。

大阪

中之島・北濱

　　為堂島川與土佐堀川環抱的土地就是中之島，從明治時代就是政府機關的落腳地，留下了許多古典洋風建築。為了連接南北，這裡建造了多座橋樑，便利之餘又與其他地區稍有區隔，是都會的綠洲，也是水都風情最顯著之地。

認識京阪神

行前準備

機場介紹

當地交通

主題旅遊

常見問題

神戶

三宮

　三宮是神戶最熱鬧的一區，不僅是交通樞紐，也是百貨、購物街聚集的地方，從這裡可以一路直通元町區域，神戶鼎鼎有名的洋菓子與神戶牛都隱藏在此區巷弄中，也是潮流發源地，吸引年輕人聚集、約會閒晃。

神戶

神戶港

　神戶港區擁有完善的遊憩設施，從購物商場、美食餐廳、遊樂園、飯店、博物館、地標塔都一應俱全，碧海藍天的優雅風景中只見船隻點點，港邊的建築物也配合海洋意象，充分展現海港城市的開放感與自由氣息。

神戶

榮町

　鄰近海岸的榮町往北是元町，往東為舊居留地，南邊正是神戶港口，這裡昔日為神戶港的繁盛區域，許多貿易公司紛紛進駐，今日的榮町仍然保有這些公寓，不過昔日的辦公室成了雜貨、服裝、藝廊等個性小舖，每一間都有迷人的個性。

神戶

北野異人館

　「異人」是外國人之意，而充滿西洋風情的房舍就稱為「異人館」。明治時代神戶開港後，歐洲人在北野山坡的領事館或居住的家，多建造成接近故鄉風格的洋館，保留至今開放大眾參觀，也就成了風格鮮明的北野異人館。

四條・河原町

四條通、河原町通與烏丸通、三條通所圍成的地區是京都最熱鬧的繁華街，也是造訪京都必逛的購物與美食區，這裡集中了多家年輕人必去的流行百貨商場與服飾精品店。

一乘寺・北山

以叡山電鐵為主要交通工具的一乘寺・出町柳地區範圍廣闊，最受矚目的是櫻花與紅葉名所的下鴨神社。這裡雖然是住宅區，但白川通擁有盎然綠意，周邊更聚集多所大學，別具文化氣息，也吸引風格十足的咖啡廳、餐廳聚集。

祇園・東山

京都可分為東西南北四區，東面通稱東山，擁有清水寺、祇園、二年坂、三年坂、高台寺和寧寧之道（ねねの道）等景點。東山的迷人之處要屬寺院、古民家與石疊小徑組成的風景，光是在這裡緩步盤桓，就足以感受京都的風情。

二條城・西陣

京都御所和二條城分別是天皇家與德川將軍家，古時為了應付達官貴人的需求，許多和菓子、花道、茶道、工藝老店都集中於此，同在上京區的西陣早期是織物產業的集中地，寧靜宜人的町家街道氣氛吸引了許多個性小店與咖啡廳。

嵐山・嵯峨野

相傳嵐山是日本平安時代王公貴族最愛遊覽的觀光地，嵯峨野則林立著許多寺院和從前貴族的離宮，春天來臨時，天龍寺境內、渡月橋和大堰川兩岸的櫻花爭相開放，櫻雪瀰漫間更有種空靈的美感，此處也是觀賞紅葉的最佳地點。

認識京阪神

行前準備

機場介紹

當地交通

主題旅遊

常見問題

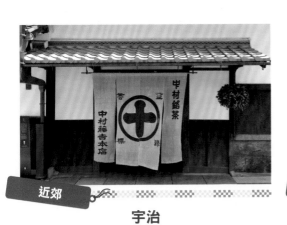

近郊

宇治

　京都市郊的宇治有著溫婉的山水風景，也是宇治茶的故鄉。自茶師千利休開始，宇治茶受到歷代茶人的喜愛，像是伊藤久右衛門、中村藤吉等老舖的名號，一般人也都耳熟能詳。宇治川兩側更有平等院、宇治上神社等世界遺產。

近郊

奈良

　奈良是日本在京都之前的首都，比起越來越現代化、未來化的京都，至今仍保有小城風味的奈良，更適合想要發思古之幽情的遊客一遊。奈良的美雖然沒有京都來得絢麗耀眼，但寧靜自在的氛圍，卻為古都增添一份說不出的魅力。

近郊

美山

　連手機都常常斷訊的美山，是充滿日本隱村情調的山中小町，村內最大特色就是有著可愛的日式傳統茅草屋、純樸的鄉間風景和小小的藝廊及民宿，晚間可以找間民宿借住在茅草屋裡，感受日本鄉村濃濃的人情味。

近郊

滋賀

　美麗的湖水之國滋賀縣，擁有全日本最大、湛藍澄澈的「琵琶湖」。這座日本最大的湖泊如一顆梨形的藍寶石鑲在滋賀中心，湖畔更有溫泉、名城或是和風氣息濃厚的傳統街道，都讓人醉心，四季皆宜遊覽。

KYOTO OSAKA KOBE
FOUR SEASONS

春 賞櫻名所

每到了春櫻爛漫之際，京阪神各地都會紛紛舉辦賞花祭典，公園內、河川邊、寺廟裡萬頭攢動，只為了欣賞這短暫的美麗。京阪神的櫻花期約在3月下旬到4月中旬，想欣賞落櫻美景可要把握時機。

哲學之道

　　哲學之道沿著水渠兩旁的小徑共種植著500多株「關雪櫻」，名稱的由來為大正10年，京都畫壇名家橋本關雪的夫人在此栽種櫻花因而得名。而哲學之道的由來也是因昔日哲學家西田幾多郎，經常在此沉思散步之故，所以取名為「哲學之道」。

🌸4月上旬 📍銀閣寺前～南禪寺一段
🚌巴士「南禪寺・永観堂道」或「銀閣寺前」站下車即達

大阪城

　　每到櫻花盛開時，大阪城便會被櫻花包圍，尤其是原為豐臣秀吉正室北政所居所舊址的西之丸庭園，這裡更是以超大的草坪與春天時盛開的櫻花出名，是大阪市內的賞櫻名所。

📍大阪市中央区大阪城1-1 💲西の丸庭園¥200、夜櫻¥350 🚌谷町四丁目駅、大阪城公園駅徒步約10分

新手看這裡

不容錯過，其它絕景賞櫻景點

姫路城
春天粉櫻剛好以天守閣為背景，襯托白鷺城的高貴
🚶姫路駅徒步15分

醍醐寺
盛開枝垂櫻呈現婉約與壯闊之美
🚶地下鐵東西線醍醐駅徒步10分

吉野山
壯觀千本櫻，欣賞滿山頭的瑰麗粉色
🚌搭乘巴士於「中千本公園」下車徒步即達

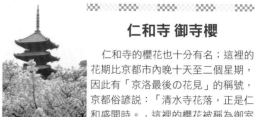

大阪造幣局 櫻花通道

　　除了大阪城，每年4月中下旬，造幣局從南門到北門間長達560公尺的櫻花步道便會盛開，美麗的景色被譽為關西第一櫻花步道。一旁還會擺起路邊攤，可以在櫻花漫飛下遊逛攤販，體驗日本專屬的風情。

🌸櫻花季才開放，約4月某一週，視花開狀況而定。 📍大阪市北区天満1-1-79 🚌天満橋駅2出口徒步約15分 🌐www.mint.go.jp/enjoy/toorinuke/sakura_osaka_news_r5.html

仁和寺 御寺櫻

　　仁和寺的櫻花也十分有名；這裡的花期比京都市內晚十天至二個星期，因此有「京洛最後的花見」的稱號，京都俗諺說：「清水寺花落，正是仁和盛開時。」這裡的櫻花被稱為御室櫻，最大的特色就是從根部，大約離地2、30公分起，就開始開出櫻花來，不像一般櫻花，多長在枝頭樹梢；因此仁和寺櫻花盛開時，有種近在眼前的獨特美麗。

🌸4月上旬～4月中旬 📍右京区御室大内33 🚌市巴士26號在「御室仁和寺」站下車即達 💲御室花祭 特別入山費 大人¥500，高中生以下免費 🌐ninnaji.jp/cherry_tree/

認識京阪神

行前準備

機場介紹

當地交通

主題旅遊

常見問題

夏 熱力祭典

京阪神所在的關西地區每到夏天的熱度可不輸台灣，不僅天氣燠熱，還屢屢創下高溫記錄。在這樣的炎陽夏日之中，除了讓人揮灑汗水的祭典之外，就屬劃過黑夜的煙火最令人期待，聽著火花的爆破聲，也正式宣告夏天的來臨。

祇園祭

長達一整個月的祇園祭，與葵祭、時代祭並列為京都三大祭。祭典起源於九世紀時，為驅除疫病而舉辦的「祇園御靈會」，祇園祭中共會使用三十三座高大山鉾，山鉾建造過程中全憑木材與繩索組合捆綁，周圍飾以華麗織錦，車頂是象徵驅除疫病的長矛，上方則坐滿了演奏樂器的人，祭典中由男子們揮汗推拉山鉾前行。飄蕩的傳統樂聲、驚呼不斷的滿滿人潮，在熱鬧喧囂中，融合了古都之美。

🕐7月一整個月。宵山為7月14~16日，前祭山鉾巡行為7月17日，後祭山鉾巡行為7月24日 🏯每日活動地點不同，約在八坂神社、四條烏丸、河原町通一帶 🚉阪急電車河原町駅下車即達 🌐www.gionmatsuri.jp

新手看這裡

想要一訪的各式祭典

葵祭
🕐5月15日 🏯京都御所~下鴨神社~上賀茂神社
なにわ淀川花火大会
🕐8月第一個週六 🏯淀川河川公園
みなとHANABI
🕐8月上旬，2022年因疫情改至10月，為期五天 🏯神戸港メリケンパーク
時代祭
🕐10月22日 🏯京都御所~平安神宮
鞍馬火祭
🕐10月22日 🏯鞍馬寺參道上的由岐神社

大文字五山送火

大文字五山送火是京都的重要行事，據說其由來與盂蘭盆會相關。所謂五山是指在圍繞京都市內的五座山：大文字山(大)、松崎西山與東山(妙法)、金閣寺左大文字山(大)、西加茂船山(船形)、嵯峨曼陀羅山(鳥居形)，每年8月16晚上8點，會一起點燃這五座山山腰上的篝火圖文，燃起的火光不僅是送走先人靈魂的祭事，也是夏日即將結束的宣告。因為篝火大約半小時就會燃燒殆盡，想欣賞這抹特殊風景的話，建議把握其中一個圖文欣賞就好。

🕐8月16日
🏯**大文字**：賀茂川（鴨川）堤防。
妙：地下鐵烏丸線「松ヶ崎」駅周邊。
法：高野川堤防。 **船形**：御薗橋周邊。
左大文字：西大路通（西院~金閣寺）。
鳥居形：松尾橋周邊、廣澤池周邊

天神祭 奉納花火

天神祭每年都吸引百萬以上的觀光客，和京都祇園祭、東京神田祭，並稱日本三大祭。已有千年以上歷史的天神祭，在每年7月24、25日舉辦，以7月25日的「陸御渡」和「船御渡」為重心，「陸御渡」是陸上的祭典行列遊行，「船御渡」則是水上行船遊行，最早是在豐臣秀吉築大阪城時定下的另一祭典形式。不少大阪的商業組織都會自組迎神船，參與水上遊行，不但比船的規模裝飾，大家擊鼓歡呼、又歌又舞，把整條大川搞得像嘉年華會。

🕐7月25日 🏯大阪天滿宮至天滿橋一帶 🚉JR東西線大阪天滿宮駅；京阪電車、地下鐵堺筋線北浜駅徒步即達

秋 古寺楓紅

京阪神的賞楓時節為11月中旬到12月上旬，近年雖然時間有些往後，但基本上仍是這段時間最為美麗，尤其以京都的楓葉最為出名，每當楓紅來臨，只要步入各大寺社都能見到一片紅火，美不勝收。

常寂光寺

這座以紅葉聞名的古寺位於小倉山麓，四周是靜寂蓊鬱的綠林，當年開山僧人即是看上它的幽僻，才選作隱居修行之地。「常寂光」這個寺名也饒富禪意，出自佛典，是天台四土之一，意為佛教的理想境界。秋楓時節的常寂光寺，以滿地楓紅而聞名，與一般枝頭紅葉相比，多了種華麗清寂的奇妙感受。

🕐11月中旬～11月下旬 🏠京都市右京區嵯峨小倉山小倉町3 🚉JR嵯峨嵐山駅徒步約15分 💲¥500 🌐www.jojakko-ji.or.jp

永觀堂

永觀堂以秋天紅葉聞名，而有紅葉的永觀堂（もみじの永觀堂）的稱號。院內本堂安置的阿彌陀如來像非常有名，特別在於佛像的臉並不是看著前方，而是往左後方回頭，稱為「回望阿彌陀佛」。最建議秋季來到這裡，雖然人較多，但絕美楓景值回票價！

🕐11月中旬～11月下旬 🏠京都市左京區永觀堂町48 🚇地下鐵東西線蹴上駅下車、徒步約15分 💲平日大人¥600、高中小學生¥400 🌐www.eikando.or.jp

詩仙堂

詩仙堂的庭園之景以5月下旬時五月杜鵑花開和秋天紅葉時間最迷人，堂內收藏著日本知名畫家狩野探幽所畫的中國漢晉唐宋三十六位詩人，包括蘇軾、陶淵明、韓愈、柳宗元、杜甫、李白等，詩仙堂因而得名。11月深秋時，紅葉和綠竹各佔半邊天顏色，透過山間迷濛的霧氣剛好將秋天的氣氛帶到最高點。

🕐11月下旬～12月上旬 🏠京都市左京區一乘寺門口町27 🚉叡山電鐵一乘寺駅徒步10分 🎫5月23日 💲大人¥500，高中生¥400，中小學生¥200 🌐kyoto-shisendo.net/

寶筐院

這個寺院是以南朝武將楠木正行的首塚，和室町幕府二代足利義詮的墳墓相鄰而聞名。不僅庭園覆蓋的落葉很美，連紅葉也富詩情畫意，尤其是本堂南側的庭園景觀尤佳，白砂與青苔上堆積著落葉，宛如華麗的西陣織一般。特別要注意的是這個寺廟禁止攜帶三腳架進入。

🕐11月中旬～11月下旬 🏠京都市右京區嵯峨釋迦堂門前南中院町9-1 🚉JR嵯峨嵐山駅徒步約15分 💲大人¥500，中小學生¥200 🌐www.houkyouin.jp

認識京阪神

行前準備

機場介紹

當地交通

主題旅遊

常見問題

冬 璀璨燈節

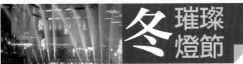

11月紅葉還沒凋落，城市街頭便已掛上點點燈光，為了迎接聖誕節，各地都在冬季以燈飾點亮街頭，一直持續到隔年2月。在寒冷的冬夜之中，點點燈火看來溫暖無比，各種色彩的圖案又美得像能治癒人心似的，滿滿感動讓冬夜再也不寒冷了。

神戶ルミナリエ

發生於1995年1月17日清晨的阪神大地震，改變了神戶許多市區的樣貌、卻也帶來了新生，誕生於1995年底的LUMINARIE是其中最受矚目的項目之一。LUMINARIE一語來自義大利文，原意是「燈飾」，在黑夜中，將近15萬盞燈火同時打亮，在隆冬裡幻化出莊嚴之光、藝術采輝，寓含了為震災犧牲者鎮魂、也昭示著賜予倖存者對生命的感動與勇氣，更希望能為受損嚴重的神戶市街，帶來重生與復興的契機。

🕐12月中旬 🏠神戶市旧居留地及東遊園地 🚉元町駅、三宮駅、地下鐵三宮，花時計前駅皆在會場周邊 🌐www.kobe-luminarie.jp

新手看這裡

3月的東山花燈路

以1200年的歷史譜出的京都景色，一年四季皆美。為滿足夜間出遊的渴望，近年東山的主要景點搭配夜間點燈，讓京都的觀光效益又更加提升。東山花燈路舉辦的日期在春天櫻花盛開之前。從青蓮院一直延伸到清水寺，一路上繁燈點點，使夜晚的石坂小路更添嬌色。

🕐每年時間不一，約3月中旬
🏠東山一帶(大約是青蓮院至清水寺的範圍)
🚌搭乘巴士在「祇園」站、「清水道」站下車即達會場
🌐www.hanatouro.jp

嵐山花燈路

每年的12月都會在嵐山一帶舉行的嵐山花燈路，亮起的燈光將嵐山一帶照亮，繁華似錦的夜色被慕名而來的人們擠得水洩不通。以自己的步調在嵐山閒逛，十分愜意。另外在櫻花盛開之前的東山(清水寺、圓山公園一帶)也會有東山花燈路的活動，詳細時間請上網查詢。

🕐每年時間不一，約12月中旬開始 🏠阪急嵐山駅～二尊院一帶 🚉阪急嵐山駅、JR嵯峨嵐山駅、嵐電嵐山駅皆在會場周邊 🌐www.hanatouro.jp

大阪·光之饗宴

每年接近聖誕節時，大阪市區內就亮起點點燈彩，從大阪市役所到中之島公園一帶，都會裝上絢麗的燈飾，醞釀起聖誕的浪漫氛圍。除此之外，還會有「大阪光之文藝復興」的活動，以典雅的大阪市中央公會堂作為背景，上演華麗絢爛的投影秀，美麗光彩讓人難忘。

🕐12月中旬～下旬 🏠大阪市役所前～中之島公園一帶 🚉京阪なにわ橋駅、地下鐵淀屋橋駅、北浜駅皆在會場周邊 🌐www.hikari-kyoen.com/

道地美食

位居經濟、文化重鎮的京阪神，美食文化多元豐富，最適合來一趟美食探索旅程。

章魚燒
たこ焼き

據説章魚燒是由大阪的會津屋參考明石燒所創造出的平民料理。大阪周邊的瀨戶內海是「真章魚」產量最豐富的地方，大阪人以嚼勁十足的章魚丁為主要材料，將其放入麵粉糊中，在球形鐵板中燒成一口大小，灑上柴魚片。此後店家漸漸發展出蘸醬油、柚子醋、大阪燒醬汁，更出現如沾取高湯、放在湯中、異國風味等許多美味的變化，是一道簡單又便宜實惠的庶民美食。

哪裡吃

たこ焼き道楽 わなか
⌂ 大阪市中央区難波千日前11-19

甲賀流
⌂ 大阪市中央区西心斎橋2-18-4

大阪燒
お好み焼き

大阪燒為大阪的代表性庶民美食，以麵粉糊佐以大量食材在鐵板煎烤而成，醬料因配合大阪人口味而偏甜，最基本的材料有蔥末、高麗菜絲、蛋、海苔等，另外還有海鮮、肉類，上桌前會灑上柴魚片、美乃滋，還有帶點辛辣味的紅薑絲去腥調味，鮮豔色彩，香氣撲鼻，讓人食指大動。

哪裡吃

きじ
⌂ 大阪市北区大淀中1-1-90梅田スカイビル

美津の
⌂ 大阪市中央区道頓堀1-4-15

和式聖代
パフェ

日本精緻的美食文化反映在多元的美食種類之上，如一樣的聖代卻能以許多不同面貌呈現。入口即化，甜味控制得恰到好處的冰淇淋基底，無論是加入新鮮水果、碎餅乾，或是融入和風、栗子、紅豆、抹茶、醬、蒟蒻以及如麻糬般彈牙的白玉湯圓等都十分美味又賞心悦目。

神戶洋菓子

自幕府時代開國後，神戶港口常有許多國外商船停靠，是各國特殊食材進入日本的第一站。從英、法等國來到日本的歐洲師傅們，紛紛製造販賣起許多新奇滋味，讓神戶成了孕育異國美食的搖籃，如麵包、蛋糕、巧克力、起司等，興起洋菓子風潮，形成神戶市區隨處都有甜點店的特殊景象。

哪裡吃

Motomachi Cake
⌂ 神戶市中央区元町通5-5-1

TOOTH TOOTH
⌂ 神戶市中央区三宮町1-4-11

哪裡吃

茶寮都路里
⌂ 京都市東山区祇園南側573-3

祇園きなな
⌂ 京都市東山区祇園南側570-119

神戶牛排
神戶牛ステーキ

日本三大和牛為神戶牛、近江牛以及松阪牛，通通都位於關西地區。神戶牛肉的產地為但馬及淡路島，而要成為神戶牛，必須經過嚴峻的審核標準。以炭火慢烤、鐵板炙煎的牛排，還有細火慢燉的燉牛肉都是顯出牛肉美味的箇中翹楚。

 伊藤グリル
🏠 神戶市中央区元町通1-6-6

湯豆腐
ゆどうふ

京都向來以潔淨冰涼的地下水著稱，是製造豆腐的絕佳環境。做法非常簡單，陶鍋中倒入昆布熬出的湯頭，在鍋下方以微火加熱，湯頭將滾之際放入大塊的木綿豆腐，並放入切片或切絲的桔皮增加香味，將火調小慢煮，等豆腐微微發漲並逐漸浮起時，就表示已吸足湯頭味道可以起鍋。以篩匙撈起一塊豆腐至盤中，沾點桔汁和鰹魚醬油混和的調味料就非常可口。

 湯豆腐 嵯峨野
🏠 京都市右京区嵯峨天龍寺芒ノ馬場町45

南禅寺 順正
🏠 京都市左京区南禅寺草川町60

和菓子

和菓子為日本奈良時代，中國唐朝傳入的「唐果子」融入大和文化發展而成的日式糕點，其中包括生果子、半生果子及乾果子。和菓子的造型精緻如藝術品，呈現自然景物及季節特色，名稱也多是從自然風景及文學典故等來命名。糯米製成的Q甜外皮及紅豆芝麻等香甜內餡，配上較為苦澀的日式茶類，絕妙的搭配讓人讚不絕口。

 鍵善良房
🏠 京都市東山区下河原通高台寺表門前上ル

鶴屋吉信
🏠 京都市上京区今出川通堀川西入ル

串炸
串カツ

以竹籤串起來下鍋高溫油炸的肉、菜等食材，稱為串炸。串炸食用方便，不必使用筷子，只要拿著竹籤便可輕鬆品嚐這平民美食。桌上擺放各式的醬料，如醬油、味噌、辣椒、胡椒鹽等，可依自己的喜好沾取。桌上提供的醬汁因衛生要求，不論是串炸還是附上的生菜都只能浸入醬汁一次喔。

 だるま
🏠 大阪市浪速区恵美須東2-3-9

八重勝
🏠 大阪市浪速区恵美須東3-4-13

認識京阪神

行前準備

機場介紹

當地交通

主題旅遊

常見問題

Yojiya美妝小物
よーじや

白臉娃娃yojiya是過去藝妓愛用的品牌，也是京都最具代表性的無添加傳統美妝保養品。添加金箔的吸油面紙是長年熱銷的經典品項，另外也有純植物性的香皂、彩妝用品、乳液等，也會因應時間推出櫻花系列等季節限定商品。

🏠四条通、祇園、金閣寺、清水、嵐山、JR京都站、機場等。 💲吸油面紙5冊￥1960、圓形手鏡￥430 🌐www.yojiya.co.jp

八ッ橋

軟薄帶著肉桂香氣的三角形外皮，裏進各種內餡的八橋，是京都獨有也是最具代表性的日式點心，知名店家如聖護院、本家西尾八橋、井筒八橋等，各有擁護者，幸好在二年坂、三年坂一帶都有店家，可以試吃比較後再購買。

🏠在祇園、嵐山、清水、三条通等熱門景點的名產店家或自家分店均有販售

大阪風搞笑商品

從章魚燒頭的Hello Kitty和小熊、固力果和食倒太郎的吊飾、搞笑必備的紙摺扇和意味不明的搞笑T恤，在搞笑藝人之都大阪，令人發噱的怪道具所在多有，不妨一起開懷大笑一下吧！

🏠各名產店 💲依商品而定

御守

只要是神社幾乎間間都有特別設計的御守，各式圖案和五花八門的保祐，讓御守成為很受歡迎的特別小禮物。京都特別有人氣的包括清水寺下地主神社的戀愛御守、安井金比羅宮的惡緣切御守、晴明神社的厄除守等。

🏠各大神社 💲安井金比羅宮的惡緣切御守￥500

日本環球影城限定商品

哈利波特、蜘蛛人、小小兵、芝麻街裡可愛的ELMO和大鳥、史努比、HELLO KITTY等環球影城旗下的螢幕明星，除了可以在影城內找到他們的身影，更可以在影城的商店中找到各式各樣超級可愛限定商品。

🏠環球影城商店 🌐https://www.usj.co.jp/

七味唐辛子
しちみとうがらし

將辣椒加上芥子、陳皮、胡麻、山椒、紫蘇、青海苔、生姜等原料拌炒而成的調味料，辛香調和不辣，適合加在涼麵、拉麵和牛丼等日式料理。七味唐辛子雖非京都特產，但位在三年坂與清水坂交叉口的七味家是日本三大七味唐辛子之一，值得一試。

🏠高島屋、大丸、JR京都伊勢丹、JR京都站附近等皆有直營店 🌐www.shichimiya.co.jp

認識京阪神

行前準備

機場介紹

當地交通

主題旅遊

常見問題

和風雜貨

來到日本一定要帶點和風雜貨回家，除了常見的手拭巾、扇子、小飾品之外，還有許多結合日式傳統與創新設計的嶄新商品，尤其到了京都，更是有許多讓人眼前一亮的可愛商品，每一樣都有著充滿京都意象的圖案，不論是要送禮還是當作紀念都很合適。

🏠 京東都、鳩居堂、京うちわ 阿以波等處

Crochet京都

一把鉤針(Crochet)，織出一個璀璨華麗的色彩都市。Crochet以傳統京飴的工法，把古往今來、東西風采織進一顆顆小巧的糖果中。與創立於1876年的京飴老舖今西製菓合作，融合歐陸糖果繽紛的色彩與傳統京飴的滋味，使用天然食用色素與傳手手製京飴技術，編織出京都的色彩，仕女的華服、貴族的十二單衣、藝妓的領襟，都在舌尖蔓延成一縷香甜，是京飴華麗的現代風貌。

🏠 京都市下京區綾小路富小路東入塩屋町69 🕚 11:00~19:00 🚫 不定休，詳見官網 💲 各式京飴一份￥540(約35~40g) 🔗 crcht.com

一澤信三郎帆布

繼承傳統京都帆布製作技術的一澤信三郎帆布包也是京都出身的人氣品牌，細膩質感來自師傅們的手工製作，樣式簡單卻十分耐用，並有種類眾多的顏色和花樣可供選擇，而且隨著使用時間的增長，帆布包還會產生使用過後手感與色澤。

🏠 京都市東山區東大路通古門前上ル高畑町602 🕚 10:00~18:00 🚫 週二、不定休、12月30日~1月3日 💲 招牌單色帆布袋￥3300起 🔗 www.ichizawashinzaburohanpu.co.jp

鶴屋吉信

在全日本擁有超過60家店舖的京都老店鶴屋吉信創業於1803年，最有名的和菓子為美麗的羊羹，除了基本的黑糖、抹茶、白小豆等口味，還有期間限定的獨家商品「青楓」，彷彿落在溪流裡的綠色楓葉，為初夏帶來一絲涼爽氣息。精緻美麗的菓子與包裝，送禮自用兩相宜，十分適合搭配一杯熱茶細細品味。

🏠 京都市上京區今出川通崛川西入る 🕚 9:00~18:00 🔗 www.tsuruyayoshinobu.jp

日本茶

日本茶源起於京都宇治，加上宮廷與茶道文化的發展，使得京都擁有特別多茶舖與茶屋。不論宇治或是京都御所周圍都有百年以上的老茶舖，而抹茶口味的餅乾點心和名稱浪漫的日本茶葉，都相當適合作為伴手禮物。

🏠 中村藤吉本店、一保堂茶舖、伊藤久右衛門等老茶舖，可參考京都府茶協同組 🔗 www.kyocha.or.jp(京都府茶協同組合)

俵屋吉富

俵屋吉富為和菓子的百年老店，附設的和菓子資料館中有許多珍貴的和菓子食譜，每頁都繪有彩色的和菓子設計圖，說明每個細節所使用的材料、顏色等，十分細膩。招牌為水嫩滑溜的生菓子，口感相當特殊，甜蜜蜜的滋味讓喜愛日式甜食的人大呼過癮，口味多樣吃再多也不會膩。

🏠 京都市上京區室町通上立売上ル室町頭町285-1 🕚 8:00~16:00 🚫 週日、週三 💲 羊羹￥1080起 🔗 www.kyogashi.co.jp

咖啡

京阪神擁有許多咖啡老舖，大阪的丸福珈琲、阿拉比亞咖啡，神戶的西村咖啡，京都的六曜社、Smart Coffee等都是創業已久的咖啡廳，這些老舖大多有販賣濾掛式咖啡、咖啡豆等商品，鼎鼎大名的%ARABICA當然也有販賣咖啡豆，喜歡的話可以把最道地的咖啡香帶回家。

🏠 丸福珈琲、阿拉比亞咖啡、西村咖啡、%ARABICA等

KYOTO OSAKA KOBE
EXPERIENCE

一覽神戶 千萬夜景

神戶夜景有日本三大夜景之稱，從六甲花園露台能夠看到從明石海峽延伸至大阪平原的海灣景色，而維納斯橋、摩耶山、神戶港塔的景色也各不相同，有空不妨全都排入行程，從不同角度欣賞這被譽為千萬美金價值的夜景。

神戶港灣全景

六甲山 六甲花園露台

六甲花園露台有多處欣賞港濱美景的設施，其實從六甲纜車下車處旁的「天覽台」就能望向神戶街道，璀璨美景讓人讚嘆不已。

🏠 神戶市灘區六甲山町五介山1877-9 ⏰ 依店舖而異，詳見官網
🚃 六甲纜車山上駅轉乘山上循環巴士於「六甲ガーデンテラス站」下車即達

六甲山 六甲花園露台

愛神浪漫夜景

諏訪山 維納斯橋

維納斯橋（ヴィーナスブリッジ）的交通較不方便，但可以觀賞夜景的螺旋橋樑十分特別，且一旁還有象徵戀情永恆的戀人鎖，依舊吸引不少戀人前來。

🏠 神戶市中央區神戶港地方ロー里山 🔄 自由觀景 🚃 從三宮駅搭乘神戶市營巴士7號(往神戶駅)約15分，或者可搭計程車前往

諏訪山 維納斯橋

神戶夜景代表

摩耶山 掬星台

掬星台標高七百公尺，天氣好時甚至可以一望大阪灣，還有一條きらきら小徑，夜晚閃起點點光芒，走在小徑上就像走在銀河裡一樣浪漫。

🏠 神戶市灘區摩耶山町2-2 🔄 自由參觀 ⚠ 搭乘まやビューライン(纜車)至星の駅下車即達，但需注意回程時間。摩耶cable+摩耶Ropeway平日10:00~17:30、週五~日及例假日~19:50，依季節而異

摩耶山 掬星台

360度全景

神戶港塔

除了從山頂欣賞夜景，別忘了也可以到神戶港塔的展望台眺望神戶全景，不僅可以看到不同角度的神戶港，近距離的港口夜晚更是別有風情。

🏠 神戶市中央區波止場町5-5 ⏰ 3~11月9:00~21:00(入館~20:30)，12~2月9:00~19:00(入館~18:30) 💰 大人￥700、國中小學生￥300，與神戶海洋博物館共通券成人￥1000、國中小學生￥400 ⚠ 神戶港塔現因整修工事暫停開放

神戶港夜景

認識京阪神

行前準備

機場介紹

當地交通

主題旅遊

常見問題

走過百年的路面電車

路面電車曾是主要交通工具，然而隨著交通型態改變，大多都已走入歷史。京阪神地區仍保有兩條百年路面電車線，一條是前往嵐山時遊客會利用的嵐電，另一條則是大阪南區的阪堺電車，兩者各有風情，也都是珍貴的資產。

觀光客最愛
嵐電

本名為「京福電鐵」的嵐電，是充滿昭和時代風情的路面電車，叮叮咚咚地行走在街道上，短短的一節車廂非常可愛。春天搭乘京福北野線沿路還能欣賞櫻花，將京都美景盡收眼底。

總站數：13　總長度：7.2KM
🕐6:00~24:00
💰車資成人￥250，兒童￥120，另有嵐電一日券等優惠票。

 嵐電

氛圍最懷舊
阪堺電車

從「天王寺駅前」搭上阪堺電車，才過了兩站，窗外風景就已進入住宅區，縮減的車道拉近了距離，騎著單車的學生、買完菜的主婦就在一旁，停靠的也只是狹窄的無人月台，沿途還不斷發出鏘~鏘~的聲音，讓人見到在地的真實風貌。

總站數：40　總長度：18.5KM
🕐約5:30~22:30
💰單程大人￥230、兒童￥120，阪堺電車一日券大人￥600，兒童￥300。

 阪堺電車

Knowledge Supply
在嵐山駅泡足湯

全日本相當少見的月台足湯在嵐電嵐山駅就可親身體驗(￥200附毛巾)，對神經痛、肌肉酸痛與消除疲勞具有功效的嵐山溫泉被引入月台，旅客們可以脫下鞋襪在此泡個足湯，建議泡10分鐘以上，讓腳泡得暖呼呼，促進血液循環，尤其秋冬時節更是簡單的享受。

風情各異的水上遊船

説到遊船，自然會想到大阪灣、神戶港的海岸風光，但其實大阪自明治時代就被稱為「水都」，江戶時更有「八百八橋」之稱，現在北濱、大阪城、道頓堀一帶也都有遊船可搭，尤其道頓堀的遊船穿梭於大阪最熱鬧的商圈，更是別具風情。

道頓堀 とんぼりリバークルーズ

從道頓堀開往浮庭橋方向，再回頭開往浮庭橋，全程會經過9座橋，全程20日

本橋。道頓堀風光盡收眼前，不懂導覽的人，就算聽不懂導覽解說，光是欣賞兩岸風光就值回票價。

🚇 道頓堀唐吉訶德前
🕐 11:00~21:00，每小時整點與30分出航一班 ❌不定休，詳見官方網站 💰大人￥1200、國中以上學生￥800、小學生￥400

とんぼりりバークルーズ

神戶港 CONCERTO

CONCERTO每日帶旅客巡遊神戶港，船內提供西餐與鐵板料理，午茶時段也有蛋糕、季節限定甜點等，最推薦在夜晚登船用餐，耀眼的岸邊燈火自眼前流轉，旁邊還有音樂悠揚流瀉，氣氛十分浪漫。

🚇 神戶市中央區東川崎町1-6-1
🕐 午餐航班12:00~14:00、午茶航班14:30~16:00、晚餐航班10~3月16:30~18:15，19:15~21:00；4~9月17:15~19:00、19:30~21:30 💰午餐航班￥8700起、午茶航班￥4200起、晚餐航班￥12500起。費用包含餐費與船資 ❌須在乘船前20~30分鐘完成報到

CONCERTO

大阪灣 聖瑪麗亞號

觀光船聖瑪麗亞號由海遊館出發，一路飽覽大阪灣風光。除了海天一色的美景，船隻本身更是仿哥倫布船艦打造，規模更足足大上兩倍，底層還有個迷你的海事博物館，展出大航海時代的相關資料。

🚇 海遊館西側碼頭(大阪市港區海岸通) 🕐 11:00~17:00(依季節而異，每整點一班)，夜間航程(週末及例假日出航)依季節在17:00~19:00出發，詳見官網 ❌不定休 💰白天航程(45分鐘)大人￥1600、小孩￥800，夜間航程(60分鐘，預約制優先)大人￥2100、小孩￥1050

聖瑪麗亞號

神戶港 Luminous Kobe 2

Luminous Kobe 2為Luminous神戶的第二代船艇，以一九三〇年代法國豪華郵輪諾曼地號為概念設計，並提供多種航程。船隻會在靠近明石海峽大橋或通過大橋後進行迴轉，可一覽魄力十足的壯觀橋樑。

🚇 神戶市中央區波止場町5-6 🕐 時間依行程不盡相同，多分為午餐、下午茶及晚餐時段 💰價格依航程而異 ❌現多為期間限定的特別航程，如黃金週、萬聖節、元旦日出等

Luminous Kobe 2

認識京阪神
行前準備
機場介紹
當地交通
主題旅遊
常見問題

著和服漫遊古都

到京都遊玩，穿梭在古色古香的街道中，若是只穿著現代服飾的話就太可惜了。不妨換上一襲日本傳統和服，讓自己更為融入周遭的古都風情，更何況到京都體驗和服，早就已經是京都旅遊的必備行程了呢。

和服變身小提醒

京都提供和服體驗的店家超級多，也大多有會中文的工作人員。著裝、挑選的過程固然好玩，但接下來要去哪邊逛街拍照，才是最有趣的重點。

提醒❶ 事先預約

別忘了提早在網路上預約，記得注意借、還的時間，當天越早抵達越多花色可選，穿的時間也越長。若打算玩到晚一點，可以選擇加價隔日再還。

提醒❷ 如何挑選店家

先思考穿好和服後想去哪裡，再考量預算、服務等，清水寺經三年坂、二年坂到高台寺周邊、花見小路、八坂神社、祇園商店街、白川南通一帶，以及嵐山都是和服體驗店最多、也很適合穿和服遊逛的地點。

提醒❸ 加價項目

一般套裝會包含基本的和服與內襯的長襦袢、腰帶、草履，其他如髮型、小物、足袋等各家規定不同，有些需另外加價。

和服拍照好地點

來看看和服拍照的定番景點有哪些！
京都氣氛滿點的石坂小路、美麗的黑色五重塔、老屋並排的安靜小巷……一起

祇園 白川南通

祇園商店街北側的白川南通、新橋通一帶，氣氛十分幽靜，還有白川緩緩流動，充滿古典京都味，最適合穿和服來逛逛並拍照留念。

嵐山 渡月橋

仿古重建的渡月橋下方是奔流的桂川，後方就是連綿的渾圓山頭，沿岸還有春櫻秋楓可賞，風景秀麗。

清水寺周邊 清水寺

不論入口處的仁王門、清水舞台或地主神社及周邊的石坂道，拍起來都充滿濃濃京味。

清水寺周邊 八坂之塔

黝黑的八坂之塔是東山地區最具代表的風景，別忘了以八坂之塔為背景，拍一張定番照。

京町家是位在京都、建於1950年以前的木造民宅，大多是職人或商人的住所，因此多為居住、工作合一的空間。町家建築曾一度因公寓興建而遭破壞，所幸有人發起保存工作，近年更有不少町家改成的民宿，讓旅客有機會入住町家。

歷史大宅
庵町家stay

庵町家stay旗下的筋屋町町家已有一百四十年歷史，原屬於明治時代豆類批發商家族所有，從寬敞的玄關、高大的黑木樑柱，不難想見過去的光景。一樓的主要房間現在用作客廳，過去則是接待貴客、能望見坪庭景色的奧之間，右側廚房和餐廳保留長條形的通庭樣式，挑高天井的火袋則是為了讓炊煮時空氣得以流通。

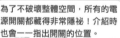

為了不破壞整體空間，所有的電源開關都藏得非常隱祕！介紹時也會一一指出開關的位置。

出乎意料寬闊的二樓隔成四間臥房，並有一套隱藏版的衛浴。

京都市下京區筋屋町144-9
check in 15:00、checkout 10:00
依季節、房型、人數而定，兩名一室1人¥16500~ 網路預約

庵町家stay

精巧建築
月屋

由知名的guest house「筋屋」主人所經營的二號店，是間有著泡湯空間、提供手作早餐、並且一日限定四組客人入住的B&B民宿。建築改建自百年歷史的老町家，從建材細節到室內布置，在在能感受到於京都出生長大的主人，對傳統物件與生活的愛惜之情。

經典的和室以外，月屋也有西式的臥房，兩者風格都十分精巧細膩。

月屋可以看到町家典型的虫籠窗。位於中二階建築二樓的窗戶，為防止火災而塗有白色石灰，同時為了避免外人窺見屋內，間隙較窄，僅供空氣與光線流通。

京都市下京區新町通五条下る蛭子町139-1　check in 16:00~21:00、check out 11:00　兩名一室1人¥5000~

月屋

Knowledge Supply
町家建築特色

門面窄小、內部空間狹長是町家建築最大特色，但其實町家內外都有不少看點。外部最顯眼的要屬「一文字瓦」，黑色屋瓦下側鋪成如刀切過般工整的一條直線，因此得名；還有受明治西化影響的瓦斯燈，燈上還會寫上商家名稱，兼做店招之用。內部則有位於主要和室內的壁龕「床の間」，用作裝飾或空間區隔的「屏風」，供客人脫鞋後進入室內的「沓脱ぎ石」等細節，值得細細品味。

認識京阪神

行前準備

機場介紹

當地交通

主題旅遊

常見問題

逛一回在地的
市場與商店街

市場是最能體驗日常的地方，市場文化因區域不同也有所差異，來市場一趟等於是走了一遭當地人的廚房，而當地商店街則能感受商賣的繁盛，了解在地商業風貌。走一趟市場、逛一回商店街，相信一定能窺見當地文化的不同面貌吧。

大阪的廚房

黑門市場

黑門市場從江戶時代即開始經營，有「大阪的廚房」（浪速台所）之稱。總長五百八十公尺，不論是日式醃漬菜、生鮮食材、水果、熟食，就連日本著名的「河豚料理」，都可以在黑門市場裡找到。

約9:00~18:00，部分餐廳營業至晚上

黑門市場

日本最長商店街

天神橋筋商店街

天神橋筋商店街原本是大阪天滿宮的參拜道，現在是從一丁目（天一）到七丁目，總長2.6公里的商店街。和服、熟食、食堂、小餐館都在其中，便宜又道地，可親身體驗大阪人日常生活。也是NHK晨間劇《こちそうさん》（多謝款待的大阪篇故事場景喔。

天神橋筋
商店街

京都的廚房

錦市場

新京極通到高倉通之間的錦小路，就是錦市場，各式料理的素材都可在此買到，也有充滿濃濃京都味的美食小舖。建議跟著京都人一起個大早，到錦市場一路試吃各式的京都滋味，或買個豆漿甜甜圈、章魚燒悠閒逛逛。

約9:00~18:00，部分餐廳營業至晚上

錦市場

餐廚用品

千日前道具屋筋商店街

千日前道具屋筋商店街是販賣各式廚房用品的地方，可以在這裡挑到可愛的小籌台、嬌憨的招財貓、精巧的漆器食具，整條街賣著琳瑯滿目的廚房用品，來這逛逛，帶些和風食器當紀念品也是不錯的選擇。

千日前
道具屋筋
商店街

拜訪古剎名寺

作為日本文化重鎮，京都光是主要觀光區的清水寺、祇園一帶就有歷史悠久的佛寺、神社，數量之多有時無法一一拜訪。但稍微遠離鬧區，也有許多非常值得一訪的古剎，不妨抽空一訪，見證最完整的古都風華。

京都必看勝地

金閣寺

金閣寺的門票其實就是一張護符，可以留作紀念。

金閣寺是由足利義滿於西元1397年打造，三層樓閣由底部依序為阿彌陀堂法水院、潮音閣，最上層則是仿唐式建築，屋頂上的金色鳳凰更是醒目。昭和25年7月2日(1950年)金閣寺慘遭焚燬，稱為「金閣炎上事件」，現在的金閣寺是昭和30年重建，30年後再貼上金箔復原的。三島由紀夫以此為背景寫成《金閣寺》一書，或許也是這之後，金閣寺聲名大噪，與富士山並列為日本代表名景。

🏠 京都市北區金閣寺町1
🕐 9:00~17:00
💲 大人￥500，國中小學生￥300

金閣寺

豐收稻荷總本社

伏見稻荷大社

伏見稻荷大社內約有一萬座紅色鳥居，這段充滿神秘感的紅色通道被稱為「千本鳥居」，壯麗景色絕不能錯過！

一路上滿是大大小小的神社，五花八門的大明神和不同年代留下的石碑或石祠，繞行全山約需2小時。

稻荷指的是保佑五穀豐收、生意興隆的神祇，而伏見的稻荷大社更是全日本四萬多座稻荷社的總本社。境內隨處可見口中叼著稻穗或穀物的狐狸，高高在上，接受人們的膜拜與禮敬，每隻表情都不同，除了本殿和奧社，後方的整座稻荷山也都是大社的範圍。

🏠 京都市伏見區深草藪之內町68
🔽 自由參拜

伏見稻荷大社

認識京阪神

行前準備

機場介紹

當地交通

主題旅遊

常見問題

阪神甲子園球場

若對棒球感興趣，可別錯過日本高校野球聖地「甲子園」。進入甲子園並非易事，全日本4000多所高中棒球球隊需先經過地方單敗淘汰制的廝殺，最後優勝者才能前進甲子園，也就是說每個地區只有1個名額，將一球入魂的熱血精神發揮得淋漓盡致，身為棒球迷怎能不來朝聖！

甲子園

子園朝聖❶

春夏兩季賽事

每年的選拔高等學校野球大會(又稱春季甲子園)、全國高校野球選手權大會(又稱夏季甲子園)會在甲子園開打，其中又以8月的夏季甲子園最受矚目。

子園朝聖❷

加油方式

關西地區幾乎都屬於阪神虎的勢力範圍，7局上半結束時滿場球迷齊放氣球(ジェット風船)，白、黃色為主的氣球漫天飛，這可是日職中最出名的加油方式。(氣球可於開賽前在STADIUM SHOP購買)

如果你觀賞的球賽中，阪神隊表現優異，那麼就有機會欣賞阪神隊吉祥物トラッキー的翻跟斗表演，將氣氛炒熱到最高點。

🏠兵庫縣西宮市甲子園町1-82 💲依席種而異，￥1600~5300。甲子園所有的預售票可在賽前透過網路(官網、LAWSON官網、チケットぴあ等)或LAWSON等指定店舖購得，也可於當日在售票口購買，但有可能買不到票。❗進場前，隨身物品需接受檢查，不可攜帶鐵鋁罐與寶特瓶入場，工作人員會改用紙杯盛裝讓球迷帶進場飲用。

甲子園

甲子園朝聖❸

館內見學

觀賽以外，還有甲子園歷史館以及スタジアム見學可以參加，了解甲子園歷史，或是親腳踏上甲子園的人工草皮，都是有趣又好玩的絕佳體驗。

関西 大阪

関西 京都

関西

近畿路線図

地図

現在位置

鞍馬口

茶山

田中

小都

択

出町柳

鉄烏丸線

京都市役所前

神宮丸太町

丸太町

烏丸御池

二条

東山

蹴上

二条城前

三条

三条京阪

御陵

阪急京都線

河原町

京阪京津線

祇園四条

清水五条

山科

条大宮

七条

京都市

京都

京阪山科

波口

行前準備

旅行總是有好多事要準備，既要蒐集旅遊資訊，又要抓準時機買機票、安排住宿，但是要怎麼樣才能搶到便宜機票，又到底該住在哪一區才好呢？別擔心，不論基礎情報、換匯，或是稍微進階的實用APP、住宿地問題，行前準備的大小問題通通在這裡解決吧。

文／墨刻編輯部
攝影／墨刻攝影組

蒐集情報

旅遊書

MOOK出版有各種不同規格的旅遊指南，可以作為旅遊準備的參考。

wagamama系列

《京阪神攻略完全制霸》以數量驚人的商店和景點介紹為系列主旨，適合想一網打盡景點或店家的旅人。

City Target系列

以當地知名一級景點延伸周邊次級景點，更蒐羅該景點相關趣聞奇事，及背景上小知識，適合想要深度城市旅遊的你。

地圖冊系列

以地圖為中心，介紹步行可達範圍裡的精選景點，輕薄設計讓讀者可以隨帶隨走，不怕迷路。

一泊二日系列

以京阪神為起點，為資深旅人提供鄰近的旅遊提案，適合想探索京阪神都市以外風情，或是想順道來一趟近郊旅行的旅人。

認識京阪神

行前準備

機場介紹

當地交通

主題旅遊

常見問題

網路

　　網路時代，上網找資料當然是最方便省錢的方式，不過網海無涯，總讓人有些迷茫。以下將資料來源分為觀光網站、網路論壇、部落格3種介紹，可依需要查詢。

觀光資訊網站

The KANSAI Guide
關西觀光本部的官方觀光網站，各地旅遊資訊以外，還有推薦的觀光路線、美食、體驗活動，還可以連結到關西各地的旅遊官網。

🔗 www.the-kansai-guide.com/ja/

京都觀光Navi
京都市的官方資訊網，活動資訊、景點資訊以外，也有各式各樣的京都特輯，想尋找遊玩京都的不同方式也很適合。

🔗 ja.kyoto.travel/

Osaka Info
大阪官方旅遊資訊網，景點、美食、購物介紹，還有許多當季特輯，或是當月的活動指南，當然也有交通資訊以及地圖可下載，想要蒐羅大阪旅遊資訊的話可不能忘了這裡。

🔗 www.osaka-info.jp/jp/

Feel Kobe+
神戶市官方觀光網站，內容除了神戶當地的吃喝玩買以外，還有神戶甜點、景點地圖以及交通實用資訊，甚至還有優惠券可下載。

🔗 http://plus.feel-kobe.jp/tw/

日本國家旅遊局
日本國家旅遊局的官方中文網站，對於日本整體景點有清楚的介紹。可依感興趣的主題，尋找地點。另外也會有最新的旅遊訊息。

🔗 www.welcome2japan.hk
❶ 官方觀光網站均有繁體中文網頁，但日文版的通常比中文版更為詳細。

MOOK景點家
整合MOOK採訪資料的景點網站，擁有大量景點資訊，內容持續擴充以外，也會因應時節、主題推出專題報導。

🔗 www.tripass.net

日本旅遊與生活指南
針對訪日外國人製作的網站，會依季節、熱門話題更新文章，也有不少文化資訊，可以了解日本文化。

🔗 tw.japan-guide.com/

網路論壇

　　網路論壇如背包客棧、PTT日本旅遊版等，最大好處就是網友們的經驗分享，如果遇上問題，也可以在這裡發問並得到各路好手的解答。

背包客棧：
依地點和旅遊會遇到的住宿、機票等問題，有鉅細靡遺的分類和說明，及許多棧友的經驗分享。來這裡爬爬文，對解答旅遊大小疑難雜症相當有幫助。

🔗 www.backpackers.com.tw/

部落格

　　許多嫻熟日本各地的網友，不但分享精采遊記和豐富的第一手訊息，還整理了各式各樣的旅遊情報，能清楚解答在日本各地可能遇到的旅行疑問。

實用資訊網站

除了常見的景點網站以外，還有天氣、開花預測、煙火等專門網站，也都十分實用。

天氣資訊

tenki：由日本氣象協會營運的網站，可以看到各種天氣資訊，並可找到10日內的天氣預報，另外也有櫻花、紅葉等季節情報。

www.tenki.jp/

國土交通省氣象局：日本氣象廳的資訊，擁有詳盡天氣資料，可以查找一週的天氣預報。

www.jma.go.jp/jp/week/

tenki		國土交通省氣象局	

紅葉情報

紅葉也是去日本遊玩的誘因，以下網站可查找各地紅葉情報。

日本氣象協會：https://tenki.jp/kouyou/
日本觀光振興協會：www.nihon-kankou.or.jp/kouyou/

tenki		日本觀光振興協會	

櫻花預測

櫻花季是日本的春季盛事，開花時間主要可從以下幾個網站確認。

日本氣象株式會社：https://n-kishou.com/corp/
Weather map：http://sakura.weathermap.jp/
日本氣象協會：https://tenki.jp/sakura/
Weathernews：https://jp.weathernews.com/news/

日本氣象株式會社		Weather map	
tenki		Weathernews	

花火情報

全國花火大會：http://hanabi.walkerplus.com/

全國花火大會	

實用APP

現代人蒐集旅遊資訊，當然不能少了APP這一項，以下是到日本旅遊時實用的APP，建議大家事先安裝好，才可以隨時應變。

Payke

在日本購物時看不懂商品包裝和成分嗎？有了Payke，只要掃描條碼就能得知商品訊息，目前支援包括繁體中文、英文在內的七種語言。

tenki.jp

日本氣象協會推出的APP，天氣變化、櫻花、紅葉、下雪情報都在其中，是確認天氣不可或缺的超實用程式。

 tenki.jp/android

tenki.jp/ios

gurunabi

可以依網友評價來判斷餐廳、咖啡廳等是否值得前往，也能直接預約餐廳。不知道吃什麼的時候，也可以用來搜尋所在地美食，是在日本吃喝玩樂時的必備神器。

NAVITIME for Japan Travel

針對外國旅客推出的旅遊APP，不僅有WIFI、寄物等服務資訊，也有文化介紹，最方便的要屬轉乘搜索功能，可以直接從地圖點選車站，雖然是英文介面，操作卻十分簡單，頗為實用。

❶此APP檔案較大且需要簡單設定，出發前記得先安裝好。

新手看這裡

行程安排小提醒

熱門旅遊地平常就已經夠多人了，若是遇上日本連假，不僅人潮更多，飯店也會漲價，尤其要避開日本黃金週(5月初)及新年假期(12月底~1月初)，才不會四處人擠人。另外，心中已有必訪景點、店家清單時，別忘了確定開放時間。

認識京阪神

行前準備

機場介紹

當地交通

主題旅遊

常見問題

日本早已開放持台灣護照者90日以內的短期免簽優惠，因此到日本遊玩時不需特別辦理簽證，直接持有效護照前往即可。簽證雖不成問題，但還是有護照、駕照、YH青年旅館卡、國際學生證等常用證件要準備，快來看看注意事項吧。

護照

不論出入國境、住宿旅館，護照都是旅客唯一的國籍與身分證明。

 對象

未持有護照
護照效期不足6個月時。

 哪裡辦

首次辦理須由本人至外交部各辦事處，無法親至則必須在戶政事務所作好「人別確認」，再委由親友或旅行社辦理。

外交部領事事務局(台北)
🏠 台北市濟南路一段2-2號 中央聯合辦公大樓3F~5F
📞 02-2343-2888(總機)，02-2343-2807~8(護照查詢專線)
📠 02-2343-2968　🕐 週一~週五 8:30~17:00，週三~20:00
🈳 週六日、例假日

外交部中部辦事處
🏠 台中市黎明路二段503號1F「行政院中部聯合服務中心」廉明樓
📞 04-2251-0799(總機)　📠 04-2251-0700
🕐 週一~週五 8:30~17:00，週三~20:00　🈳 六日、例假日

外交部雲嘉南辦事處
🏠 嘉義市吳鳳北路184號2樓之1
📞 05-225-1567　📠 05-225-5199
🕐 週一~週五 8:30~17:00，週三~20:00　🈳 六日、例假日

外交部南部辦事處
🏠 高雄市政南街6號3~4樓 (行政院南部聯合服務中心)
📞 07-715-6600　📠 07-715-1001
🕐 週一~週五 8:30~17:00，週三~20:00　🈳 六日、例假日

外交部東部辦事處
🏠 花蓮市中山路371號6F
📞 03-833-1041　📠 03-833-0970
🕐 週一~週五 8:30~17:00，週三~20:00
🈳 六日、例假日

 如何辦

相關規定在外交部領事事務局的網站有詳盡說明：www.boca.gov.tw。以下僅簡要介紹。

準備：

① 身分證正本、正反面影本各一份。（14歲以下需準備戶口名簿正本及影本各一份）

② 護照專用白底彩色照片2張（需為白底彩色、半身、正面、露耳、眼鏡不遮住眼睛或反光、頭頂至下顎介於3.2~3.6公分之間、幼兒需單獨照相，如於網路填表時上傳數位照片則無須再附，詳細規定請參考：www.boca.gov.tw/ct.asp?xItem=1875&ctNode=255&mp=1）

③ 簡式護照資料表

④ 正確英文姓名

⑤ 108年4月29日起，役男護照效期與一般民眾相同，亦不再加蓋兵役管制章戳。惟役男出境應事先申請，詳見領事事務局。

 要多久

一般為10個工作天，遺失護照則須11個工作天。如果是急件，可以加價提前辦理，最快為隔天取件。

 多少錢

1300元。未滿14歲和符合其他規定者為900元。

效期

一般民眾為10年，未滿14歲者為5年。

日文譯本駕照

2007年9月開始，日本政府正式承認台灣駕照，只要持有本國駕照的日文譯本就可以在日本合法開車，輕鬆上路。

 對象　希望在日本開車旅行時。

 哪裡辦　全台各地的監理站或監理所。各地監理單位和詳細規定可查詢：中華民國交通部公路總局-臺日駕照互惠:https://www.thb.gov.tw/cp.aspx?n=251

 如何辦　準備：①身分證正本②駕照正本，至監理站櫃檯即可辦理。

 要多久　10分鐘。

 多少錢　100元。

 效期　入境日本後一年內。

新手看這裡

記得攜帶駕照正本

想在日本隨心所欲的移動，越來越多人選擇自駕，尤其擁有台灣駕照的話，只需要申請駕照的日文譯本即可，非常方便。但是千萬不要以為只要帶駕照譯本出國就好，在日本當地租借汽車時，租車公司除了檢查駕照譯本，也會要求出示駕照正本及護照，要是沒帶駕照正本可就無法租車了。

YH國際青年旅舍卡

由國際青年旅舍協會發行的YH國際青年旅舍卡是入住全世界四千八百多家青年旅館的必備證件，除此之外，在門票、交通、戶外活動等地方，也常提供卡片持有者意想不到的折扣，在國際青年旅舍協會也提供各國青年旅館的相關資訊。

 對象　因為各種不同理由想要住青年旅館或希望享有旅遊折扣的人。

 哪裡辦　**中華民國國際青年旅舍協會**
　台北市大同區承德路一段44號6樓
　02-2322-1881
　10:00~16:30
　ctyha@yh.org.tw
　www.yh.org.tw

 如何辦　準備：①雙證件正本②護照影本（確認英文姓名用）③申請表格（可現場在網站上填寫）。可至協會現場辦理、委託代辦，或郵寄、線上申請後匯款辦理，也能線上刷卡申請電子會員卡(無實際卡)。

 要多久　現場辦理約10~15分鐘，郵寄、線上申辦約4~7天。

 多少錢　600元。郵寄或線上申辦郵資另加。另有「呼朋引伴辦卡專案」4人以上同行(限認識的友人一起結伴來申辦，無接受現場合辦)，550元/人。

 效期　1年。

認識京阪神

行前準備

機場介紹

當地交通

主題旅遊

常見問題

(ISIC國際學生證)

ISIC國際學生證是由「國際學生旅遊聯盟」認可發行的國際通用學生證，可以方便學生在出國時作為身分證明，大多用於購買學生機票時，折扣最多。

對象 本身是學生，且在國外需要用到學生身分的時候。

哪裡辦 **康文文教基金會**
🏠 台北市忠孝東路四段142號5樓502室
🕐 週一~五9:00~17:30
㊡ 週六日、例假日
✉ travel@isic.com.tw
🔗 www.isic.com.tw/home/ch/index.html

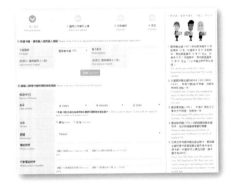

國際學生證　　　　國際學生證
APP_APPLE　　　　APP_Google Play

新手看這裡

Q 我很想住住看青年旅館，可是我已經畢業N年了，早就不是「青年」了……這樣也可以住嗎？

A 是的。正如YH網站上說：「只要有一顆年輕的心，旅行不分年齡和國籍！」入住YH和辦證，都沒有年齡限制唷！

中華民國國際青年旅舍協會
資訊請參考P.35

如何辦 **準備**：①全職學生證明文件：學校開立的在學證明、含註冊章或貼紙有效期限內的學生證影本（雙面）或國內外入學通知影本②身分證明文件正本（如身分證、護照、駕照、健保卡）③一吋脫帽大頭照1張④申請書。
可至康文文教基金會現場或線上申辦，或至國際青年旅舍協會現場或郵寄辦理。

要多久 現場辦理約10~15分鐘，郵寄約7天。

多少錢 400元。

效期 一年。

36

購買機票

網路的發達，讓旅行者在購買機票上有了更多的選擇，不用什麼都透過旅行社，也可以自己上網購票比價，找到符合計畫又便宜的旅遊方法。

購買機票step by step

Step 1

確認出發日期

買機票前，首先必須確定旅行的日期，如果回程的時間還不定，也可以選擇不決定回程日期，也就是回程票先開open。

Step 2

找票比價

找機票可以透過旅行社、訂票網站和航空公司。沒時間的話，可以委託值得信賴的旅行社，幫你留意各種需要注意的事宜，透過網路直接訂票也很方便。

旅行社

旅行社提供機票訂購以及其他旅遊諮詢服務，可以替沒有時間尋找資料或自行訂票的旅客省下不少工夫。另外，在紅葉或是櫻花等旺季，由於機票和飯店很早就會被「卡位」，自己訂不到的話也可以試著透過旅行社訂位。

訂機票常用網站

這裡列出的是直接提供線上查詢和訂票服務的常用網站，各航空公司的航班和價格，都可以在線上直接查詢並且訂購。

易遊網🔘www.eztravel.com.tw
易飛網🔘www.ezfly.com/

航空公司

除了透過旅行社，航空公司也提供直接購買機票的服務，可利用各航空公司的網頁，輸入旅行日期後查詢票價並進行比價。

中華航空🔘www.china-airlines.com
長榮航空🔘www.evaair.com
國泰航空🔘www.cathaypacific.com/cx/zh_TW.html
台灣虎航🔘www.tigerairtw.com/zh-tw
日本航空🔘www.jal.com/
全日空航空🔘www.ana.co.jp
樂桃航空🔘www.flypeach.com/tw
酷航🔘www.flyscoot.com/zhtw
捷星航空🔘www.jetstar.com/tw/zh/home
聯合航空🔘www.tw.united.com

機票比價服務

線上也有彙整的各家機票比價服務，可參考：

背包客棧🔘www.backpackers.com.tw/forum/airfare.php
Skyscanner🔘www.skyscanner.com.tw/

Step 3

訂位

訂機票時，需要準備：①護照上的英文姓名 ②護照有效期限。如果姓名與護照不符會無法登機，請再次確認。

訂位指的是預訂機位，開票則指確定機位並付款。透過旅行社或航空公司臨櫃，可以分開訂位和開票；透過網路訂票的話，訂位和開票大部分是一起的：也就是說，在線上填完信用卡和所有基本資料時，就已經一次完成付款動作。

一般機票的價錢還會再加上機場稅、燃油稅等附加金額，在訂位或線上買票時也會知道最後機票的總額。

若使用信用卡在網路上購買機票，搭乘時記得要攜帶同一張信用卡至機場櫃台報到，地勤人員有可能會與你核對並要求出示該次消費所用的信用卡，務必注意。

Step 4

開票

在開票日期之前必須完成開票（也就是付款），至此正式確定機票；換言之，如有任何更改都需支付額外費用。

Step 5

準備出發

該做的都做了，放鬆心情，準備出發吧！

新手看這裡

Q 怎麼買到便宜機票？湊團票是什麼意思？

A 經由旅行社有可能拿到最便宜的機票，就是所謂的「湊團票」，即計畫旅遊票。當10~15人一起搭乘相同班機往返，可以以團體方式向旅行社購買機票，取得較優惠的價格；在網路上查詢或購票時，旅行社也直接會提供這樣的購買選項。計畫旅遊最大的優點是便宜，相對缺點則包括開票後不能更改、不能延回、不能累積里程、並且到出發前7天，如果人數沒有湊齊還是無法成行。

前往京阪神，當然是以大阪的關西國際機場為主要門戶，以下介紹飛往關西機場的直航班機。

關西機場KIX，大阪府

072-455-2500 www.kansai-airport.or.jp/

航空	出發 桃園國際機場TPE	高雄小港機場KHH
中華航空CI	每天3班	每天1~2班
長榮航空BR	每天3班	每天1班
全日空NH	每天3班，與長榮聯航	每天1班，與長榮聯航
日本航空JL	每天3班，與華航聯航	每天1~2班，與華航聯航
樂桃航空MM	每天2班	每天1班(預計於2023年8月恢復)
台灣虎航IT	每天1~2班	每週二、四、日1班

新手看這裡

關西機場？大阪機場？

前往大阪、京都、神戶等關西地方遊玩時，相信大家都知道是要從「關西機場」進出，不過大阪其實還有另一座「大阪機場(ITM)」，俗稱為「伊丹機場」，與國際線、國內線航班起落的關西機場不同，大阪機場只有日本國內線的航班。除非要從大阪搭機前往日本他地，不然觀光客通常不會利用到這座機場。

松山是哪個松山

台灣人看到「松山」時，直覺會認為是台北的松山機場(TSA)，其實日本四國愛媛縣還有一座松山機場(MYJ)，常常有旅人搶機票時搞混兩地、買錯機票，千萬要注意這個小陷阱。另外，目前沒有廉航開台北松山飛日本的航班，若是在廉航購票頁面看到「松山」，別懷疑，那一定不是台北。

廉價航空

廉航(LCC, Low Cost Carrier)票價便宜，使機票不再是沉重負擔，近年也成為許多人的首選。不過廉價航空規定與傳統航空不同，事前一定要弄清楚。

了解廉航

所有服務都要收費：託運行李、飛機餐、選位都要加價購，隨身行李也有嚴格限重，就連修改機票也要付費。

誤點、臨時取消航班：遇上航班取消、更改時間的話，消費者有權免費更換時段一次，誤點則無法求償。

起飛、抵達時間：廉航班機大多是所謂的「紅眼班機」，也就是清晨或深夜出發，安排時行程別忘了列入考量。

購票訣竅

提前訂票：提前3個月、半年訂票，票價較便宜

把握促銷：廉航促銷時甚至可以買到台北→東京單程(含稅，不含行李)台幣2,000以下的機票，價格與台灣國內線機票差不多，記得把握機會。

分段買票更便宜：搭乘廉航的話，先買單程機票也無妨。樂桃、星悅兩家日系廉航也運行日本國內線航段，不少人會分開訂票，想玩北海道的話，選擇台北→關西→北海道的路徑，往往比直飛便宜，而且又能順遊一地。

台灣飛日本的廉價航空

酷航
航段：桃園～東京成田/新千歲
🛫 www.flyscoot.com/zhtw

台灣虎航
航段：桃園～東京成田/東京羽田/關西/那霸/福岡/名古屋/岡山/仙台/函館、高雄～東京成田/關西/那霸
🛫 www.tigerairtw.com/

樂桃航空
航段：桃園～東京羽田/關西/那霸/仙台/新千歲
🛫 www.flypeach.com/tw/

捷星亞洲
航段：桃園～東京成田/關西/新千歲
🛫 www.jetstar.com/sg/zh/home

新手看這裡

購票前仔細核對資料
更改廉航機票不但麻煩又花錢，部分航空甚至規定非會員不能退票，故購票前記得確認日期、航班、價格、護照姓名、性別等資訊。另外也要決定是否加購行李，事先加購都還算划算，要是在機場超重的話，可是得付出高額費用。

認識京阪神

行前準備

機場介紹

當地交通

主題旅遊

常見問題

住宿訂房

出國遊玩，住宿選擇多樣以外，住哪裡、怎麼訂都是問題，以下就先介紹日本住宿常見種類，再來看看各區住宿的優缺點。

住宿類型

飯店

擁有優越的地理位置或環境，服務體貼、室內空間寬闊，以及完善的飯店設施，適合想在旅行時享受不同住宿氛圍、好好善待自己的旅客。

溫泉旅館

孕育自日本的溫泉文化，特色露天溫泉浴場、傳統與舒適兼備的和風空間，或是可在房內享用的懷石料理，住宿同時也能體驗日式文化的精華。

連鎖商務旅館

多為單人房和雙人房，乾淨的房間、衛浴、網路、簡單早餐，符合商務客和一般旅客需求。東橫inn、SUPER HOTEL和Dormy inn都是熱門選擇。

新手看這裡

飯店費用加徵住宿稅(宿泊稅)

大量遊客讓城市負載越來越沉重，為了得到更多費用修繕，東京、大阪、京都等都已經實施加徵住宿稅，但各城市的稅並不一樣，像是大阪以人頭計稅，依房價級距收取約每人￥100~300不等；京都則是依房價計算約￥200~1000，在入住check in時另外收取。

青年旅館

學生和背包客最愛，划算、簡單的住宿。也有套房或雙人房，但主要是宿舍式床位，衛浴公用，大多設有公用廚房、付費洗衣設備，還有交誼廳讓旅客聊天交換訊息。

民宿

民宿的主人、建築特色和當地料理，都是吸引人的特點。民宿房間通常不多，設備也較簡單，日式西式、單獨或共用衛浴都有，選擇時需注意。另外，因為是私宅，不少民宿都設有夜間門禁。

公寓式飯店

長住型飯店有著與旅館不同的氣氛，坪數寬廣，廚房、客廳、臥室等空間齊備，旅客可以度過悠閒時光，在此找到真正的生活感、休息與放鬆。

膠囊旅館

膠囊旅館雖然只是個小空間，卻也有床、插頭、WIFI，豪華一點的還有液晶電視、保險箱，衛浴共用。不過床位大多以拉簾遮蔽，要是擔心隱私與隔音效果的話，不建議入住。

住宿指南

Q 不會日文的話，要怎麼預訂飯店呢？

A 日本訂房網站的網頁點選繁體中文選項後，就可以直接依指示在線上搜尋或訂房，也可善加利用中文訂房網站JAPANiCAN。另外，不少飯店也有中文的訂房系統，可以直接線上訂房。

Q 如果臨時不去的話需要取消預約嗎？會不會被扣錢？

A 任何訂房網站都有清楚標明禁止訂房後no show，若行程有改變，請務必告知旅館，取消訂房，不要成為失格的旅人。扣款規定則依各家旅館規定而異。

Q 日本需要在枕頭下放小費嗎？大概多少？

A 服務費都已包含在住宿費用裡，因此並不需要額外支付小費。

Q 小朋友的話幾歲以下可以免費呢？

A 一般規定為入學年齡（6歲）以下的兒童免費，但還是以各旅館規定為準。

不刷信用卡也可訂房

日文網站訂房大多會有「現地決済」或「現地払い」選項，這指的是「現場付費」，也就是不需任何訂金，等你到飯店check in再結帳即可，可以省下信用卡手續費。不過如果不去住的話，記得一定要取消，別造成飯店困擾。

Q 我跟日本又不熟，怎麼知道哪家飯店比較好？

A 樂天travel和Jalan都有來自網友的評選和推薦的排名，可以作為選擇時的參考。

 樂天   Jalan

另外，上背包客棧或部落格搜尋有住宿經驗的台灣網友們推薦的住宿，也是個好方法。

Q 一般飯店有供餐嗎？

A 商務旅館以上多有供應早餐，飯店和溫泉旅館還有需加價的晚餐選擇，尤其住宿溫泉旅館時，由於料理和環境同為旅館精髓，不少住客會選擇享用飯店內的溫泉料理。

Q 預約之後需要付訂金嗎？

A 一般而言並不需要。但請尊重與對方的約定，不要毫無預警的no show。

（ 訂房網站 ）

JALAN

　　日本最大、最受歡迎的訂房網之一，飯店資料豐富，還有如「歡迎小孩入住的旅宿」、「一人旅」等文章可參考。訂房可以累積點數，下次訂房可享回饋。

　　Note：JALAN雖然有中文版，內容卻比日文版少了許多，而且中文版無法累計點數，也不能更改預約內容，需特別注意。

樂天

　　樂天與JALAN十分相似，都有點數回饋，樂天的回饋點數還可應用在樂天購物網站，不時還有優惠券，打算用樂天訂房的話記得多注意。

　　Note：加入訂房網會員的話大多可享專屬優惠，Jalan及樂天均有消費金折抵回饋、可3個月前訂房的福利。

新手看這裡

兩個人住比一個人划算

日本除通舖房以外，都是以「房」（室）為單位計費，因為這種計費方式，雙人房和單人房的價錢通常相差不大，有時甚至只差了￥1000~2000，因此2人一起住絕對更划算。

一休

　　相較樂天與JALAN，一休主打高級旅宿，適合對住宿品質有所堅持的旅人。網站將住宿分為商務、觀光，或獨棟出租的高檔旅館，分類細、檢索更方便。

　　Note：除了點數回饋，還會有「一休限定」及「限時折扣」（タイムセール）等優惠方案，幸運的話，可以用意想不到的價格入住舒適旅館。

JAPANiCAN

　　繁體中文訂房網JAPANiCAN的搜索功能十分好用，除了地區、日期、人數，還能選擇「距離市中心距離」、「客房、住宿的設施與服務」等條件，幫助篩選出最佳旅宿。

　　Note：JAPANiCAN訂房後想變更內容必須取消原訂單、重新下訂，建議事先確認好才不會太麻煩。

AGODA

　　AGODA是全球的訂房網，自然有繁體中文版本，相較日文訂房網便利不少，同時也有不少優惠、折扣，甚至還可以賺里程。

（ 比價網站 ）

　　除了各家訂房網站，還有整合不同房價的比價網站，可以一次看到不同房價，十分方便。

訂房時會遇上的單字們 訂房日文速成班

住宿類型

飯店（hotel）
ホテル
ho-te-ru

商務旅館（business hotel）
ビジネスホテル
bi-ji-ne-su-ho-te-ru

日式旅館
旅館
ryo-kan

民宿（pension、民宿、lodge）
ペンション・民宿・ロッジ
pen-syon・min-syuku・lo-ji
註：這3個字都是民宿，但ペンション較洋式，ロッジ是小木屋，民宿則多半為日式。

房間種類

標準單人房（single room）
シングルルーム
sin-guru-rumu
註：一張標準單人床

小雙人房（semi-double room）
セミダブルルーム
semi-daburu-rumu
註：一張加大單人床（或說一張縮小雙人床），寬約120~140公分。可1人或2人住。

雙人房（twin room）
ツインルーム
tsu-in-rumu
註：兩張單人床

標準雙人房（double room）
ダブルルーム
da-bu-ru-rumu
註：一張標準雙人床

三人房（triple room）
トリプルルーム
to-ri-pu-ru-rumu
註：一般是3張標準單人床

西式房間
洋室（ようしつ）
yo-shitsu

日式房間
和室（わしつ）
wa-shitsu
註：用日式塾被的榻榻米房間，無床。

喫煙室
きつえんしつ
kitsu-en-shitsu

禁煙室
きんえんしつ
kin-en-shitsu

其他常見字

住宿plan
宿泊プラン
syuku-haku-pu-ran

取消（cancel）
キャンセル
kyan-seru

check in
チェックイン
che-ku-in

check out
チェックアウト
che-ku-au-to

在櫃台可能的會話

我要Check in／Check out。
チェックイン／チェックアウトをお願いします。
Cheku-in／cheku-auto wo-onegaishimasu.

我叫～，有預約住宿。
予約してあります～です。
Yo-yaku shite ari-masu ～desu.

我沒有預約，想請問今晚有空房嗎？
予約してないのですが、今晩空室がありませんか。
Yo-yaku shite nai no desu ga, kon-ban ku-shitsu ga ari-masen ka.

一人／兩人／四人。
ひとり／ふたり／よんにん。
hitori／futari／yon-nin.

可以使用信用卡付帳嗎？
クレジットカードで支払ってもいいですか。
Kure-jito-kado de shi-hara temo i-desu-ka.

行李可以寄放在櫃台嗎？
荷物をフロントに預かってもらえませんか。
Ni-mo-tsu wo fu-ron-to ni a-tsu-ka-te mo-rae-ma-sen-ka.

入住後有可能會遇到的小問題

我想換房間
部屋を変えたいです。
Heya wo kae-tai desu.

這個壞了
これは壊れています。
Kore wa ko-wa-re-te imasu.

沒有熱水
お湯が出ません。
o-yu ga de-masen.

房內可以使用網路嗎
部屋の中でインタネットにつなげますか。
Heya no naka de in-ta-ne-to ni tsu-na-ge-ma-su-ka.

鑰匙不曉得在哪裡弄丟了
鍵をどこかに忘れてしまいました。
Kagi wo dokoka ni wa-su-re-te shi-mai-mashita.

我想多住一晚。
もう一泊を伸ばしたいですが。
Mo i-paku wo no-ba-shi-tai-desu-ga.

（房間）有附～嗎。
～が付きますか。
~ga tsu-ki masu ka.

浴室（bath）
バス
basu
註：有浴缸的浴室

淋浴間（shower）
シャワー
sya-wa

早餐
朝食（ちょうしょく）
chyo-syoku

晚餐
夕食（ゆうしょく）
yu-syoku

其他常見字

櫃台
フロント
fu-ron-to

客滿
満室（まんしつ）
man shitsu

有空房
空室あり
ku-shitsu-ari

毛巾
タオル
ta-o-ru

認識京阪神

行前準備

機場介紹

當地交通

主題旅遊

常見問題

43

來到關西，大阪環球影城不能錯過，京都祇園的和風也好吸引人，還有各大百貨、藥妝、商店街都想逛一遍，這樣究竟要住哪裡才好呢？無法決定的話，不妨先看看以下整理，大致有個方向後再來挑飯店吧。

住宿準則

01先確定行程
京阪神區域廣大，而且單一城市就可以停留兩、三天以上，建議先把行程安排好，才能知道要住在哪一區比較方便。

02住在地鐵沿線
大阪、神戶、京都交通系統複雜，好在這三地都有便利的地鐵系統，鬧區、景點、美食大多可達，只要在市區，就算還不確定詳細行程，選擇地鐵沿線基本上不會有太大問題。

03小地方也很不錯
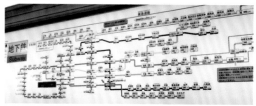
梅田、難波、心齋橋、京都車站、四條河原町、三宮等地是熱門住宿地，其實有時稍稍遠離鬧區也不錯。大阪的新大阪、西中島南方、中之島、日本橋，神戶的三宮～北野一帶，京都的四條大宮，都是交通方便、機能完備的選擇。

04想想機場交通

往返機場是旅途中的大事，尤其來到關西，從大阪往來機場與從京都、神戶往來可是大大不同，而且回程行李想必會增加不少重量，旅程最後幾天不如就換一間便於前往機場的旅館吧。

Note：從大阪往機場，可住在北邊的大阪梅田（利用JR）或南邊的難波日本橋(利用南海電鐵)及天王寺(利用JR)一帶

Note：從京都往機場，建議住在京都車站(利用JR或利用木津巴士)周邊

Note：從神戶出發，不妨就住在三宮地區(利用神戶Port liner轉乘高速船)

05考慮近郊交通
市區以外，到近郊來個一日、二日遊也很受歡迎，連接近郊大多會利用JR、近鐵或巴士，因此佔了地利的京都駅、大阪駅、難波駅可說是最佳住宿地。

A奈良：從京都駅、大阪駅、近鐵難波駅利用JR奈良線、JR大和路線、近鐵列車前往，由神戶則可利用阪神電車直通近鐵，不妨就住在這些地點

B宇治：坐JR奈良線前往最直接，故京都駅附近可考慮，但JR宇治駅離景點有一段路程，可以選擇住在京阪電鐵沿線，到中書島駅轉京阪宇治線前往

C滋賀：近江八幡、彥根、琵琶湖都是著名觀光地，從京都駅、大阪駅搭乘JR東海道本線前往較便利

D美山：需從京都駅搭乘JR山陰本線或巴士前往，京都駅一帶最佳

E有馬溫泉：只要利用神戶市營地下鐵轉神戶電鐵就可輕鬆到達，三宮當然是最佳起點

F天橋立・伊根：一般多從京都駅搭JR到天橋立，接著轉乘丹後海陸交通巴士，路途頗遠，建議出發前就落腳京都駅周邊

G和歌山：最方便的是從南海難波搭乘南海電鐵前往和歌山、高野山，也可利用JR阪和線直達，大阪、難波、天王寺都是可考慮的住宿地

H伊勢志摩：利用近鐵列車前往可省下轉車麻煩，大阪難波、京都駅等近鐵站周邊都不錯

熱門住宿地介紹

京都駅：
JR、近鐵、地鐵匯集，直通關西機場、鄰近縣市，站前巴士站更可前往市內各大景點，不過這裡並非鬧區，店家集中在站內百貨、地下街。

四條河原町：
京都主要鬧區，百貨、藥妝、新京極通、寺町、先斗町都在這裡，離祇園、八坂神社等景點不遠，想輕鬆購物的話絕對是第一選擇。不過附近只有阪急河原町駅及京阪電車祇園四條駅，與京都駅不順路，市區交通仰賴巴士。想住這裡，建議利用阪急電車進入京都，或者就從京都駅搭計程車吧。

四條烏丸：
不比河原町熱鬧，但交通便利，利木津巴士直達機場，地鐵通往京都駅，阪急電鐵連接大阪，就算是奈良、嵐山、伏見稻荷大社也只需轉一次車，還可徒步前往二條城、錦市場，交通機能完備。

四條大宮：
四條大宮較遠離市中心，巴士可達以外，還有阪急電車、嵐電可利用，周邊店家也多，要前往嵐山或感受在地氣息的話很是不錯。

大阪‧梅田：
交通系統匯集的樞紐，也是百貨一級戰區，光是共構百貨、地下街就可以逛上很久，百貨關門後還有餐飲店及大型藥妝可逛，房價較高。

新手看這裡

Q 日本的治安好像很好，就算深夜出門也沒問題？

A 日本給遊客的印象一向治安良好，但其實還是要注意一下，像河原町、心齋橋、道頓堀等鬧區固然熱鬧，但居酒屋很多、商店街中也藏有公關店，當然就有可能會遇到醉漢、遊民，或誤闖聲色場所，其實不論哪裡都有治安較差的地帶，深夜出門保持警惕就好，不用過於緊張。

心齋橋：
房價不算便宜，但可利用地鐵連接各景點，往南可到道頓堀、往北可達本町，買物飲食都很方便。因為居酒屋、聲色場所也聚集於此，深夜記得注意安全。

難波：
大阪南區的重要轉運站，可以直通關西機場、奈良，除了百貨，還可徒步通往熱鬧的道頓堀、心齋橋，便利以外，車站結構與大阪、梅田相較更簡單，不用擔心找不到路。

天王寺：
位置更偏南，通常不是住宿第一首選，房價相較便宜，但其實交通也很便利，JR、地鐵、近鐵通過，可連接機場、和歌山、奈良，周邊還有阿倍野HARUKAS等百貨。

三宮：
神戶的主要鬧區，交通系統集中於此，離三宮駅較近的話飯店房價自然較高，可以考慮稍遠一點的三宮～北野一帶，房價會較便宜。

神戶港區：
神戶港區周邊有百貨可逛，離元町也不遠，同時還可以坐擁美麗的港灣景色，預算足夠的話可以考慮住上一兩天好好享受。

認識京阪神

行前準備

機場介紹

當地交通

主題旅遊

常見問題

錢的問題

錢永遠是旅遊時的大問題，從怎麼換到換多少，每一個小問題都讓人困擾，以下將介紹日幣面額及換匯相關問題。

¥10,000
¥5,000
¥1,000
¥500　¥50
¥100　¥10　¥1　¥5

日本貨幣

日圓，日文為「円」，羅馬拼音「en」，貨幣符號「¥」，以下介紹10種面額的紙鈔及硬幣。

紙鈔
¥10,000
日本最大面額。正面為福澤諭吉，背面為京都平等院的鳳凰。

紙鈔
¥5,000
以日本明治初期重要的女性小說家樋口一葉為正面，背面為江戶時代著名畫家尾形光琳所繪的燕子花圖，體現了日本文學及藝術之美。

紙鈔
¥2,000
正面繪上沖繩縣首里城守禮門，以源氏物語繪卷第38帖「鈴蟲」的紫式部、光源氏、冷泉院為背面，由於是2000年發行的紀念幣，市面上少有流通。

紙鈔
¥1,000
面額最小的紙鈔，正面為日本戰前細菌學家野口英世，背面則為富士山及櫻花。

硬幣
¥500
直徑最大最好認，正面為泡桐圖樣，背面的500字樣也十分明顯。

硬幣
¥100
銀色，比500稍小些，正面為櫻花。

硬幣
¥10
¥10和¥5的直徑都比¥50大；¥10正面為平等院內的鳳凰堂，復古的古銅色，相當好認。

硬幣
¥5
直徑比¥50大的金色¥5，正面小洞處為齒輪形狀，設計別緻。

硬幣
¥50
只要中央有個小洞，不是¥50就是¥5。銀色的¥50，正面為菊花。

硬幣
¥1
日本貨幣中最小的面額，也是直徑最小的硬幣。小小的銀色¥1，正面為小樹苗，讓人聯想到發芽茁壯之意。

換匯

如何查詢匯率？

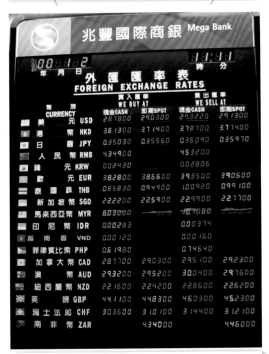

銀行內及網站皆有即時牌告匯率資訊，「YAHOO！奇摩股市」更能幫你換算，並整理出哪家匯率較划算。匯率分為「現金賣出」與「現金買入」，台幣換外幣看「賣出」，即銀行賣出外幣給客戶的價格；外幣換回台幣則看「買入」，即銀行買入客戶外幣的價格。記得！台幣除以「賣出匯率」等於日常價格，「賣出匯率」越低越划算喔！

出門前哪裡換錢？

銀行　各銀行或法定現金匯兌處都可匯兌，無手續費，部分銀行非存戶會加收手續費，需趕在3點半銀行關門前處理。

外幣提款機：台銀、兆豐、玉山等銀行設有外幣提款機，可以持金融卡提取外幣。外幣提款機的好處是24小時服務，且匯率較優惠，缺點是每種幣別都只有一種面額的鈔票，另外也有最高提領額限制。（各家銀行的外幣提款機地點請至官網確認。）

網路　台銀、兆豐皆有線上結匯服務，通過簡單網路申購，就可以不受營業時間限制，直接至分行或機場領取外幣喔！

臺灣銀行—線上結匯Easy購
手續費：購買外幣現金無手續費。
金額限制：每人每日訂單金額不得超過新台幣50萬。
申購次數：於付款效期（2小時）內之累計有效交易，同一幣別1筆，不同幣別最多6筆為限。
付款：申購後2小時內利用網路銀行、網路ATM或實體ATM完成付款。
領取：可選擇攜帶身分證或護照至分行或機場取票，下單當日營業時間15:20前完成付款，次日起10個營業日內可領取。（依營業時間而定）
🌐 https://fctc.bot.com.tw/botfe/index.jsp

兆豐國際商業銀行—線上結匯
手續費：購買外幣現金無手續費，但持本行信用卡付款及外幣帳戶提領需手續費（信用卡：下單金額等值新台幣1%+新台幣150元；外幣帳戶:(現金賣匯-即期賣匯)/現金賣匯，最低新台幣100元）。
金額限制：每人每日訂單金額不得超過新台幣50萬。
申購次數：每次下單以1次為限，先完成繳款，再繼續下單。
付款：申購後2小時內利用網路銀行、網路ATM、實體ATM、及本行信用卡完成付款。
領取：可選擇攜帶身分證、居留證或護照至分行或機場取票，完成付款2小時後選擇14天內任一日期完成領取。（依營業時間而定）
🌐 ebank.megabank.com.tw/global2/fscontent.jsp

機場　機場內皆設有銀行，外幣兌換、匯款、存款等各種銀行業務皆可辦理，另有ATM及外幣匯兌處，但於機場兌換外幣需100元手續費，因此先於國內銀行換錢較划算。

47

在日本領錢？

　　如果真的山窮水盡的話，其實可以在日本當地換取日幣，或是以信用卡預借現金，銀行帳戶裡有錢的話，現在甚至還可以直接從台灣戶頭提領日幣呢。

當地換匯

　　日本國際機場、銀行、飯店等都可以用台幣換日幣，但手續費較高。

外幣兌換機：如果出發前來不及換日幣，或是覺得換得不夠多，可以直接利用機場的外幣兌換機換錢，雖然匯率可能沒那麼好，但可以在機場就解決困擾，省下尋找ATM的麻煩。

提款注意事項

卡片與ATM上都會有相應的系統圖示，先確認兩者系統是否通用；提款時通常選擇儲戶帳戶(Saving Account)即可，但若是Visa或Master金融卡，有時需選擇信用帳戶(Credit Account)才行。最重要的是，出發前記得向發卡公司確認相關服務、需輸入哪種密碼，以免有卡領不到錢。

提領現金

　　也可以利用金融卡或信用卡於日本提領現金。

信用卡預借現金：信用卡領現金的規定較為寬鬆，Visa/Plus、Mastercard/ Cirrus、Maestro、American Express和JCB卡皆可在郵局、7-11、機場、各大百貨等地使用，不過注意這算是向銀行預借現金，有金額限制、手續費，利息偏高。

金融卡ATM提款

01以磁條密碼提款

　　事先向銀行申請「跨國提款磁條密碼（4碼，與一般晶片金融卡密碼不同）」，並通知銀行你將在海外提款（許多銀行為防詐欺會封鎖突然在海外使用的金融卡），就能在郵局、7-11和附英語選單介面的國際ATM直接提領日幣；需手續費。

02金融卡原密碼提款

　　2010年底起，臺灣銀行、土地銀行、合作金庫等23家銀行的金融卡可以在東京和北海道、大阪、神戶等，使用有金融卡標誌 (財金公司)的ATM以原密碼領錢。2017年更擴大服務，至東京、京都、大阪、北海道地區的Circle K、Sunkus及部分全家超商，設有超過700台ATM可供使用，優點是手續費較低。使用前記得開通「跨國提款暨消費扣款功能」，詳情可參考網站。

天氣・保險・通訊

確認天氣

出門時天氣如何，會影響到行李最後的確認和準備。需不需要帶雨具？下雪了沒有？查查看以下的網站吧！

YAHOO！奇摩氣象

中文的奇摩氣象可查詢日本主要城市一週天氣預報。

tw.weather.yahoo.com

日本氣象廳

英、中、日文介面，相當於台灣的氣象局，因此資料也較完善。

www.jma.go.jp

YAHOO！JAPAN天氣情報

日文介面，天氣圖生動可愛，可查詢天氣預報的地點更詳盡。

weather.yahoo.co.jp

旅遊保險

海外的旅遊平安險主要分為意外險、意外醫療險和疾病醫療險三個部分。意外險指在海外發生交通事故等意外的保險，可以看自己想投保多少錢（如保一百萬）。意外醫療險指在海外因意外而受傷時的醫療補助，一般按比例賠償。疾病醫療險則指在國外生病住院時的醫療補助，和意外醫療險一樣按比例賠償。

旅遊平安險的價格，依照投保金額、旅遊地點和天數決定，約數百至三千元不等。如果本來就有固定的保險公司，出發前只要一通電話就能加保，還會有打折，也可以透過網路保險。另外，用信用卡刷卡購買機票時也會附贈旅遊平安險，依各家公司規定不同，部分還含括班機延誤、行李延誤或行李遺失等旅遊不便險的部分，不妨在消費前先行查詢。

最後，如果來不及買保險也沒有用刷卡購票，在機場也設有保險公司的櫃檯，雖然價錢稍微貴了一點，但在出海關前不妨花個幾分鐘，買一份旅遊的安心保障。

認識京阪神

行前準備

機場介紹

當地交通

主題旅遊

常見問題

網路通訊

在旅程中，使用Google Map、交通APP、美食APP、社群網路，或臨時查詢店家資訊時都需要網路連線，這時旅人們就會發現，少了網路，智慧型手機的功能馬上減弱一半。以下介紹四種上網的方法：WIFI分享機、上網SIM卡、公眾WIFI與國際漫遊，旅人可以依自己的需求做選擇。

Wifi分享機

在台灣租借Wifi分享機應該可算是在日本最方便的上網方式。由於一台分享機可同時讓3~5台行動裝置上網，因此一群朋友共同分享十分划算。日本4G上網速度快，在城市中一般通訊都不會太差，但要注意上網總流量會有限制。現在許多店家提供在機場取還的服務，對準備出國的旅客來說十分便利。

Klook
www.klook.com/zh-TW/wifi-sim-card/

WI-HO行動上網分享器
www.telecomsquare.tw

上網SIM卡

除了租借Wifi分享機以外，也可以選擇上網SIM卡。較不方便的地方在於，要使用上網SIM卡必須把手機內原本的SIM卡取出，換上專用SIM卡，雖然這樣一來便無法使用台灣的號碼，但因為有通訊軟體，還是可以與親友保持聯繫。因為只有換SIM卡，所以無須攜帶額外裝置，在超商與機場取貨便利，有些SIM卡甚至不用歸還，使用完後直接丟棄即可。

有鑑於將SIM卡換掉可能會因此漏接原本門號的訊息，有業者推出了eSIM卡，只要掃描寄到信箱的QR code就能輕鬆安裝，直接省去現場領取的步驟，但購買前須特別注意自己的手機機型是否適用。

免費公眾WIFI

業者	熱點	使用方式	網址
Starbucks Wi2	全日本的星巴克	免費申請帳號密碼，不限時數使用	starbucks.wi2.co.jp/
LAWSON Wi-Fi	全日本的LAWSON便利商店可使用	免費。登入e-mail即可使用	www.lawson.co.jp/service/others/wifi/
FREESPOT	約一萬兩千處	免費。有的飯店提供的FREESPOT為住宿旅客專用	www.freespot.com/
KOBE Free Wifi	神戶、大阪、京都等地的wi2 300熱點	持外國護照，到JR神戶駅內的神戶市綜合資訊中心索取免費wifi卡，註冊後可免費使用7天	plus.feel-kobe.jp/tw/wi-fi/

國際漫遊

業者	費率
中華電信 emome	日租吃到飽1日(連續24小時)298元，1GB輕量型7天 (連續168小時)168元：2GB輕量型7天 (連續168小時)268元，5GB定量型8天 (連續192小時)488元
台灣大哥大	日租吃到飽1日(連續24小時)399元，4日以上每日199元；1GB輕量型15天199元，2GB輕量型15天349元，效期結束前可加購500MB 99元；另有漫遊上網同遊共享包及漫遊上網三合一方案
遠傳電信	日租吃到飽1日(連續24小時)299元

以上費率為2023年3月時之資訊，詳細費率請洽電信業者

更多免費WIFI

除了前述的免費公眾WIFI，還有許多專門的免費APP或服務，不妨作為參考，雖然通常會租用WIFI分享機器，但難免會分開個別行動，這時候這些服務就可以派上用場。

Japan Connectd-free Wi-Fi

此APP提供中、英、日、韓四種版本，只要出國前先下載好並註冊，抵達日本後就能利用它搜尋所在地附

近的Wifi熱點；而且只要註冊一組帳號密碼，就能快速連上Wifi，且不限使用一家，機場、鐵路、便利商店、星巴客等免費Wifi服務都能連上。

TRAVEL JAPAN Wi-Fi APP

此APP不需登入，就會自動連結到服務的WIFI熱點，

全日本有超過20萬個免費熱點，機場、咖啡廳、唐吉訶德、松本清等店家都可連上網，APP內還會有折價券、優惠訊息等，頗為實用。

FREE Wi-Fi PASSPORT

在日本全國約有40萬個熱點，在速食店、咖啡廳、各大車站、飯店等皆可使用。抵達日本

後，手動將電信公司切換到SoftBank，撥打*8181 (中文語音)即可獲得一組密碼。打開wifi找到「.FREE_Wi-Fi_PASSPORT」，輸入帳號即冠上國碼的手機號碼與剛才得到的密碼，即可開始免費使用14天，14天期限過了後，再重覆上述動作即可再次使用。

認識京阪神

行前準備

機場介紹

當地交通

主題旅遊

常見問題

機場介紹

出發的這一天終於到來，第一步該怎麼走？搭乘大眾交通工具、計程車或開車抵達機場後，找到check-in櫃檯、通關、登機……京阪神，就在3小時的距離之內了！

文／墨刻編輯部
攝影／墨刻攝影組

抵達機場

台灣的國際機場以桃園國際機場為主，還有台北松山機場、高雄小港機場，通常建議在3~3.5小時以前抵達機場，扣除辦理各種手續的時間和臨時狀況，還可以利用一下機場的各種設施，寬心等待飛機起飛。

桃園國際機場

機場捷運

桃園機場捷運於2016年底正式開通，旅客可從台北車站搭乘捷運直達桃機，直達車首班為6:00出發，末班車22:00。另外也有沿途停靠林口、新莊一帶的普通車可利用。

客運巴士

由台北前往
國光、大有、長榮、飛狗等各家客運公司的價差並不大，且由於班次密集，可以直接於現場購票搭乘。詳細巴士資訊請至各官網確認。車程約50~70分。

由桃園前往
由桃園出發的統聯客運，主要提供旅客由桃園火車站前往桃園機場的接駁服務，尖峰時車班密集，車程約30分，對於透過搭乘台鐵前來搭機者相當方便。

由台中前往
國光、統聯都有巴士可利用，主要從台中車站出發，也可以在朝馬站上車。車程約2小時10~30分。

由高雄前往
高雄沒有直達巴士可以抵達桃園機場，可以至台中轉乘客運，或是直接搭乘高鐵至桃園站轉乘機場捷運。

計程車

北區大型計程車隊都有提供叫車到府的機場接送，也可利用機場接送專業服務網的服務。一般需在出發前3小時到3天前預約，部分車隊並提供事前預約的優惠價格。4人座轎車由台北市區到桃園國際機場約在1100~1300元之間，休旅車及郊區接送須再加價。

開車

開車前往桃園機場後，將車停在停車場內直到回國取車也是可行的交通方式。可利用第一、第二航廈附設停車場，機場停車場均24小時開放，進場未滿30分內出場之車輛免費；逾30分後開始計時收費。

高雄國際航空站

高雄捷運

搭乘高雄捷運紅線至國際機場站下車後，由6號出口可通往國際航廈。捷運運行時間為5:56~24:02。

客運

高雄客運、屏東客運、國光客運有班次連接恆春、枋寮、墾丁等地，運行時段依各公司而異。

計程車

高雄市內為按表計費。另外，機場的排班計程車會加收行李箱費10元。

開車

24小時開放的停車場，前30分免費，後30分收費30元，1小時以上每30分收費15元，當日最高240元。隔日費率從零時開始計算，照停車時數計費。

台北松山機場

捷運

搭乘捷運文湖線，至松山機場站下車即抵。首班車為6:02發車，末班車為00:39發車。

市區公車

搭乘台北市區公車33、214、225、254、262、275、617、630、801、803、902、906、909、敦化幹線、棕1、紅29、紅31等班次均可抵達。

客運巴士

國光、台聯、桃園、亞通、三重等客運巴士，均有班次連接松山機場與桃園國際機場、林口、桃園市區、南崁、中壢、新竹和基隆等地。運行時間段約5:00~22:00。

計程車

由台北前往均為按表計費。

開車

松山機場附設3處小客車24小時停車場和1處大型車停車場，隔夜價格沒有另外規定，全照停車時數計費。小客車30分以內免收費，30分以上8:00~21:00每一小時40元，其他時段每小時10元。

無事抵達機場之後，就要找到航空公司櫃台，開始辦理check-in手續了。為了讓報到順利，收拾行李時別忘了注意託運行李及隨身行李的相關規範，才不會觸犯規定。

尋找航廈和櫃檯

不論哪種交通工具，抵達機場後就可以憑著清楚的標示抵達正確的航廈，下一步就是尋找出境大廳裡自己的check-in櫃檯。

抵達出境大廳後，可以透過報到櫃台的電子指示看板和各櫃檯上的編號與航空公司標示，找到正確的check-in櫃檯。

check-in手續

check-in手續和託運行李是一起完成的。check-in的動作，讓航空公司最後確認你的機位狀況，領取正式登機證後才可入關及登機，辛苦搬到這裡的笨重行李則可以交給櫃檯，留下隨身行李即可。

這裡需要查驗：

護照：作為身分證明之用。

電子機票：如果電子機票有列印出來可以讓地勤人員節省查找時間，不過通常提供護照即可。

託運行李：在櫃檯旁經過行李稱重、掛行李條、由地勤人員綁上貼條後，還需稍待行李通過X光檢查，才完成託運手續。

這裡你會拿到：

正式登機證：一聯二式的正式登機證，上面清楚註明登機時間、登機門、座位等資訊。

不同航空公司的登機證長得不盡相同，不過都會包含以下資訊：

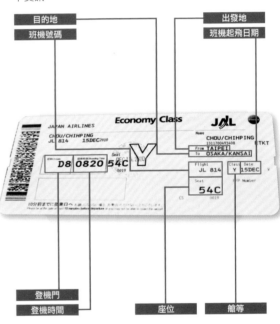

行李託運單：一般其實不會用到，但當行李遺失時，這張單據憑證，可以方便航站人員進一步協助處理，並查找你行李的下落，同時也可作為行李持有者的證明。

託運行李

上文已介紹託運行李的步驟，這裡就相關規定作更清楚的說明。

行李限重規定？

飛往歐亞澳地區的經濟艙旅客，單人託運一件行李限重23公斤(各航空依艙等不同規定也有所不同)，手提行李大小限長56公分、寬36公分、高23公分。

一定要寫行李條嗎？

航空公司櫃檯都有行李條可用，內容為姓名、電話、住址等基本資料，如果本來就有掛相關資訊在行李上可以不用寫。沒有的話，要知道萬一託運時不幸遺失，沒有標明的行李最容易下落不明。

什麼東西只能託運，不能帶上飛機？

包括指甲刀在內的各種刀具

超過100ml的香水、髮膠等噴霧或液態物品

酒類

運動用品

什麼東西不能帶？

打火機不論託運或隨身都不能帶，其他像是動植物、易燃物品（包括70%以上的酒類）等也不行。

Knowledge Supply

常見的行李問題

出入境行李規範多，以下可說是最容易搞混、疏忽的幾項，快檢查看看。

01 行動電源：行動電源或鋰電池都必須隨身攜帶，不可託運。

02 腳架：民航局規定管徑1公分內、收合後未超過60公分的腳架可帶上機。

03 菸酒：菸酒入境規定明確，酒類限1公升，香菸為捲菸200支或雪茄25支或菸絲1磅，通常免稅店一條菸就已達免稅標準。

04 農畜水產品：水果、生鮮海產或肉品絕對不能攜入，真空包裝的帝王蟹、肉類也一律禁止。另因應非洲豬瘟疫情，建議任何形式的肉類製品一律不要帶回國，違規將處20萬以上。也注意盡量不要攜出國，尤其含肉類的泡麵也要注意。

檢查護照和隨身行李

在機場可以看到出境指標，在這裡出示①護照 ②機票後，就可以通過出境大門，開始進行出境手續。

首先檢查隨身行李。隨身行李分件置放、隨身攜帶的物品（如錢包、零錢、手機等）和金屬品（如皮帶）也都須放置於置物籃內，通過X光檢查儀的檢驗。旅客本人則必須通過金屬感應門。

隨身行李相關規定

經濟艙隨身行李限重7公斤，長寬高限制為56x36x23公分。乳液、牙膏、髮膠、眼藥水等液體、膠狀及噴霧類物品，單瓶體積不可超過100ml，且需裝於不超過1L、可重複密封的透明塑膠袋內，安檢時須單獨放置於籃內通過檢查。另外水、飲料都無法通關，口渴可以進關後再買，機場裡也有飲水機。

抵達日本！入境機場 Step by Step

Step 1

飛機停妥
飛機降落後會慢慢滑行到指定位置，在飛機完全靜止前請在座位上稍待，等停妥後才能起身、取行李、開手機。

Step 2

入國審查
通過證照檢查後，可以取得日本的上陸證明。除了檢查護照和遞交入國表格（請參考P.59），按壓指紋和拍照（請參考P.59）也是固定程序。現在可以利用Visit Japan Web事先登錄入境、回國預定等基本資料，就能節省入國審查的等候時間。

JAPAN IMMIGRATION INSPECTOR
上 陸 許 可
LANDING PERMISSION
許可年月日 25 MAY 2008
Date of permit
在留期 23 AUG 2008
Until
在留資格 短期滞在
Status: Temporary Visitor
在留期間
Duration: 90days
NARITA(2)

Step 3

領取行李
依照航班，認清楚行李的位置後，就可以到行李旋轉台的地方找自己的行李囉！

Step 4

行李檢查
領到託運行李後，還必須通過最後一道行李檢查（請參考P.60）。

Step 5

入境日本
通過行李檢查，走出大門，就正式抵達日本啦！

入國審查

隨指標抵達證照檢查處後，請在標示為「外國人入境」的窗口前依序排隊，並準備：①護照 ②填寫好的入境表格 ③機票存根，在輪到你時交給窗口的入境審查官。檢查完資料後，審查官貼上入境許可，並請你在指紋登記系統留下紀錄，完成入國手續。

如何填寫入國紀錄

日本的入國紀錄表格於2016年4月開始更新，目前通用的皆為新式表格，新版省略了出國紀錄，內容也較簡單，記得利用乘機空檔填寫，加快入境程序的時間。

① 姓(填寫護照上的英文姓氏)

② 名(填寫護照上的英文名字)

③ 出生日期(依序為日期、月份、西元年)

④ 現居國家名

⑤ 現居都市名

⑥ 入境目的(勾選第一個選項「觀光」，若非觀光需持有簽證)

⑦ 搭乘班機編號

⑧ 預定停留期間

⑨ 在日本的聯絡處(填入飯店名稱、電話號碼即可)

⑩ 在日本有無被強制遣返和拒絕入境的經歷(勾選右方格：沒有)

⑪ 有無被判決有罪的紀錄(不限於日本)(勾選右方格：沒有)

⑫ 持有違禁藥物、槍砲、刀劍類、火藥類(勾選右方格：沒有)⑬簽名

備註：新式入國記錄背面問題即為⑩~⑫

（入國記錄表格圖）

新手看這裡

出入境表格務必詳細填寫

日本開放短期免簽之後，對於出入境的檢查也相對嚴格。尤其是停留地的電話、地址，所有空格記得都要填到，問題也要如實回答，才能省下不必要的麻煩唷。

指紋登記step by step

為了預防恐怖事件發生，所有入境日本的外國旅客都必須經過按指紋與臉部照相過程才可入境。

Step 1 抵達後請準備好已經填寫完成的入境表格，於外國人的櫃檯依指示排隊。

Step 2 向櫃檯入境審查官提交護照、填寫好之入境表格。

Step 3 在海關人員的引導指示下讀取指紋。請將兩隻手的食指放上指紋機，稍微用力按壓後等候電腦讀取指紋資訊。

請參照 www.moj.go.jp/NYUKAN

Step 4 準備臉部拍照，請將臉部正對著指紋機上的攝影鏡頭。

Step 5 接受入境審查官的詢問。

Step 6 入境審查官審核認可之後，會在護照上貼上日本上陸許可。

Step 7 等候入境審查官歸還護照，完成入境手續。

認識京阪神

行前準備

機場介紹

當地交通

主題旅遊

常見問題

(A面)　　　　　　　　　　　　　　　　　　(B面)

税関様式C第5360号

携帯品・別送品　申告書

下記及び裏面の事項について記入し、税関職員へ提出してください。

① 上乗機（船舶）名・出発地 BR2198 （出発地）② Taipei
入国日 ③ 2 0 1 4 年 1 0 月 2 1 日
フリガナ
④ 氏 名 Wang Da Ming
⑤ 住 所 KEIO PLAZA HOTEL TOKYO
（帯在先） tel 0 3 (3 3 4 4) 1 1 1 1
⑥ 職 業 Student
⑦ 生年月日 1 9 8 0 年 0 1 月 0 1 日
⑧ 旅券番号
⑨ 同伴家族 20歳以上　名　6歳以上20歳未満　名　6歳未満　名

※ 以下の質問について、該当する□に✔でチェックしてください。

1. 下記に掲げるものを持っていますか？

	はい	いいえ
⑩ ① 日本への持込が禁止又は制限されている物（B面を参照）	□	□
⑪ ② 免税範囲（B面を参照）を超える購入品・お土産品・贈答品など	□	□
⑫ ③ 商業貨物・商品サンプル	□	□
⑬ ④ 他人から預かった荷物	□	□

＊上記のいずれかで「はい」を選択した方は、B面に入国時に携帯して持込むものを記入願います。

2. 100万円相当額を超える現金又は有価証券などを持っていますか？

	はい	いいえ
⑭	□	□

＊「はい」を選択した方は、別途「支払手段等の携帯輸入届出書」の提出が必要です。

⑮ 3. 別送品

入国の際に携帯せず、郵送などの方法により別に送った荷物（引越荷物を含む。）がありますか？

□ はい （ 　　　　　個 ）　□ いいえ

＊「はい」を選択した方は、入国時に携帯して持込むものをB面に記載したこの申告書を2部、税関に提出して、税関の確認を受けてください。
税関で確認を受けた申告書は、別送品を通関する際に免税範囲の確認に必要となりますので大切に保管してください。

《注意事項》
海外で購入されたもの、預かってきたものなど、本邦に持込む携帯品・別送品については、税関に申告し、必要な検査を受ける必要があります。申告漏れ、偽りの申告などの不正な行為がありますと、処罰されることがありますので注意してください。
ご協力ありがとうございました。

A面より、記入ください。《申告は正確に!》
（ご不明な点がございましたら税関職員へお尋ねください。）

※ 入国時に携帯して持ち込むものについて、下記の表に記入してください。

（注）個人的使用に供する購入品等に限り、1品目毎の海外市価の合計額が1万円以下のものは記入不要です。
また、別送した荷物の詳細についても記入不要です。

酒	類		本	＊税関記入欄
たばこ	紙巻		本	
	葉巻		本	
	その他		グラム	
香 水			オンス	
その他の品名	数 量	価 格		

＊税関記入欄　　　　　　　　　円

⑯ 日本への持込が禁止されているもの
① 麻薬、向精神薬、大麻、あへん、覚せい剤、MDMAなど
② けん銃等の銃砲、これらの銃砲弾やけん銃部品など
③ ダイナマイトなどの爆発物や火薬、化学兵器の原材料
④ 紙幣、貨幣、有価証券、クレジットカードなどの偽造品
⑤ わいせつ雑誌、わいせつDVD、児童ポルノなど
⑥ 偽ブランド品、海賊版などの知的財産侵害物品

⑰ 日本への持込が制限されているもの
① 猟銃、空気銃及び日本刀などの刀剣類
② ワシントン条約により輸入が制限されている動植物及びその製品（ワニ・ヘビ・リクガメ・象牙・じゃ香・サボテンなど）
③ 事前に検疫確認が必要な生きた動植物、肉製品（ソーセージ・ジャーキー類を含む。）、野菜、果物、米など
＊事前に動植物検疫カウンターでの確認が必要です。

⑱ 免税範囲
・酒類3本（760ml／本）
・外国製紙巻たばこ200本
＊20歳未満の方は酒類とたばこの免税範囲はありません。
・香水2オンス（1オンスは約28ml）
・海外市価の合計額が20万円の範囲に納まる品物（入国者の個人的使用に供するものに限る。）
＊6歳未満のお子様は、おもちゃなど子供本人が使用するもの以外は免税になりません。
＊海外市価とは、外国における通常の小売価格（購入価格）です。

在行李旋轉台上找到行李後，還必須通過最後一關行李檢查，才能正式進入日本。如果有需要特別申報的物品的話，必須走紅色通道，如果沒有的話可由綠色通道通關。在這裡請準備：

①行李申報單
②護照

以上物件備齊交給海關人員查驗。

如何填寫行李申報單

① 搭乘航班編號　② 出發地點　③ 入境日期
④ 姓名(註：填寫護照上英文姓名)
⑤ 日本的聯絡處(請填寫入住之飯店名稱、電話)
⑥ 職業　⑦ 出生年月日(註：填寫西元年號)
⑧ 護照號碼　⑨ 同行家屬
⑩ 是否攜帶以下申請單B面之禁止入境物品？(填寫右方格：沒有)
⑪ 是否攜帶超過B面免稅範圍的商品、土產或禮品？(填寫右方格：沒有)
⑫ 是否攜帶商業貨物、樣品？(填寫右方格：沒有)
⑬ 是否攜帶別人寄放物品？(填寫右方格：沒有)
⑭ 是否攜帶超過折合100萬日幣的現金或有價證券？(填寫右方格：沒有)

⑮ 除隨身行李之外是否有郵寄送達日本的物品？(填寫右方格：沒有)
註：以上10-15項如果填寫「是」則必須在B面的清單正確填寫物品名稱與數量。

⑯ 日本禁止入境物品
(1)麻藥、類精神藥、大麻、鴉片、興奮劑、搖頭丸等各級法定毒品。
(2)手槍等槍枝與槍枝的彈藥及零件。
(3)炸藥等爆炸物品、火藥、化學武器的原料。
(4)紙幣、貨幣、有價證券及信用卡等的偽造品。
(5)色情書報雜誌、光碟及兒童色情物品。
(6)仿冒名牌商品、盜版等損害智慧財產權的物品。

⑰ 日本限制入境物品
(1)獵槍、空氣槍及日本刀等刀劍類。

(2)根據華盛頓公約限制進口的動植物及其製品(鱷魚、蛇、龜、象牙、麝香及仙人掌等)
(3)需事前檢疫的動植物、肉產品(包括香腸、牛肉乾、豬肉乾等)、蔬菜、水果及稻米。

⑱ 入境日本免稅範圍
・酒類3瓶(1瓶760ml)
・外國香菸400支
・香水2盎司(1盎司約28ml)
・境外市價總額不超過20萬日幣的物品(只限入境者的自用品)

⑲ 入境日本免稅範圍
・2019年起，因應洲豬瘟疫情，入境日本也嚴格新規範未申報的各式肉類製品，一經查獲最高罰則是100萬日幣，建議都不要攜帶，尤其注意含肉類的泡麵。

關西國際機場

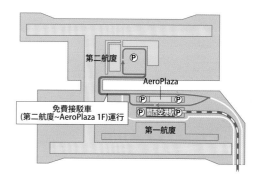

第二航廈

AeroPlaza

免費接駁車
(第二航廈~AeroPlaza 1F)運行

關西空港駅

第一航廈

關西國際機場位於大阪南部50km處的人造島，是日本第二重要國際機場，擁有兩座航廈，由中央天空之門大橋聯繫機場周邊。進出京阪神地區，基本上都是由關西國際機場進出，不但距離大阪市區近，前往關西各地的交通系統、套票更是完善。以下將先就機場本身進行說明，機場通往市區的交通請參考P.70。

機場結構說明

關西機場是由兩座航廈組成，一航、二航兩棟建築分離，搭乘接駁巴士約需7~10分，兩座航廈之間還有與一航相連的關西空港駅及AeroPlaza (Hotel Nikko Kansai Airport)。關西空港駅是通往市區的門戶，可搭乘JR、南海電鐵列車。

航廈間接駁巴士

關西機場的航廈間接駁巴士來往於第一航廈、第二航廈之間。從第一航廈搭乘接駁巴士的話，要先上到2樓，利用天橋經過關西空港駅，來到AeroPlaza中庭，此時往左就會看到清楚的指標，接著依循指標下到一樓，就可以找到乘車位置了。如果是從第二航廈搭乘，只要走出國際線航廈就可以找到接駁巴士的乘車站牌，下車時會抵達第一航廈4F的國際線出發樓層。

◔ 5:00~23:50約4~10分一班，24:00~4:00每個整點一班車。單程約7~10分。

ⓤⓟ www.kansai-airport.or.jp/t2/tw/access/access02.html

新手看這裡

優惠票券這裡找

到日本遊玩，許多人都會事先在台灣買好優惠票券，不論是上網訂購還是向旅行社購買，總之事先準備比較安心，但要是沒有事先購買的話，在關西機場的關西旅遊訊息中心（**Kansai Tourist Information Center**，簡稱「**KTIC櫃台**」）也可以找到，在KTIC櫃台可以買到大阪周遊卡、關西周遊卡KTP、JR的關西鐵路周遊券、近鐵周遊券，也可以購買日本環球影城的門票，非常方便。

關西空港駅

關西空港駅是通往市區的門戶，車站指標非常清楚，一側為JR，另一側為南海電鐵，進站時只需要依循指標，通過正確的改札口即可順利乘車。另外，車站外設有JR西日本與南海電鐵的售票窗口，可在各自窗口購買相關優惠票券，若是需要兌換JR PASS，也是於此地的JR窗口兌換。

JR西日本售票窗口
◔ 5:30~23:00
南海電鐵售票窗口
◔ 10:00~21:00(外國人專用窗口)，首班車~末班車(一般售票窗口)

認識京阪神

行前準備

機場介紹

當地交通

主題旅遊

常見問題

關西國際機場第一航廈平面圖

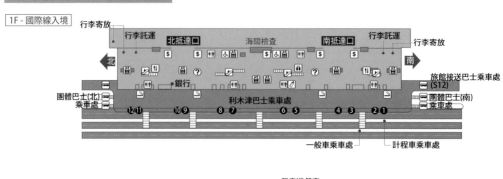

1F - 國際線入境

行李寄放　行李託運　北抵達口　海關檢查　南抵達口　行李託運　行李寄放
北　銀行　利木津巴士乘車處　南
旅館接送巴士乘車處(S12)
團體巴士(北)乘車處　團體巴士(南)乘車處
⑫⑪　⑩⑨　⑧⑦　⑥⑤　④③　②①
一般車乘車處　　計程車乘車處

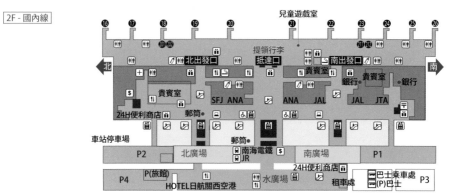

2F - 國內線

⑯⑰⑱⑲⑳　兒童遊戲室　㉑㉒㉓㉔㉕㉖
北　提領行李　南
北出發口　抵達口　南出發口
貴賓室　貴賓室　銀行
貴賓室　SFJ ANA　ANA JAL　JAL JTA　銀行
24H便利商店　郵筒
車站停車場
南海電鐵 JR
P2　北廣場　南廣場　P1
P4　P(旅館)　24H便利商店　P3
HOTEL日航關西空港　水廣場　租車處　巴士乘車處 (P)巴士

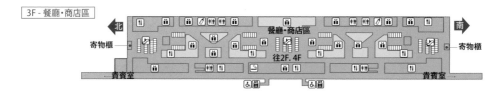

3F - 餐廳・商店區

北　餐廳・商店區　南
寄物櫃　往2F. 4F　寄物櫃
貴賓室　貴賓室

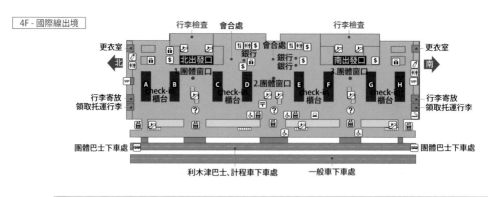

4F - 國際線出境

行李檢查　會合處　行李檢查
更衣室　會合處　更衣室
北　北出發口　銀行　銀行　南出發口　南
1.團體窗口　銀行　2.團體窗口
行李寄放 領取托運行李　A check-in櫃台 B　C check-in櫃台　E check-in櫃台 F　G check-in櫃台 H　行李寄放 領取托運行李
團體巴士下車處　團體巴士下車處
利木津巴士、計程車下車處　一般車下車處

圖例：
? 詢問處　洗手間　哺乳室　餐廳　購物　無障礙空間　救護站　公用電腦
$ 銀行　郵筒　電梯　手扶梯　VIP 貴賓室　吸煙室　地鐵站　巴士站

認識京阪神

行前準備

機場介紹

當地交通

主題旅遊

常見問題

第一航廈

航空公司：
中華航空、長榮航空、全日空航空、日本航空、酷航、台灣虎航。

機場服務

名稱	服務	位置	時間
遊客中心			
觀光諮詢處	觀光資訊與諮詢，優惠車票販售	1F(南)	7:00~22:00
綜合詢問處	疑難解答，嬰兒車及輪椅租借	2F	24小時
行李存放			
JAL ABC	行李存放（旅行袋￥370/日、行李箱￥640/日）	1F、4F(南)	1F：6:15~22:30、4F：6:30~22:30
Kansai Airport Baggage Service	行李存放（旅行袋￥370/日、行李箱￥640/日）	1F、4F(北)	1F：6:30~22:30、4F：7:30~21:00
投幣式寄物櫃	寄物（￥400~800/日）	1F、2F、4F、Aeroplaza 2F	24小時
行李寄送			
JAL ABC	行李寄送	4F(南)	7:00~21:00 服務電話：0120-919-120(9:00~18:00)
Kansai Airport Baggage Service	行李寄送	4F(北)	6:30~22:30 服務電話：072-456-8701(9:00~17:00)
外匯			
銀行	外幣兌換、匯款、存款等各種銀行業務	1F、2F、4F、國際線登機口區域	約6:00~22:30，依公司而異
ATM	提領現金	1F、2F、3F、4F、Aeroplaza	約7:00~24:00、24小時(依公司而異)
其他服務			
郵筒	郵務、明信片	1F、2F、4F	
投幣式充電器	只要是充電式的電池，手機、相機皆適用。 30分鐘內¥165。	1F、2F、4F	24小時
吸菸室		1F、2F、4F、國內線與國際線登機口區域(部分吸菸室因疫情原因關閉)	24小時
診所	緊急醫療、健康檢查、航空旅遊醫學諮詢、藥品諮詢	2F北側	9:00~17:00、急診：24小時
機場巴士	前往各地的巴士乘車處	1F	

第二航廈

航空公司：
樂桃航空

機場服務

名稱	服務	位置	時間
遊客中心			
觀光諮詢處	觀光資訊與諮詢，優惠車票販售	1F(國內線)	11:30~19:30，旅遊資訊中心6:30~23:00(疫情期間暫不開放，請洽一航服務處)
綜合詢問處	疑難解答，嬰兒車及輪椅租借	1F	24小時
行李存放			
投幣式寄物櫃	大型￥800，中型￥600，小型￥400/日	國內線及國際線一般區內皆有設置	24小時
行李寄送			
Applause	行李箱、包裹寄送	一般區域(國內線)	7:30~19:30
外匯			
銀行（三井住友）	外幣兌換	1F一般區	約6:00~24:00
ATM	提領現金	一般區、國際線登機口區域	依各家銀行而異，約為6:00~24:00(視各銀行而定)
其他服務			
吸菸室	機場內除了吸菸室外全面禁菸	1F一般區、國際線及國內線登機口區域(部分吸菸室因疫情原因關閉)	24小時
機場巴士	前往各地的巴士乘車處		

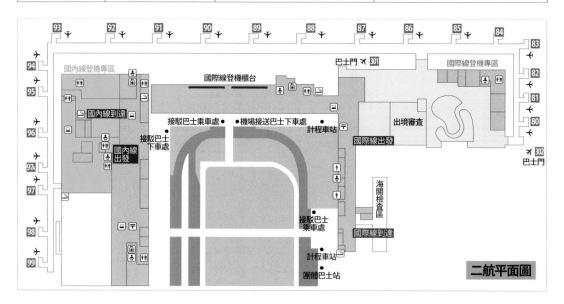

二航平面圖

認識京阪神

行前準備

機場介紹

當地交通

主題旅遊

常見問題

航廈內的服務

依航空公司建議時間，搭乘飛機要在起飛前50分鐘辦好手續，有時為了怕機場人太多，大多建議起飛前3小時就到達機場最保險。但難免會遇到早晨或深夜的航班，如果不想花錢在機場旅館過夜的話，不妨善用機場提供的貼心服務。

淋浴間

為了轉機或候機的旅客，機場內設有淋浴間，可以讓旅客洗去一身疲勞。

🔵 淋浴間15分鐘￥600，Aeroplaza內的淋浴間則為40分鐘￥660
🔘 一航國際線北登機口區域(出境後)、一航2樓Aeroplaza內(出境前)
🔽 24小時營業，一航內的因航班飛機而定

KIX Airport Café Lounge

位在一航廈2樓北側的KIX Airport Café Lounge是機場休息室，提供飲料、書報、網路；開放坐位區30分鐘￥550，包廂30分鐘￥660，之後每10分鐘加收￥140，持KIX CARD可享7折優惠。另外這裡也設有淋浴間，40分鐘只要￥660，就能舒服洗個熱水澡。

車票販售處

抵達關西機場後最重要的就是前往市區開啟旅程，如果沒有事先買票，也可以在各大巴士/電車的售票櫃台購買前往京阪神各地的車票，如最常被使用的JR鐵路與利木津巴士等。

新手看這裡

KIX-ITM CARD關西機場卡

不需入會費、年費，每個人都能使用此卡。只要事先上網申請，在第一航廈2樓中央的服務櫃檯就可以取卡，憑此卡在機場內部分店家、餐廳消費可享95折優惠，兌換日幣時也可享有優惠匯率，於關西機場起降也能累積點數折抵現金，常前往的話可以考慮辦卡。

🔗 www.kansai-airport.or.jp/kc/guide/

寄行李到市區

日本近年大力推動觀光，當然也出現許多相應服務。關西機場可以找到寄送行李的宅急便櫃台，如果想輕鬆啟程，可以考慮直接請宅急便送行李到下榻飯店，反之，也可以到飯店櫃台詢問，提前2~3天寄到機場。若是在大阪市區內的合作飯店，還有提供飯店～機場的當日送達服務。

❗ 機場寄行李到關西地區，一般需在11:00前寄件才可於當日送達，費用因行李大小而異，可寄件地區請向櫃台確認。若為大阪的合作飯店，15:30前從機場寄件，17:00~21:00即可送達，費用依行李尺寸收費。
🔗 www.jalabc.com/

自駕租車

關西地方雖然各縣之間鐵路發達，且各大景點也有鐵道、巴士可以串聯，但若想要往距離更遠的近郊去玩，如果利用巴士還得計算時間，實在是無法隨心所欲地移動。不如搭配鐵路，來一趟關西近郊悠遊自駕之旅，自己的行程完全由自己安排吧！

Step 1

申請駕照日文譯本

日本政府於2007年起開放台灣人在日本駕車，只要準備好駕照的日文譯本就可在日本開車上路。申請手續十分簡單，攜帶駕照與身份證正本至各公路監理機關窗口，填寫申請表格、繳交100元規費，不到10分鐘就可以拿到譯本囉。譯本有效期限為1年。

STEP①：準備好身分證正本及駕照正本

STEP②：帶著證件至各公路監理機關，到駕照相關窗口辦理台灣駕照的日文譯本申請手續。

STEP③：填寫申請表格，繳交100元規費。

STEP④：領取日文譯本，大功告成。

Step 2

選擇租車公司

可以在網路上搜尋租車網站，多方比較後選擇最適合自己的方案吧。

Step 3

開車上路

實際上路後，卻發現許多眉眉角角跟台灣不一樣？針對大家最想知道的問題，現在就來一一為你解答吧！

左側行駛

　　日本與台灣的車子不僅方向盤的位置相反，而且是靠左行駛。雨刷和方向燈的控制也和台灣相反，往往在慌亂中就會誤打。

遵守交通規則

　　日本的國道和高速道路都有監視攝影，雖然數量不多，但是罰款金額相當可觀。如果被快速照相，有可能會被警察追截或直接將罰款單寄往租車公司，並於信用卡扣除款項。另外，違規停車罰款¥15000起。

保持安全距離

　　日本的道路筆直，往往大家開車會開越快，這時候保持安全距離就格外重要。台灣人開車習慣往往會緊貼著前面一輛車，可是這在高速行駛的時候就非常危險，一有閃失傷亡就很嚴重。

禮讓行人

　　日本有很多路口在綠燈的時候，同時容許車輛轉彎和行人穿越，所以原則上都必須讓行人先行。

路口右轉

在十字路口右轉時，即使是綠燈，也要等對面行車線轉為紅燈，或讓對面的車輛通過或是停下來才可右轉。需要右轉時在兩條線中間等候，等對面行車線沒有車或是換燈號時才通過。在市區裡頭往往有些禁止右轉的標示是畫在地面上，要特別小心。

保險

租車費用中包含的強制保險「保險補償制度」，由保險公司依投保額度來支付事故賠償金；若想行車更有保障，另建議加保的「免責補償制度」、「營業損失賠償」項目。「免責賠償制度」（CDW：Collision Damage Waiver）：免責額包含對物、對車的自付額，若發生交通事故，保險補償超額的自付額賠償金由保險公司來支付。「營業損失賠償」（NOC：Non-Operation Charge）：指當發生交通事故或車子故障，需要維修或清潔時，駕駛需支付租車公司在車輛維修期間，無法租賃所造成的的營業損失賠償，賠償費用會以是否能自行駕駛回租車處而有所差異。

汽車衛星導航

在日本租車大多會直接免費配備衛星導航，可選擇日文、英文甚至是中文。中、日文的導航系統中，漢字出現的機率很高，且導航系統介面容易操作，大多數的店家(有先店家沒有登錄至系統)或景點，只要輸入電話號碼或地圖代碼(MAPCODE)便可鎖定，進而完整規劃路線，萬一不小心迷路還可以利用地圖確認自己所在位置。

穿越火車平交道

公路和鐵軌交會的地方，當有火車經過時，平交道兩側的柵欄會放下，因此要確認有足夠的時間和空間方可穿越，萬一卡在軌道上，要馬上下車啟動附近的緊急停車鈕，否則會釀成大禍。

緊急求助

很多路標下方會加設指示牌，顯示所在地內相關的道路情報中心的電話號碼。遇到緊急狀況，可致電給他們，或是租車公司、JAF的緊急救援電話尋求援助。

JAF道路服務救援專線：06-6455-0123

冬天駕駛

雪地行車有一定的危險度，因此還是建議沒有積雪的季節租車，如果要嘗試的話，記得先確定好打滑、冰面、積雪過厚等冬季行車狀況的可能性。

注意野生動物

山區域有些些路段會有野生動物出現，遇到山豬、獼猴都是家常便飯。因此看到標示時，放慢速度，避免引起事故。一則減少動物傷亡，二來有些動物體積龐大，大些重達100公斤，如果撞倒牠們，人員的傷亡也就在所難免。

還車前要加滿油

還車時必須加滿汽油，並附上加油收據作為證明，否則租車公司會收取較市價高的油費。在日本加油，請學會「満タン(man-tan)」，也就是「加滿」的日語，並將貼在方向盤旁的油種標示貼紙指給服務人員看，一般為「レギュラー(regular)」，服務人員就會把油加滿。最後在職員陪同下驗車，如果車身在交還時有明顯刮痕、機件故障或是其他問題，租車公司會依照條款收費。

交通篇

在京阪神自助，當然是大眾交通工具最方便。包括JR、三座城市的市營地下鐵、阪急電鐵、阪神電車等私鐵以外，還有京都的巴士與神戶的CITY LOOP，都是方便的交通選項。介紹京阪神的鐵道、公車系統以外，當然也不能忘了划算的交通票券，還有常利用的六大轉運站資訊，帶你掌握京阪神交通全面資訊。

文／墨刻編輯部
攝影／墨刻攝影組

機場前往京阪神市區

從關西機場有不同的交通方式可以進入關西的都會區，先看看下圖，尋找最方便的交通方式吧。

順利出關（請參考P.58）後，真正緊張的時刻終於到來。從機場怎麼到飯店？應該買什麼票會比較划算？在陌生的地方該怎麼找路？以下是由關西機場進入京阪神地區的交通全剖析。

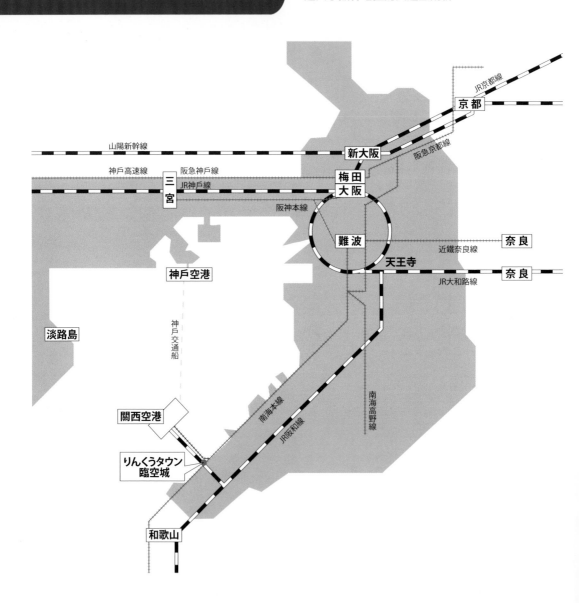

機場進市區 Step by Step

認識京阪神

行前準備

機場介紹

當地交通

主題旅遊

常見問題

Step 1

找到購票櫃台

不論巴士或電車，現場購票的話當然要先找到售票櫃台，接著決定要買優惠票券還是一般票券，如果已事先訂票，記得把兌換券印出來、確認兌換櫃台，才能順利換取車票。

Step 2

確認班次購票

在各購票口及大廳內的大型看板，都能看見即將出發的路線班次指示。確認班次後，向櫃台直接購票，只要出示護照，並告知時間和前往車站即可。

Step 3

依循指標搭車

看好自己要搭的交通工具後，依照機場內的指示可以找到正確的乘車入口，在月台上也會有各車廂的位置標示，抵達車廂號碼旁就可以安心候車囉！

交通選擇指標

	利木津巴士	普通列車	直達列車	計程車
行李又多又重	○	△	△	○
只要便宜就好	△	○	△	✕
只要輕鬆就好	△	△	△	○
沒時間，要快點	△	✕	○	△

○=適合 △=還可以 ✕=不適合

關西機場 ←→ 大阪

關西機場是關西地區的主要門戶，位在大阪府內，但其實距離大阪市區也有一段距離，好在有大眾運輸工具可以利用。機場通往大阪市中心的方式最常利用的就是鐵道（JR與南海電鐵），另外也有利木津巴士可搭乘，旅客可依照需求，選擇不同方式展開旅程。

關西機場
交通資訊

JR

JR西日本提供往返關西機場的兩個選擇，一為特急列車HARUKA，是機場連結大阪市區最快的列車，還設有行李櫃；另一個則是關空快速列車，車速較慢、列車只是普通車，但相對便宜。

關空特急HARUKA
関空特急はるか

時刻：由關西空港駅發車的平日首末班車分別為6:31和22:16，每小時約2班車，20:46後每小時1班車。

區間：連接關西空港駅與關西都會區的天王寺、新大阪、京都，更遠可至大津、石山、草津、守山、野洲。

車程：到大阪市區的最短時間約30分。

車票：分成指定席和自由席，票價＝車票＋特急券（票價計算方式介紹，詳見P.89）。1號車為綠色車廂，一般5、6節為自由席，依列車節數而異。

購票：抵達機場後，在關西空港駅的JR窗口購票即可。如果擔心回程沒有車票，也可於JR售票處「綠色窗口」（みどりの窓口）或是自動售票機預先購買。

一覽表：以下為機場前往大阪地區的時間和票價（車票＋普通指定席）。

路線名	目的地	需要時間	價格
特急 HARUKA	新大阪	約50分	￥2920
	天王寺	約32分	￥2170

注意：特急HARUKA沒有停靠大阪駅、難波駅，要前往這兩站需要轉車。

優惠票：ICOCA & HARUKA

JR西日本針對外國遊客推出「ICOCA & HARUKA」折扣，內含一張ICOCA卡與特急HARUKA的自由席優惠票券。HARUKA至天王寺自由席單程￥1840，加上ICOCA售價￥2000，需￥3840，但此折扣組合只需￥3200。

關空快速
関空快速

時刻：由關西空港駛發車的首末班車分別為5:50和23:09，每小時約3～4班車。

區間：利用JR關西空港線（日根野～關西空港）直通阪和線、大阪環狀線，途經日根野、天王寺、新今宮、大阪、京橋等站，通往大阪市區頗為便利。

車程：到大阪駛約1小時10分，依目的地而異。

車票：快速列車只需一般乘車券，不用加收其他費用。

購票：抵達機場後，在關西空港駛的JR窗口、或是自動售票機購買即可。

一覽表：以下為機場前往各主要車站的時間和票價。

路線名	目的地	需要時間	票價
關空快速	京橋	約1小時20分	￥1210
	大阪	約1小時10分	￥1210
	天王寺	約50分	￥1080
	日根野	約10分	￥460

多少錢：至天王寺單程￥3200、來回￥4400；至新大阪單程￥3600、來回￥5200。無兒童票。

哪裡買：可至JR關西空港駛的綠色窗口（みどりの窗口），填寫資料並出示護照即可購買。一人限購一張。也可事先上網預約，再到機場兌換。

要注意：

使用期限：機場出發的單程票限當日使用，來回票14天內有效。

乘坐限制：路線範圍內可自由轉乘JR一般列車，但不可乘坐特急列車，也不能中途出站。

購買限制：來回型的ICOCA&HARUKA只能在關西機場購買。

只買HARUKA優惠票：如果已持有ICOCA，可以單獨購買HARUKA優惠票，價格為組合票扣去￥2000(ICOCA售價)。購買時需出示卡片。

圖樣：除了一般的ICOCA，還有具收藏價值的風神雷神、Hello Kitty版，但退款的話卡片便會被收回，不如把餘額用光，留作紀念。

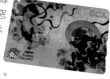

特急HARUKA&關空快速

ICOCA & HARUKA

新手看這裡

一不小心就會搭到和歌山？

利用關空快速進入大阪非常方便，但回程要是不注意，很可能會誤觸陷阱喔！從大阪市內搭關空快速，會發現列車標示為「關空・紀州路快速」，其實這台列車到日根野站時會分離，前4節車廂開往關西機場，後4節則直通阪和線、開往和歌山，搭車時記得坐在前4節車廂才能順利抵達機場。

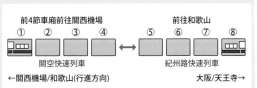

前4節車廂前往關西機場　　　前往和歌山

① ② ③ ④ ↔ ⑤ ⑥ ⑦ ⑧

關空快速列車　　　　　　紀州路快速列車

←關西機場/和歌山(行進方向)　　　大阪/天王寺→

認識京阪神

行前準備

機場介紹

當地交通

主題旅遊

常見問題

南海電鐵
なんかいでんてつ

　　南海電鐵是從關西機場前往難波、心齋橋地區的最好選擇，可分為特急Rapi:t、空港急行與普通列車運行。特急Rapi:t設有行李櫃，模仿飛機的橢圓形車窗及充滿速度美感的車頭，更是不少鐵道迷心中的完美車形，而空港急行車資與普通車相同，因此一般不會特地選擇普通車。

特急Rapi:t
特急ラピート

時刻：由關西空港駅發車的平日首末班車分別為6:53和23:00，每小時2班車，12:00~17:00每小時1班車。

區間：特急Rapi:t分為α、β兩種，穿梭於機場與難波地區，沿途停靠關西空港、臨空城、泉佐野、岸和田、堺、天下茶屋、新今宮、難波，其中Rapi:t α不停靠堺及岸和田。

車程：關西空港駅～難波約39分。

車票：全車皆為指定席，票價＝車票＋特急券（票價計算方式介紹，詳見P.95）。5、6號車廂為商務艙スーパーシート。

購票：可在關西空港駅內的自動售票機、購票窗口購買。

一覽表：以下為機場前往各主要車站的時間和票價。

路線名	目的地	需要時間	車票＋普通指定席
Rapi:t α	なんば(難波)	約34分	￥1450
Rapi:t β	なんば(難波)	約39分	￥1450
	堺	約26分	￥1360

優惠票：Namba Access Rapi:t Ticket

　　針對利用南海電鐵往來關西空港與難波的旅客，南海電鐵推出了多種優惠套票。其中較為划算的要屬這一張，內容包括去程與回程票各一(關西機場~天下茶屋站、新今宮站、難波站)、￥500購物折價券三張，以一般票價計算的話，至少可省下￥750。

多少錢　大人￥2150(只販售成人票)。

哪裡買　需事先至官網、旅行社購買，再拿兌換券到現場換票劃位。

要注意

使用期限：Rapi:t乘車票券去程期限為購票起一年內，回程為去程票使用後14天內。

購買、兌換限制：本車票只能透過網站購買，無法在日本國內購買。去程票在南海電鐵關西機場站兌換，回程則在難波、新今宮或天下茶屋站兌換。

優惠：購物折價券可在難波CITY、難波PARKS和難波SkyO兌換使用(滿￥5000使用一張，不可累用)。

南海電鐵機場交通　　　　Namba Access Rapi:t Ticket

認識京阪神

行前準備

機場介紹

當地交通

主題旅遊

常見問題

空港急行

時刻：由關西空港駅發車的平日首末班車分別為5:45和23:55，每小時約3~4班車。

區間：於關西空港～難波之間運行，沿路停靠臨空城、泉佐野、貝塚、岸和田、春木、泉大津、羽衣、堺、天下茶屋、新今宮。

車程：關西空港駅～難波約46分。

車票：全車皆為自由席，只需購買一般乘車券即可。

購票：可在關西空港駅內的自動售票機、購票窗口購買。

一覽表：以下為機場前往各主要車站的時間和票價。

路線名	目的地	需要時間	票價
空港急行	なんば(難波)	約43分	￥930
	新今宮	約41分	￥930
	堺	約32分	￥840

新手看這裡

搭車小提示

1.南海電鐵的車資很便宜，空港急行不僅票價與普通車相同，車程與特急Rapi:t其實也差不了多少，只是舒適度不同，因此空港急行可說是連接機場與大阪市區最划算的方式。

2.從機場出發時只有普通車的話，可以先搭至泉佐野駅再轉搭開往なんば的急行列車，會比坐普通車快很多。

3.南海電鐵推出多種優惠票券，像是可以乘坐一次空港急行及大阪地鐵的関空ちかトクきっぷ(￥1020)，或是特急Rapi:t的優惠票Kanku Tokuwari Rapi:t Ticket(関空トク割 ラピートきっぷ，￥1290)，都可以考慮。

南海電鐵
優惠車票

利木津巴士
リムジンバス

時刻：依前往地點不同，由關西空港駅發車的首班和末班車分別為6:50和23:30，另外有深夜的紅眼巴士可利用。每小時約2~3班不等。

區間：利木津巴士連接關西空港第一航廈、空港第二航廈駅與大阪市區，包括大阪駅・梅田、新大阪、心齋橋、天王寺、難波、大阪港及日本環球影城等地，可以在這些區域的車站、特約飯店上下車。

車程：依照前往地點和交通狀況，時間由50~75分不等。尖峰時段可能塞車，必須保留更充裕的時間。

車票：全車均為自由席，販售單程票及來回票，來回票價有折扣優惠。

購票：在機場的利木津窗口或自動售票機購票，若是回程的話，也可在市區內的特約飯店櫃台購買車票。來往大阪與關西機場之間的巴士並不接受預約，現場均採先後順序搭乘，如果巴士客滿了，就得繼續等待下一班次。

利木津巴士

新手看這裡

Q 我沒有住在任何一間列表的飯店，還是可以搭乘利木津巴士嗎？？

A 可以。只要前往有停靠的飯店或車站一樣可以搭乘。

一覽表：以下為機場前往大阪市區的時間和票價。

乘車站牌	目的地	需要時間	票價
5號	大阪、梅田	約60分	￥1600
7號	心齋橋、近鐵上本町	約55分	￥1600
11號	難波(OCAT)	約50分	￥1100
3號	大阪灣、日本環球影城	約60~70分	￥1600

以下為各區停靠站指南，有些站可能因疫情關係不停

地區	停靠站
大阪駅、梅田	新阪急酒店、大阪Herbis、大阪希爾頓酒店、茶屋町(阪急國際酒店)、新梅田城(大阪威斯汀酒店)、新大阪（阪急高速巴士轉運站）、千里新城(桃山臺)、千里中央
心齋橋、近鐵上本町	近鐵上本町(大阪喜來登都酒店)、心齋橋(大阪日航酒店)
難波(OCAT)	難波（OCAT）
大阪灣、日本環球影城	南港渡輪碼頭、Port Town東、大阪凱悅酒店、天保山（海遊館）、日本環球影城、大阪環球影城city walk（近鐵環球影城酒店）

認識京阪神

行前準備

機場介紹

當地交通

主題旅遊

常見問題

關西機場←→京都

要從關西機場前往京都市區，一般不是選擇JR的關空特急HARUKA，就是直接乘坐利木津巴士至京都駅八条口，因為京都離關西機場實在太過遙遠，轉搭普通列車不僅時間漫長，提著行李上下列車、尋找月台、進出站，更是十分吃力。以下將詳細介紹特急HARUKA與利木津巴士。

利木津巴士
リムジンバス

時刻：依前往地點不同，由關西空港駅發車的首班車與末班車分別為6:50和23:05，每小時約1~2班不等。

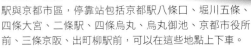

區間：利木津巴士連接關西空港第一航廈、空港第二航廈駅與京都市區，停靠站包括京都駅八条口、堀川五條、四條大宮、二條駅、四條烏丸、烏丸御池、京都市役所前、三條京阪、出町柳駅前，可以在這些地點上下車。

車程：依照前往地點和交通狀況，時間由80~90分不等。尖峰時段可能塞車，記得保留充裕時間。

車票：全車均為自由席，販售單程票及來回票，來回票價有折扣優惠。

購票：可在機場的利木津窗口或自動售票機購票，不需預約；若欲從京都市內搭乘往機場的巴士，可在京都駅八条口的售票處及販賣機購票，回程全車為指定席，可事先至京阪巴士官網預約。

新手看這裡

巴士不會每站都停

開往京都的利木津巴士只有一條路線，雖然停靠站頗多，但並不是每個站點都會停靠，只要時刻表上沒有寫抵達或出發時間，而是以箭頭帶過，就是過站不停的意思。尤其四條大宮及二條駅停靠班次非常少，而出町柳駅前更是只有一班車會駛達，要前往這些地點的話，以京都駅為轉乘點反而比較方便，記得稍加注意。

一覽表：

乘車處	目的地	需要時間	票價
第一航廈：8號/	京都駅	約1小時25分	大人￥2600、
第二航廈：2號	八条口		小孩￥1300

優惠票：來回折扣票券

若是預計從京都進出，可以考慮購買利木津巴士的來回票（往復乘車券），關西機場～京都的來回票售價￥4600，比單程票便宜￥600，而且也比特急HARUKA來得便宜，想省錢的話來回票絕對是個好選擇。

 多少錢 ￥4600，無兒童票。

 哪裡買 關西機場的售票處及販賣機就有販賣。

 要注意 **使用期限**：機場出發的票券限當日有效，回程車票14天內皆有效。

大阪及神戶版：利木津巴士也有大阪、神戶的來回折扣票券，大阪省下￥300、神戶可省￥700，一樣可以考慮。

往京都的利木津巴士

來回票售價表

關空特急HARUKA
関空特急はるか

要從關西機場進入京都，第一推薦的就是JR的特急HARUKA。特急HARUKA不但速度快，一班車就能到達京都駅，還省了提行李轉車的麻煩。車資跟普通列車的轉乘雖然差了一倍，但時間也節省了大半。HARUKA連結了關西機場與京都，更向北延伸至米原，也是要去京都北部琵琶湖西側旅行的人的好選擇。

時刻：平日由關西空港駅往京都的首末班車分別為6:31和22:16，每小時約2班車，20:46後每小時1班車。

新手看這裡

京都市以外的停靠站

開往京都的特急HARUKA會分為「京都行」以及「米原行」兩種，兩者都可抵達京都駅，差別在於前者的終點站就是京都，不用擔心坐過站，後者在抵達京都之後還會繼續行駛到米原。過了京都之後停靠的車站都在滋賀縣內，其中大津通常是前往琵琶湖、延曆寺的根據地，近江八幡擁有古樸的水鄉風情，彥根以彥根城聞名，米原則坐擁滋賀最高峰伊吹山，同時還有新幹線停靠，都是從京都較有可能前往的郊區景點。

區間：連接關西空港駅與京都，途中經過大阪的天王寺、新大阪，抵達京都之後，更延伸至大津、石山、草津、守山、野洲、近江八幡、彥根、米原。

車程：到京都駅的時間約1小時20分。

車票：分成指定席和自由席，票價＝車票＋特急券（票價計算方式介紹，詳見P.89）。1號車為綠色車廂，一般5、6節為自由席，依列車節數而異。

購票：抵達機場後，在關西空港駅的JR窗口購票即可。如果擔心回程沒有車票，也可於JR售票處「綠色窗口」（みどりの窓口）或是自動售票機預先購買。

一覽表：以下為機場前往京都的時間和票價（車票＋普通指定席）。

路線名	目的地	需要時間	價格
特急HARUKA	京都	約1小時20分	￥3440

優惠票：ICOCA & HARUKA

JR西日本的「ICOCA & HARUKA」折扣價格依適用範圍而異，機場～京都的乘車範圍可至嵯峨嵐山，一樣有ICOCA與特急HARUKA的自由席優惠券。稍微計算一下，HARUKA至京都自由席￥3110、ICOCA￥2000，共需￥5110，但此組合只要￥3800，可省下不少費用。

多少錢 單程￥3800、來回￥5600。無兒童票。

哪裡買 可至JR關西空港駅的綠色窗口（みどりの窗口），填寫資料並出示護照即可購買，一人限購一張。也可事先上網預約購買，再到機場兌換。

要注意 **使用期限**：機場出發的單程票限當日使用，來回票14天內有效。

乘坐限制：路線範圍內可自由轉乘JR一般列車，但不可乘坐特急列車，也不能中途出站。

只買HARUKA優惠票：如果已持有ICOCA，可以單獨購買HARUKA優惠票，價格為組合票扣去￥2000(ICOCA售價)。購買時需出示卡片。

特急HARUKA&關空快速

ICOCA & HARUKA

新手看這裡

活用「JR關西地區鐵路周遊券」

搭乘特急HARUKA時也可以利用關西地區鐵路周遊券，不但可在期限內自由乘坐JR列車（特急、新幹線除外），以下兩點更是超值：1.可以搭乘HARUKA指定席：關空至京都的HARUKA指定席需￥3440，1日周遊券則只要￥2400。2.周遊券有兒童版：ICOCA & HARUKA沒有販售兒童版，但關西鐵路周遊券有，小朋友只要￥1200就可乘坐HARUKA，是最划算的票價。

讓ICOCA更優惠的Kansai One Pass

購買ICOCA時除了一般版本，還有原子小金剛版的「Kansai One Pass」。這其實就是加了優惠的ICOCA，具備ICOCA基本功能以外，出示票卡還可在梅田藍天大廈、姬路城等多處景點享有優惠，就連部分關西機場的免稅店  也有折扣，非常划算。Kansai One Pass販售地點較少，建議在機場的JR窗口直接購入。（也可以在南海電鐵窗口購買Kansai One Pass）

關西機場 ←→ 神戶

從關西機場要抵達神戶市區，主要可以經由陸路與水路兩種方式。陸路較不建議搭乘鐵路，因為轉車搬運行李的次數很多，費時費力，直達目的地的利木津巴士反而方便許多。另外因為神戶機場與關西機場皆位於大阪灣內，搭乘Bay Shuttle也就成為目前機場前往神戶最快的手段了。

利木津巴士
リムジンバス

時刻：由關西空港發車前往神戶主要鬧區三宮的巴士，首末班車分別為6:20和23:00，每小時約2~3班不等。

區間：利木津巴士連接關西空港第一航廈、空港第二航廈駅與神戶市區，觀光客較常利用的三宮以外，也有開往姬路的巴士，可以在神戶三宮駅、姬路駅上下車。

車程：依照前往地點和交通狀況，時間由60~75分不等。尖峰時段可能塞車，必須保留更充裕的時間。

車票：分為單程票和來回票兩種，全車均為自由席。

購票：在機場的利木津窗口或自動售票機購票，若是回程的話，也可在市區內的特約飯店櫃台購買車票。一般的巴士不需預約，但若是前往姬路的巴士，建議事先預約比較妥當。（往姬路方向的路線現正運休中）

往三宮的利木津巴士

一覽表：

乘車處	目的地	需要時間	票價
6號	神戶三宮	約1小時5分	￥2000
6號	姬路	約2小時	￥3400

Bay Shuttle
ベイ シャトル

從關西機場搭乘接駁巴士至關西機場海港棧橋，搭乘Bay Shuttle僅需30分，下船後再從神戶機場搭乘神戶Port Liner，約再18分即可達最熱鬧的三宮地區。

時刻：關西機場第一航廈的接駁車首末班時間為6:20、23:50，高速船則為6:30、0:00。

區間：關西機場～神戶機場。第一航廈到出發棧橋之間有接駁車，可於一航12號巴士站牌乘車。

船程：船程約30分，部分船班需36分。

購票：可以在關西空港第一航廈1樓的服務櫃台、售票機購票，或事先在網站預約。

一覽表：

路線名	目的地	需要時間	票價
Bay Shuttle	神戶機場	約30分	￥1880

優惠票：
ポートライナーセット券

搭船抵達神戶機場後，還需要轉搭神戶Port Liner前往市中心的三宮地區，此票售價大人￥1880、兒童￥940，包含Bay Shuttle與Port Liner的單程票，神戶Port Liner等於免費搭乘，也十分優惠。

哪裡買 可在關西機場內的服務櫃台、售票機購買，若為回程，也可以在Port Liner三宮駅的服務中心購買。

Bay Shuttle

機場交通時間與票價 簡圖

JR特急HARUKA約50分，￥2920 → 新大阪

JR關空快速65分，￥1210 → 大阪駅

JR特急HARUKA約30分 **天王寺駅** 大和路快速18分，共￥2300 → 大阪駅

利木津巴士60分，￥1600 → 大阪駅前・周邊飯店

南海電鐵特急Rapi:t 35分，￥1450 → 難波

南海電鐵空港急行45分，￥930 → 難波

利木津巴士50分，￥1100 → 難波OCAT

JR特急HARUKA約30分，￥2170 → 天王寺

JR關空快速45分，￥1080 → 天王寺

利木津巴士70分，￥2000 → 大阪伊丹機場

大阪

JR特急HARUKA約75分，￥3440 → 京都駅

利木津巴士85分，￥2600 → 京都駅前・京都市區

京都

JR關空快速70分 **大阪駅** JR神戶線25分，共￥1740 → 三宮駅

利木津巴士65分，￥2000 → 三宮駅

Bay Shuttle 30分 **神戶機場** 神戶Port Liner 18分，共￥1880 → 三宮

利木津巴士120分，￥3400 → 姬路駅

神戶

關西機場

認識京阪神

行前準備

機場介紹

當地交通

主題旅遊

常見問題

新手看這裡

Q 這麼多種車，究竟要選哪一個好？

A 其實主要還是依住宿地點而定。以大阪來說，繁華區可分為南北二區，南區是難波、道頓堀、心齋橋一帶，北區則是梅田、新大阪一帶。如果住北區，建議搭乘JR特急HARUKA至新大阪或JR關空快速至大阪駅(梅田)；若在南區就搭乘南海電鐵至難波最方便；反之，回程也是以此概念選擇班車。但如果住宿的飯店剛好有利木津巴士停靠，那麼巴士也是不錯的選擇。

日本
鐵道系統

日本鐵道系統除了原本國營的JR鐵路，其餘大大小小的私鐵系統加起來有上百條之多。對旅行者而言，最長程的跨區旅行，用到JR比例高，而在單一或鄰近區域的移動，則以路線更加綿密的地方私鐵較為方便。

JR日本鐵道
Japan Railways

　　我們常說的JR意思是日本鐵道Japan Railways，它的前身是日本國營鐵道JNR(Japanese National Raiways)，在1987年民營化後，分成6家區域型的客運鐵路公司，包括JR北海道(JR Hokkaido)、JR東日本(JR East)、JR西日本(JR West)、JR東海(JR Central)、JR四國(JR Shikoku)和JR九州(JR Kyushu)，以及1家全國性渡輪公司的JR輪船(JR Freigh)。

　　民營化後，JR在各自的領域擴展路線及發展新車型，並連絡成串連日本全國的鐵路系統骨幹，包括城市及近郊線路、區域及跨區域列車、夜車及速度最快的新幹線(shinkansen)。

　　現在透過網路，都可以在各家JR的網站上找到車班、票價和車站的詳細資訊。

JR北海道 www.jrhokkaido.co.jp/index.html
JR東日本 www.jreast.co.jp/tc
JR西日本 www.jr-odekake.net
JR東海 jr-central.co.jp
JR四國 www.jr-shikoku.co.jp
JR九州 www.jrkyushu.co.jp

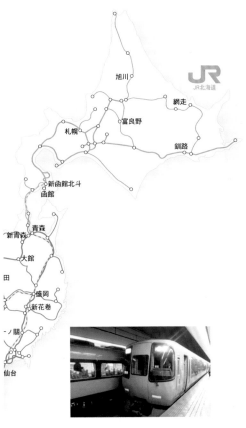

認識京阪神

行前準備

機場介紹

當地交通

主題旅遊

常見問題

私鐵系統

　　私鐵公司的鐵路系統有大有小，小的只營運一條路線，但其特色常讓鐵道迷著迷，部份私鐵公司規模龐大，跨地產、市鎮開發、百貨等領域，對日本人的生活產生極大的影響。

日本主要的私鐵系統和運行範圍

區域	鐵路名稱	範圍	網址
九州地區	西鐵	福岡縣內的電車及巴士系統，以及九州的高速巴士。	www.nishitetsu.co.jp
近畿地區	阪神電車	營運路線主要在大阪至神戶之間，並延伸至姬路。	rail.hanshin.co.jp
	京阪電氣鐵道	營運路線在大阪至京都之間。	www.keihan.co.jp
	南海電氣鐵道	由大阪南部往和歌山縣的交通路線，並可連接關西機場。	www.nankai.co.jp
	近畿日本鐵道	日本最大的私鐵公司，路線幾乎涵蓋近畿南面區域，包括大阪、京都、奈良、三重伊勢及名古屋之間。	www.kintetsu.co.jp
	阪急電鐵	連接大阪北面與往來京都神戶的交通線。	rail.hankyu.co.jp
中部地區	名古屋鐵道	名古屋地區最密集的交通線路網，範圍含括名古屋到中部國際空港。	www.meitetsu.co.jp
關東地區	小田急電鐵	路線涵蓋東京都中西部，以及箱根所在的神奈川縣。	www.odakyu.jp
	西武鐵道	多是東京都的近郊交通線，其中秩父鐵道很受鐵道迷歡迎。	www.seiburailway.jp
	東武鐵道	由東京市中心往北面行駛的路線，包括千葉、埼玉、栃木及群馬縣，特別是往日光、鬼怒川等。	www.tobu.co.jp
	京成電鐵	以東京上野為起迄點的交通系統，列車直通成田機場及羽田機場。	www.keisei.co.jp
	京濱急行	連接東京及橫濱、神奈川縣南部，以東京品川為最大的起迄點，有列車前往羽田機場。	www.keikyu.co.jp
	京王電鐵	路線涵蓋東京都西面大部份地區，遠至高尾山。	www.keio.co.jp
	東京急行	通稱為東急，由東京都的澀谷至橫濱。	www.tokyu.co.jp

搭車 基本原則

第一次自己在日本搭電車？不用緊張，在進入各系統詳細解說之前，先看看以下事項，把握這些基本概念，就可以省下不少搭錯車、來回找路的麻煩。

確認車站

站名大多是漢字，一般認車站應該不會有太大的問題。確認JR、地下鐵、南海電鐵、阪急或阪神電鐵等各大私鐵的標示，就能避免走錯車站或月台。

知道自己要去哪裡

如果明確知道自己要前往哪個站，問題就已經先解決了一半了。走到自動售票機前，抬頭看看有什麼顏色的路線可以連過去吧。

確定價錢後購票

不論是轉乘或搭乘相同的鐵路系統前往，自動售票機上的價錢標示圖都會告訴你需要多少錢。可在自動售票機購票，或使用ICOCA、一日券等直接進站。如果找不到價錢，可以先買最便宜的票進站，出站前再用精算機補票。（補票教學→P.116）

轉乘注意指標

不論是站內或站外轉乘，從下車開始都會有指標一路指引。在站內經過轉乘札口時，記得要收回車票，以便下次出站時使用。

隨處都有地圖和指引

　　在大阪、京都、神戶這三座觀光都市，越是規模可怕的大站，越能在各處找到站內及周邊地圖。出站後先找地圖或是注意指標，確定目標方向和最大的地標位置後，就可以降低迷路的可能。

確認搭乘方向

　　確認路線後的下一步就是確認月台方向。同路線上大站的方向和車站編號可以幫助你確定搭乘方向對不對，如果無法確定的話，月台上也一定會有下一停靠站和全路線圖可以參考。

實用網站推薦

除了官網，也有許多專門的資訊網站可利用。車站內部圖可參考「Rakuraku Odekake(らくらくおでかけ)」，查詢轉車、時刻表的話，則可利用「Yahoo乘換、Jorudan、ekitan」等網站。

Rakuraku Odekake

Yahoo乘換

Jorudan

ekitan

注意月台和車輛標示

　　搭車時看好月台上方的車次標示，並根據停靠車輛上的標示再確認一次，可以降低搭錯車的可能。JR大阪環狀線、京阪神的地下鐵系統大多是沿站停靠，JR、阪神、阪急等系統的部分共用路線或特殊時段會出現快速、急行車。

認識京阪神

行前準備

機場介紹

當地交通

主題旅遊

常見問題

85

京阪神市區交通

京阪神的交通複雜程度比起東京有過之而無不及，JR、地鐵，還有南海、阪急、阪神等多家私鐵，各家系統縱橫交錯，共同織出大關西綿密的鐵道網路，但其實只有大阪可以靠著鐵路走透透，京都、神戶還需搭配巴士，以下就剖析各城市交通系統、優惠票券和方便的IC票卡，讓你第一次遊京阪神就上手。

交通系統 介紹

大阪 詳見P.88

主要系統：大阪市營地鐵

　大阪市區的鐵路主要是由JR西日本與大阪市營地下鐵組成，聯外鐵路則有南海電鐵、阪急電鐵、阪神電車、京阪電車與近畿日本鐵道（近鐵）等路線運行，另外還有大阪市唯一的路面電車：阪堺電車。看似複雜，但只要了解基本線路，就會明白並不困難，甚至還能依景點遠近組合出順遊玩法。

神戶 詳見P.104

主要系統：City Loop

　神戶最熱鬧的是三宮地區，JR、地鐵、City Loop是主要交通工具，觀光客大多利用JR抵達三宮，接著利用地鐵及City Loop通往市區各主要景點。想前往稍遠的明石、垂水或是到姬路城一覽的話，就要仰賴JR、阪神電車、阪急電鐵、山陽電車等鐵道系統，另外還有通往摩耶山、六甲山的巴士，基本上也是需要鐵道與巴士系統相互串聯。

京都 詳見P.96

主要系統：巴士

　與大阪不同，巴士才是京都市內最方便的交通工具，因此怎麼搭巴士、路線查詢等問題自然很重要。在京都遊玩，基本上是利用綿密的巴士路線串聯，再配合地鐵，加上連接外地的JR、阪急電鐵、京阪電車等私鐵，以及嵐電、嵐山小火車等觀光客會利用的路線，京都便利的交通網絡才儼然成形。

其他系統 詳見P.109

主要系統：阪急電鐵、阪神電車

　京阪神有許多跨縣市的私鐵系統，包括阪急電鐵、阪神電車、近畿日本鐵道、山陽電車，都是便於通往其他縣市的鐵道系統，還有京福電鐵、叡山電車、神戶電鐵這一類連接城市邊緣景點的路線。大多作為前往特定區域或近郊的交通手段，可由市區的主要大站轉乘。

認識京阪神

行前準備

機場介紹

當地交通

主題旅遊

常見問題

車票 基本介紹

一般車票

不論哪個系統的車站裡都有自動售票機和售票窗口，可以直接購票進站。

IC儲值票

JR西日本推出的ICOCA，類似捷運IC票卡一樣以儲值扣款方式使用，優點是可以跨路線使用，換言之只要擁有一張卡，就可以不用再煩惱跨線搭乘的問題。ICOCA除了圖案之外，功能和使用範圍幾乎完全一致。另外由關西Thru推出的PiTaPa因為需要在日本有固定住所者提出申請才能買到，不太適合觀光客。但ICOCA及PitTaPa基本上通用，持ICOCA也可以在貼PiTaPa貼紙的改札口使用，使這類儲值票卡變得更加便利。（詳見P.117）

新手看這裡

不知道要買什麼票的話，就先買ICOCA吧

IC儲值卡ICOCA基本上並不能省到錢，但絕對可以省下不少力氣。因為有了這張卡，幾乎就不用擔心轉乘車資的問題，只要嗶～進站，再嗶～出站即可。另外，換線的話，記得走站內轉乘的改札口，才享有轉乘優惠唷。

優惠票券

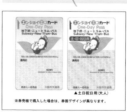

JR西日本、大阪京都神戶的市營地下鐵、南海電鐵、阪急電鐵、阪神電車等鐵道系統均有推出一日券或跨系統的一日券，可在使用期限內無限次搭乘，也是經過行程規劃後真正可以省到交通費、賺到優惠的票券。

大阪
JR西日本 大阪地區

JR鐵道路線密佈全日本,關西地方是由JR西日本營運,在大阪市區最常被利用的是大阪環狀線,JRゆめ咲線則因為通往日本環球影城,也成為遊客常利用的線路。另外還有JR神戶線、JR大和路線、新幹線等經過,對外聯絡也十分便利,是在關西地區長途移動的最佳交通選擇。

JR西日本

大阪環狀線
Osaka Loop Line

重要車站:大阪、京橋、大阪城公園、鶴橋、天王寺

大阪環狀線是在大阪市中心外圍連結成的環狀鐵路。地下鐵御堂筋線串聯大阪市中心地區如淀屋橋、中之島、本町、難波,而大阪環狀線的角色則是在外圍與其它地鐵線路、私鐵、巴士共織出完善的交通網。因此,與東京的山手線很不一樣,大阪環狀線所經過的並不是大阪鬧區。

JR東西線
JR Tozai Line

重要車站:大阪天滿宮、北新地、尼崎

JR東西線的正式名稱與暱稱都有「JR」兩字。JR東西線共有九站,從大阪城東區的京橋一路延伸到兵庫縣的尼崎,無論是快速、區間快速、普通列車,皆在JR東西線內各站停車,不會有坐過站的困擾。

JRゆめ咲線
JR Yumesaki Line

重要車站:西九条、ユニバーサルシティ

JRゆめ咲線的正式名稱為「桜島線」,原本因為沿線工廠眾多,主要為上下班的通勤路線,2001年環球影城駅(ユニバーサルシティ駅)啟用,隨著日本環球影城的開幕,這裡便搖身一變成為玩樂的路線,無論是平日或假日都一樣熱鬧非凡。而其「ゆめ咲(夢咲)」的暱稱也的確名符其實,男女老少都能在這留下歡樂的回憶。

新手看這裡

善用大阪環狀線

在大阪市區遊玩,或許大多時間都是利用地下鐵來往,但其實大阪環狀線也很方便,要前往大阪城的話,利用大阪環狀線最為直接,到市郊的日本環球影城遊玩也不能不利用環狀線,除此之外環狀線上還有許多轉乘站,不論是關西機場、和歌山、奈良,只要好好善用大阪環狀線,都可以輕鬆抵達。(詳見P.114)

認識京阪神

行前準備

機場介紹

當地交通

主題旅遊

常見問題

JR系統快速指南

車種
JR可分為新幹線與在來線。在來線各車種速度不同，依序為特急、急行、快速和普通列車，還有夜間行駛、附臥舖的寢台列車。

新幹線則是連結日本各地的最快速列車，大阪地區如果要利用新幹線，需要在北區的新大阪駅搭乘，可以直接乘坐東海道新幹線（往京都、米原、名古屋、靜岡、東京）、山陽・九州新幹線（往新神戶、姬路、岡山、九州地方），也可從大阪利用特急列車，到金澤轉乘北陸新幹線（往富山、長野、東京）。

車資
¥160起跳，6~11歲兒童半價。除了基本車票（乘車券）外，搭乘特急列車需加購特急券或指定席券。指定席（劃位）、寢台等也都要加收價。

購票
JR車站都有綠色窗口（みどりの窓口）或自動售票機可以直接購票。

如果確定會搭乘新幹線、特急列車，可以事先購買車票，確保有位子可坐，通常出發日前一個月就會開始售票，一樣可以在售票機或是綠色窗口購入。

JR時刻表										
時	分									
4	58									
5	11	23	31	37	46	56				
6	關記●空海南		區快奈良				關記●空和		區快奈良	
	6	9	15	22	26	33	40	44	50	54	57
7	紀ノ●和				關記●空和			區快奈良	
	0	5	8	11	14	20	25	28	31	36	39	42
8	關記●空和			區快奈良		關記●空和		櫻島	
	0	4	11	14	17	22	25	28	31	35	38
9	關記●空和			櫻島		關記●空和	大快奈良		櫻島	
	1	5	8	13	19	24	27	33	38	41	47	50

時刻表
JR系統線路、班次繁多，為了讓旅客看懂時刻表，都會加上小字說明，左側色字表示車種，右側小字代表該班次的目的地、經由地。

以「大阪駅的大阪環狀線內回（往天王寺、關西機場、和歌山等地）」為例，可以看到時間右上寫有「空・和・奈良」等文字，這是指目的地，空=關西空港、和=和歌山、奈良=奈良；另外還有天=天王寺、日=日根野，沒有標記則為環狀運行。

左上常見的車種標示有：關=關空快速，紀=紀州路快速，區快=區間快速，大快=大和路快速。普通車為黑色。

要注意
利用JR PASS搭乘特急列車或乘坐指定席前，記得到JR綠色窗口劃位、領取特急券或指定席券（免費），JR PASS等於乘車券，只有PASS的話列車長會要求補票喔。

大阪市營地下鐵 おおさかしえいちかてつ

大阪地下鐵擁有9條線路，與JR大阪環狀線串聯起大阪市區的交通圈。其中連接梅田與難波的御堂筋線、四つ橋線，連接梅田與天王寺的谷町線，從市區往大阪港區的中央線等都是觀光客較常利用的熱門路線。地下鐵幾乎可以通往大阪市區的重要地區，彼此的轉乘也很方便，是在大阪旅行時最便利的鐵路系統。

大阪市營地下鐵

御堂筋線
Midosuji Line

重要車站：新大阪、梅田、淀屋橋、本町、心斎橋、なんば、動物園前、天王寺

御堂筋線是大阪的第一條地下鐵，也是全日本第一條公營的地下鐵。由日本國土交通省調查，在御堂筋的梅田與淀屋橋之間，是乘客流量最大的區間。御堂筋線被喻為是大阪交通的大動脈，故其代表顏色是紅色。

谷町線
Tanimachi Line

重要車站：東梅田、南森町、天満橋、谷町四丁目、天王寺

谷町線是從大阪府北邊的守口市經由大阪市中心，延伸至大阪府南部八尾市的路線，是大阪地下鐵中營業長度最長的一條路線。由於沿線有許多寺廟古蹟，所以路線就採用和尚袈裟上的「紫」當作代表色。

四つ橋線
Yotsubashi Line

重要車站：西梅田、四ツ橋、なんば

四つ橋線最初的設定是作為御堂筋線的支線，所以在梅田駅旁再設了西梅田駅分擔御堂筋線的流量，是大阪地下鐵中流量第4大的路線。由於其分擔流量的特性，故以與大動脈相對的靜脈為概念，以藍色作為代表色。

中央線
Chuo Line

重要車站：コスモスクエア、大阪港、本町、谷町四丁目

中央線連接了大阪市住之江區的コスモスクエア駅與東大阪市的長田駅，行走於中央大通地下，因而有中央線的暱稱。中央線肩負著大阪市東西向的交通，並且為大阪所有的地下鐵中，唯一一個與所有路線連接的路線。因為會路過大阪城公園、難波宮遺址公園等綠地，遂以綠色為記。

認識京阪神

行前準備

機場介紹

當地交通

主題旅遊

常見問題

千日前線

Sennichimae Line

重要車站：なんば、日本橋

千日前線的粉紅代表色象徵著難波新地及千日前的霓虹燈。雖使用人數不如其他路線那麼多，但なんば駅到谷町九丁目駅間依然會出現大批轉車的人潮。

堺筋線

Sakaisuji Line

重要車站：天神橋筋六丁目、日本橋、動物園前

堺筋線連接了北區的天神橋筋六丁目駅與西成區的天下茶屋駅，因為路線修築在堺筋地下而得名。堺筋線同樣連接大阪市區南北，但因為位置稍微偏離市中心，使用人數相對較少，為了配合直通運轉的阪急電鐵，路線顏色採用棕色。

長堀鶴見綠地線

Nagahori Tsurumi-ryokuchi Line

重要車站：心齋橋、谷町六丁目、森ノ宮、京橋

長堀鶴見綠地線是觀光客較少利用的線路，路線為東西走向，起訖站為大阪的大正駅與門真市的門真南駅。當年是為了通往大阪花博會會場的長堀鶴見綠地而建，故以綠地為意象，採用黃綠色為代表。

今里筋線

Imazatosuji Line

重要車站：太子橋今市、綠橋、今里

今里筋線的路線代表色採用了橘色，這是因為今里筋線是大阪地鐵中最東邊的路線，橘色象徵太陽照耀的溫暖。這條路線連接井高野與今里，沿途大多是住宅區，更是唯一與御堂筋線不相連的地鐵線，觀光客利用機會較少。

南港港城線

New Tram

重要車站：コスモスクエア、住之江公園

南港港城線（南港ポートタウン線）被暱稱為New Tram（ニュートラム），與運行在地下的大阪地鐵不同，南港港城線是高架式的單軌電車，連接大阪市住之江區與大阪灣區的宇宙廣場（コスモスクエア）。以象徵天空與大海的水藍色為代表色。

大阪市營地下鐵快速指南

標示
大阪地下鐵由於開業已久，設備看起來較為老舊，但指標可一點也不馬虎。每條線路都有專屬標示，例如最常利用的御堂筋線就是以「紅色的M」作為標記，不同的代表色與代表字母讓人一目了然，在尋找路線的時候非常方便。另外，站內也都有詳細的轉乘指示，可以清楚知道要轉乘的線路該往哪個方向走。

車種
沒有分急行、普通。全線每一站都會停車。

車資
¥190~390，6~12歲兒童半價。

時間
約5:15~00:20

班距
以利用比例最高的御堂筋線來看，尖峰時段約2分鐘左右就會發一班車，一般至少4~6分會有一班車。

時刻表
大阪地鐵的時刻表與JR類似，一樣會在時間上方加上小字標註。以「御堂筋線的梅田駅（往なかもず）」為例，可以看到上方有代表目的地的小字，天＝天王寺、あ＝あびこ、新＝新金岡，這代表列車只行駛到標記的該車站，而不是到終點站なかもず，如果沒有標記則會運行至終點站。

另外，雖然班次較少，但在堺筋線時刻表會看到■的標示，這代表該車與阪急電鐵直通運轉，一路開往京都。

大阪地鐵時刻表											
時					平日						
7	天 00	04	天 09	13	天 17	21	天 25	28	31	35	天 38	41
	天 43	46	天 48	51	あ 53	55					
8	00	あ 02	04	天 06	09	天 11	13	天 15	18	20	22	天 24
	27	新 29	31	天 33	36	あ 38					

新手看這裡

Q 我在不同系統都有看到，到底什麼是「直通運轉」？

A 關西地區的鐵路交通網十分綿密，為了可以利用現有鐵道延伸路線，不同的鐵路公司或不同車班的路線之間會有共同使用的情況。舉例來說，大阪地鐵堺筋線的底站是天神橋筋六丁目，但部分列車於天神橋筋六丁目會採直通運轉的方式，原車直接交由阪急電鐵營運，沿著阪急京都線繼續行駛前往京都。

認識京阪神

行前準備

機場介紹

當地交通

主題旅遊

常見問題

轉乘

御堂筋線主要轉乘站

新大阪：可轉搭JR東海道本線、新幹線

梅田：出站可轉搭地下鐵四つ橋線、谷町線；阪急電鐵、阪神電車；至大阪駅可轉搭JR各線。

淀屋橋：出站至大江橋駅可轉搭京阪電車京阪本線、中之島線

本町：可轉搭地下鐵四つ橋線、中央線。

難波：可轉搭地下鐵四つ橋線、千日前線；出站可轉搭南海電鐵列車、近鐵難波線、阪神電車なんば線、JR大和路線。

天王寺：可轉搭地下鐵谷町線；出站可轉搭JR大阪環狀線、大和路線；至大阪阿部野橋駅可搭近鐵南大阪線。

谷町線主要轉乘站

東梅田：出站可轉乘地下鐵御堂筋、四つ橋線；JR各線、阪急電鐵、阪神電車。

天滿橋：可轉搭京阪電鐵京阪本線、中之島線。

谷町九丁目：可轉搭地下鐵千日前線；出站至大阪上本町駅可轉搭近鐵大阪線、難波線。

天王寺：可轉搭JR大阪環狀線、大和路線；地下鐵御堂筋線；出站至大阪阿部野橋站可搭近鐵南大阪線。

新手看這裡

新幹線要在新大阪駅搭乘

大阪地鐵可以在難波、天王寺、梅田、新大阪轉乘JR，其中要注意的就是新大阪駅，因為它可是新幹線停靠站。來到大阪，理所當然就會覺得不管什麼車都可以在大阪駅搭乘，但其實大阪駅並沒有與新幹線連接，大阪唯一的新幹線停車站就是新大阪駅，想搭新幹線必須先坐地鐵或JR到新大阪駅轉車。

四つ橋線主要轉乘站

西梅田：出站可轉搭地下鐵御堂筋線、谷町線；阪急電鐵、阪神電車；至大阪駅可轉搭JR各線。

本町：可轉搭地下鐵御堂筋線、中央線。

四ツ橋：可轉搭地下鐵御堂筋線。

難波：可轉搭地下鐵御堂筋線、千日前線；出站可轉搭南海電鐵列車、近鐵難波線、阪神電車なんば線、JR大和路線。

住之江公園：可轉搭南港港城線

南海電鐵 なんかいでんてつ

南海線（空港線）
Nankai Line & Airport Line

　南海線是南海電鐵的主要線路，連接了南海難波駅到和歌山市駅（南海本線），與同樣通往和歌山的JR阪和線幾乎平行。沿線的羽衣、泉佐野、岬公園、紀之川等站各自延伸路線，其中泉佐野駅到關西空港駅的路段被稱作空港線，觀光客最常利用的空港急行、特急Rapi:t都是利用此段路線通往市區。

高野線
Koya Line

　高野線連接了南海難波駅與極樂橋駅，從極樂橋駅下車後，只要改搭纜車就可以迅速抵達佛教聖地高野山。因為高野山在2004年被聯合國教科文組織登錄為世界遺產，使得通往高野山最方便的南海高野線受到日本國內外觀光客的注意。

　南海電鐵（南海電氣鐵道）的主要運轉區間並不是大阪鬧區，而是以難波為起點，連接大阪南部至和歌山、高野山一帶的鐵道系統。正因如此，雖然一般在大阪市區遊玩時不大會利用到它，但要從大阪南區前往關西機場，或是要到近郊的和歌山、高野山遊玩時，南海電鐵絕對是最佳選擇。

南海電氣鐵道

南海電鐵快速指南

標示

南海電鐵的標誌是由初代標誌演化而來的羽毛意象，路線標示部分，臨海的南海線以海浪代表，通往高野山的高野線則是象徵山林的林木，非常淺顯易懂。

車種

依行車速度（快→慢）依序為特急、急行、區急、準急、普通等車種，普通每站皆停，其他車種停靠站不同，但主要車站大多有停靠，搭車時記得稍加注意。

時刻表

南海電鐵的時刻表有許多標記，乍看之下會覺得有點混亂，但原則很簡單。

以「難波駅的南海線」時刻表為例，醒目的橘底白字代表該車為特急列車，右邊第一個小字代表了是哪台特急，α＝特急Rapi:t α、β＝特急Rapi:t β，而サ＝サザン(南方)。如果沒有底色，鵝黃色字為急行、綠色字代表區間急行、黑字是普通車，而文字本身是指目的地，如：和＝和歌山市、泉佐＝泉佐野、港＝和歌山港，文字下方的 5、6 則是乘車月台的編號。

另外，還有☆、○、■之類的標記，這代表了可以在哪一站換乘哪條路線，較常利用的有●＝可在泉佐野駅轉乘往關西空港的列車，△＝可在和歌山市駅搭乘往和歌山港的車次。

車資

¥160~930，6~11歲兒童半價。除了搭乘特急列車時需購買特急券，其餘車種不論普通或急行，車資都一樣。

時間

約5:00~00:25

班距

以開往關西機場、和歌山的南海線來說，尖峰時段大約3~5分發一班車，一般時間則至少5~10分會有一班車。

南海線なんば駅 和歌山市・關西空港方面					
時				平日	
7	0	2	4	10	13	17
	20	22	28	30	32	38
8	0	2	5	7	12	14
	18	20	23	28	30	32
9	0	2	7	10	15	18
	25	30	33	40	45	48

京都
京都市營地下鐵 きょうとしえいちかてつ

京都市僅有兩條地下鐵，結構相當單純。部分景點如醍醐寺、北山、二條城等，搭乘地下鐵前往較為方便。在市中心近距離移動時，搭乘地下鐵能省下路面塞車的時間，一般也會比公車來得更快。

京都市營
地下鐵

東西線
Tozai Line
Ⓣ

重要車站：蹴上、東山、三條京阪、京都市役所前、烏丸御池、二條城前、二條

東西線連結了宇治市的六地藏駅及右京區的太秦天神川駅，因東西向行走於京都市中心的三條通、御池通及押小路通的地下而得名，但其實全線只有約一半的區間為東西走向。雖然使用的觀光客人數並非太多，但東西線卻是去平安神宮、南禪寺、二條城等地極為方便的交通方式。

烏丸線
Karasuma Line
Ⓚ

重要車站：北大路、今出川、烏丸御池、四條、京都、竹田

烏丸線連接了左京區的國際會館駅與伏見區的竹田駅，是京都市最早的市營地下鐵。烏丸線南北行駛於京都市中心的烏丸通地下，不管是藉由烏丸線前往沿線附近的京都御所、東本願寺等地，或是搭乘烏丸線後再轉乘其他路線及巴士，全都少不了它。

認識京阪神

行前準備

機場介紹

當地交通

主題旅遊

常見問題

京都市營地下鐵快速指南

標示

京都市營地下鐵由京都市交通局經營,地鐵標誌是以京都市的市章加上象徵交通網絡的3條曲線而成,同時也有「京」字的意象在其中。地鐵線路的標誌則是以線路英文名首字K、T加上車站編號為記,車站內也有各項標誌。

車種

沒有分急行、普通。全線每一站都會停車。

車資

¥220～360

時間

約5:30～24:00

班距

以京都駅為例,尖峰時段約3~5分就有一班車,離峰時段一般則是8~10分會有一班車。

時刻表

京都地鐵的時刻表較為簡單,標示也比較少。以「東西線的東山駅(往京都市役所、烏丸御池)」為例,可以看到有 的標記,這是指該班次的運行區間,右上角的「市」字代表該車只行駛到「京都市役所駅」為止,若是在其他車站的時刻表上看到類似標記,也是這樣解讀。另外,數字上方有●則是指該車只有4節車廂,與一般6節車廂的列車不同。

京都地鐵時刻表(東山)										
時	平日									
5				32[市] 34		50[市] 54				
6	6	10[市] 17	27	30[市]	40 43[市]	50 53[市]	58			
7	1	10[市] 13	22 25[市] 29	32	36 41 43[市]	46 51 56	59			
8	3 7	10[市] 13	18 21[市] 23	27 31	34 39 43[市]	46 53	57			

新手看這裡

注意列車行駛方向

京都市的地鐵一樣有直通運轉,東西線與京阪電車京津線直通,在御陵駅分離,地鐵的列車會繼續開往六地藏駅,京阪電車則開往滋賀縣的濱大津駅;烏丸線則與近鐵系統直通,到達地鐵終點站竹田駅後,近鐵京都線的列車會繼續行駛,普通車至新田邊駅,急行列車則會開到近鐵奈良駅。搭車時記得注意一下列車行駛方向。

JR西日本 京都

京都地區的JR系統肩負起京都聯外的重要功能，除了連接關西機場的特急HARUKA以外，還可能會利用到連

JR西日本

絡大阪與京都的JR京都線、通往伏見稻荷大社及宇治的奈良線，以及開往嵐山的嵯峨野線。

JR京都線
JR Kyoto Line

 A

重要車站：京都、新大阪、大阪

JR京都線為東海道本線在京都駅到大阪駅區間的暱稱，因起始的兩個站分別為大阪跟京都的重要轉運站，所以是往來京都大阪的旅客最常使用的路線。從京都駅到大阪駅若搭乘新快速約30分鐘可達，而且還不用額外加價，十分地快速便利。

奈良線
Nara Line

 D

重要車站：京都、東福寺、稻荷、宇治、木津、奈良

奈良線在京都駅可轉乘到JR京都線、琵琶湖線、嵯峨野線，在木津駅可轉乘到關西本線（大和路線）與學研都市線（片町線），肩負了京都與奈良之間的交通連結。沿線的東福寺、伏見稻荷大社、伏見桃山陵、宇治、青谷梅林等，都是頗具名氣的觀光景點。

嵯峨野線
Sagano Line

E

重要車站：京都、嵯峨嵐山、保津峽、龜岡

嵯峨野線為山陰本線京都駅到園部駅區間的暱稱，是前往嵯峨野·嵐山一帶的交通路線之一，每到紅葉季節便會加開京都駅到嵯峨嵐山駅之間的臨時列車，以紓解絡繹不絕的觀光人潮。

認識京阪神

行前準備

機場介紹

當地交通

主題旅遊

常見問題

⟨ JR系統快速指南 ⟩

車種 JR可分為新幹線與在來線。在來線各車種速度不同，依序為特急、急行、快速和普通列車，還有夜間行駛、附臥舖的寢台列車。
新幹線則是連結日本各地的最快速列車，京都駅可以直接利用東海道新幹線（往新大阪、米原、名古屋、靜岡、東京）。

車資 ￥160起跳，6~11歲兒童半價。除了基本車票（乘車券）外，搭乘特急列車需加購特急券或指定席券。指定席（劃位）、寢台等也都要加收票價。

購票 JR車站都有綠色窗口（みどりの窓口）或自動售票機可以直接購票。
如果確定會搭乘新幹線、特急列車，可以事先購買車票，確保有位子可坐，通常出發日前一個月就會開始售票，一樣可以在售票機或是綠色窗口購入。

要注意 利用JR PASS搭乘特急列車或乘坐指定席前，記得到JR綠色窗口劃位、領取特急券或指定席券（免費），JR PASS等於乘車券，只有PASS的話列車長會要求補票。

時刻表 JR系統線路、班次繁多，時刻表上會註記小字說明各項資訊，通常左側色字表示車種，右側小字則是代表該班次的目的地。
以「京都駅的JR京都線（往新大阪、大阪、三宮）」為例，可以看到時間右上寫有「大阪・神戶・姬路・西明石・網干」等文字，這些都是指該車次的目的地。
左側的車種標示如： 新＝新快速，而快A、快C、快E等都是快速區間車，只是行駛的區間不同，普通車則為黑色。

時	JR京都線時刻表 平日										
5	加古川 4	快C姬路 21	西明石 26	神戶 36	快C網干 43	西明石 52	西明石 59				
6	快C網干 8	尼崎 11	西明石 20	西明石 22	快C網干 30	西明石 32	快C網干 41	新姬路 43	快C姬路 44	快C網干 51	西明石 53
7	快C網干 2	西明石 5	快C赤穂 13	新姬路 13	西明石 15	西明石 23	西明石 24	快C姬路 31	西明石 32	西明石 33	快大阪 40
	新姬路 40	新三田 42	快C姬路 49	西明石 49	西明石 51	快大阪 57	新西明石 58	西明石 59			
8	快C網干 5	西明石 6	快A姬路 10	西明石 13	西明石 15	快C姬路 17	快A姬路 27	快A網干 30	甲子園 33	快A網干 39	須磨 43	新姬路 43
	新三田 50	快A加古川 53									
9	須磨 0	新赤穂 05	快A網干 09	新姬路 14	須磨 18	快A加古川 24	新姬路 30	須磨 33	快A網干 39	新姬路 45	須磨 48	快A加古川 53

京阪神地區大多以鐵路串聯,但京都的主要交通工具卻是公車。以京都駅和四條河原町為中心,巴士路線四通八達,可以前往清水寺、哲學之道、金閣寺等所有想像得到的知名景點。京都的公車可以分為市區內的京都市巴士和路線巴士的京都巴士、京阪巴士等不同系統,其中又以京都市巴士使用機率最高。

京都市巴士

京都巴士

市巴士
市バス

京都市區最方便的交通工具,由京都市交通局所營運,有80多條路線,可以輕鬆前往金閣寺、銀閣寺、岡崎(平安神宮一帶)、東山(清水寺一帶)、四條河原町等地,一次囊括市區所有熱門景點。

A循環系統
在票價均一的區間內環狀行駛的巴士路線(分順時針、逆時針運行),車牌以橘底白色數字表示,車資為￥230。停靠點較少的快車班次會在車牌上有「快速Rapid」標示。

B均一系統

在票價均一的區間內從A點往B點行駛的直行路線，車牌以藍底白色數字表示，車資為￥230。這類型公車有時並非雙邊設站，不同方向的停留站牌會略有不同，均一系統也包括運行各大觀光景點的快速巴士。

C調整系統

由市區開往市郊的路線，車牌以白底黑色數字表示。車資會因乘車距離而改變，上車時需記得刷卡感應或是拿取整理券（詳見P.120如何乘車）。多區間系統行駛路線會超過一日券區間，若持一日券乘車需補車資差價。

D100円循環巴士／100円循環バス

運行時間：週六例假日11:00~17:50，約10分一班

車牌上寫著「100円循環」、行駛於京都市役所、烏丸御池、四條烏丸、四條河原町之間繁華地區的短程循環巴士，車資為￥100，路線僅以逆時針方向行駛。不過這段路線正好是京都最容易塞車的路段，如果有體力的話其實可以考慮步行。

E岡崎循環巴士／京都岡崎ループ

運行時間：9:05~17:50，約15分一班

車上有「岡崎ループ」字樣、行駛於河原町三條、京都市役所、岡崎公園、動物園、南禪寺、青蓮院到知恩院之間的小型循環巴士，路線還會經過蔦屋書店、平安神宮、京都市美術館，車資為￥230。

🔴 目前運休中

F夜間巴士／よるバス

運行時間：祇園~京都20:00~21:30，約10分一班；河原町~京都22:00~22:50，約10分一班

車牌上有月亮圖案與「よるバス」字樣，為連接祇園、河原町與京都車站的夜間巴士，適合在鬧區玩到晚上想回京都車站的旅客搭乘，車票為成人￥230，小孩￥120。

新手看這裡

市巴士與京都巴士

除了有著淺綠色塗裝的市巴士，京都還有多家巴士，較常利用的就是米色車身搭配暗紅線條的京都巴士，京都巴士由京福電鐵營運，主要由京都駅、三條京阪前、國際會館駅和出町柳駅開往嵐山、大原、比叡山、鞍馬貴船等較遠的景點。雖然與市巴士不同公司，但只要利用兩家業者共同推出的「巴士一日券（P.126）」，就可以自由轉乘。

認識京阪神

行前準備

機場介紹

當地交通

主題旅遊

常見問題

巴士系統快速指南

路線

前往同一方向、地點的車，站牌會在一起，巴士來時可以最後確認一下方向與是否抵達自己要去的地方。

車資

除了100円循環巴士以外，市巴士單一區間都是¥230，也就是説不論距離、搭乘一次都是這個價錢。可以在巴士售票處、販賣機購買巴士一日券較為划算（詳見P.126）。

位置

找站牌時如果手邊沒有地圖或網路，先往主要道路和大路口移動，多半都能找到，主要轉乘點路口附近也能找到公車站牌位置的地圖。有網路就方便了，利用google map或「乘換案內」，只要輸入地點就可以知道最近的班次、站牌與交通方式。

巴士站牌都會標出車種、路線停靠標示和時刻表，大部分車站也會有即將到站的通知。

乘換案內

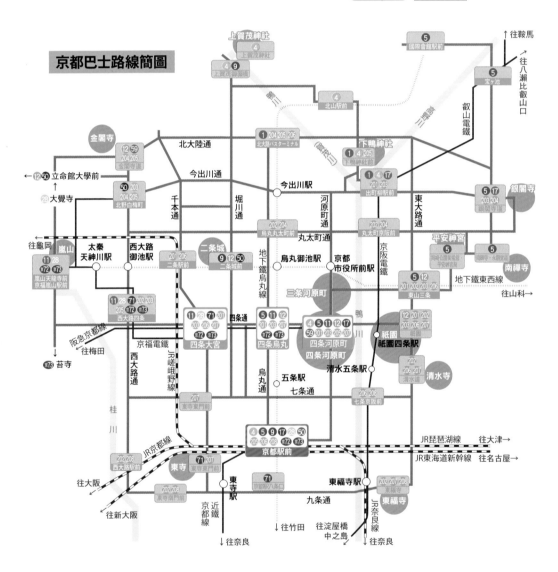

京都巴士路線簡圖

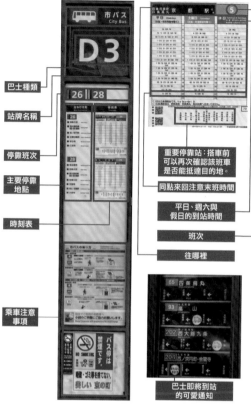

站牌 找到巴士站牌之後，總要先看懂站牌上的資訊，以下就詳細解説站牌上的資訊。

- 巴士種類
- 站牌名稱
- 停靠班次
- 主要停靠地點
- 時刻表
- 乘車注意事項

重要停靠站：搭車前可以再次確認該班車是否能抵達目的地。

同點來回注意末班時間

平日、週六與假日的到站時間

班次

往哪裡

巴士即將到站的可愛通知

要注意 **好用的巴士路線**

洛巴士：洛100、洛101、洛102行駛最重要的觀光景點。

洛100往京都東邊的清水寺、銀閣寺，洛101往京都西北的二條城、北野天滿宮、金閣寺，洛102連接銀閣寺、金閣寺和途中的京都御所、北野天滿宮等。這三班都是急行巴士，停靠站較少，不過利用人數也比較多。

循環系統路線：204、205、206、208是常會用到的巴士

這幾班環狀行駛的巴士幾乎含括京都所有重要景點，一小時至少4班車，行駛到晚間11點左右（部分車輛9點後班次會減少）。環狀線分為順時針、逆時針方向行駛，坐錯邊的話需要比較久的時間，但一樣可以抵達目的地。

其他便利路線：4、5

4號巴士從京都車站經四條河原町往下鴨神社、北山和上賀茂神社，5號巴士則連接京都車站、四條河原町、平安神宮、南禪寺、哲學之道和銀閣寺，還可以坐往修學院離宮和惠文社書店所在的一乘寺一帶。

轉乘點 京都市區巴士站密集，最常利用的巴士轉乘大站就是京都駅，四條河原町、四條烏丸的巴士站也很常利用。以下為四條河原町、四條烏丸的巴士站牌位置圖，京都駅的站牌位置詳見 P.165。

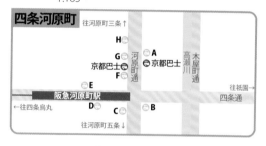

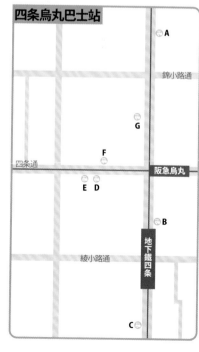

認識京阪神

行前準備

機場介紹

當地交通

主題旅遊

常見問題

103

在神戶地區，除了各大私鐵與JR之外，還有擁有2條路線的市營地下鐵。其中一般市民常搭乘的為西神‧山手線，而最常被觀光客使用的當屬海岸線了，由於連接神戶港區與元町、三宮一帶，讓來往兩地更便捷。

神戶市營地下鐵

海岸線
Kaigan Line Ⓚ

海岸線連接神戶市中心的三宮‧花時計前駅與長田區的新長田駅，全線只有10站，但卻串連了市區的花時計、舊居留地、元町、港區的Harbor Land，通往神戶市區所有熱鬧的商圈，因此是觀光客最常利用的地鐵線路。

西神‧山手線
Seishin-yamate Line Ⓢ

西神‧山手線其實可以分為西神線、西神延伸線、山手線，以新長田為交接點，新長田～新神戶是山手線，而新長田～名谷為西神線，名谷～西神中央則是西神延伸線。從JR三ノ宮駅出站就可以轉乘西神‧山手線，但除非要搭乘北神急行、神戶電鐵前往有馬溫泉，不然一般遊客較少利用。

神戶市營地下鐵快速指南

標示 神戶地鐵的圖案是一個斜斜的U字，這是因為西神・山手線的線路就是U字型，也是取自地下鐵Underground之意，傾斜的U看起來也像鳥的翅膀，象徵了高速鐵道的速度感。

車種 沒有分急行、普通。全線每一站都會停車。

車資 ￥210~480

時間 約5:18~00:00

班距 以海岸線的三宮・花時計前駅為例，尖峰時段約5~6發一班車，一般則約每10分一班車。

時刻表 神戶市營地鐵的時刻表相較之下非常簡單，以海岸線的三宮・花時計前駅為例，可以看到時刻表上都是單純的時間，只有●這個特殊標記，這是指該車只會運行到某一站，在這裡的話就是只開到御崎公園，而不會運行到終點站新長田的意思。

神戶地鐵時刻表									
時	平日								
5	43	58							
6	13	28	39	50					
7	0	8	14	20	26	32	38	44	50	56
8	2	8	14	20	26	32	38	45	51
9	0	●5	10	20	30	40	50		
10	0		10	20	30	40	50		

新手看這裡

串聯各家鐵路的地鐵系統

神戶市營地鐵雖然只有兩條路線，但卻與神戶地區的多家鐵道系統銜接。新神戶駅與北神急行電鐵直通運轉，可以連接到谷上駅轉乘神戶電鐵有馬線，新長田駅與JR神戶線連接，板宿駅與山陽電車相通，長田駅則可以換乘神戶高速線，另外還有可以出站轉乘JR、阪急電鐵、阪神電車的三宮駅。只要好好利用地鐵系統，要前往神戶近郊都不是問題。

神戶地鐵系統圖

認識京阪神

行前準備

機場介紹

當地交通

主題旅遊

常見問題

CITY LOOP

走在神戶街頭會看到一台復古造型的墨綠色巴士跑來跑去，其實這就是觀光客常用的CITY LOOP循環巴士。繞行神戶市區的CITY LOOP班次密集，約10~20分就會有一班車，若走累了也可以以公車代步唷！

神戶市區內巴士路線眾多，但觀光客主要會使用的還是穿梭在各大景點之間的觀光巴士「CITY LOOP」。CITY LOOP行車繞行神戶市區精華景點，包括北野、三宮、元町、港區等，共20個停靠點，且班次密集，有時候坐CITY LOOP還比坐地鐵來得方便！

CITY LOOP 路線圖

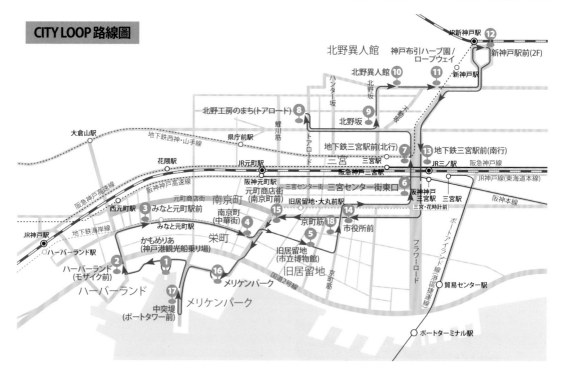

認識京阪神

行前準備

機場介紹

當地交通

主題旅遊

常見問題

CITY LOOP快速指南

路線
CITY LOOP串聯神戶港區、南京町、三宮、北野，路徑為：01Kamomeria(神戶觀光船客運)→02Harbor Land (MOSAIC)→03みなと元町駅前→04南京町→05舊居留地→18京町筋→50神戶機場→51ポートピアホテル→06三宮中心街東口→07地下鐵三宮駅前（北行）→08北野作坊之街→09北野坂→10北野異人館→11神戶布引香草園／纜車→12新神戶駅前→13地下鐵三宮駅前（南行）→14市役所前→15元町商店街（南京町前）→16美利堅公園→17神戶港塔前

站牌
CITY LOOP的站牌與一般公車站牌不同，有著與車身相同的綠色，上方以綠底黃字標明CITY LOOP，非常好認。

車資
單程大人￥260，小孩￥130；一日券大人￥700，小孩￥350。（一日券資訊詳見P.127）

班距
首班車約在9:00，末班車平日20:53、週末及例假日21:08。約20~30分一車次。

要注意
若要往北至北野異人館、新神戶駅的話，在「7地下鐵三宮駅前乘車(北行)」搭車；往元町、南京町、メリケンパーク(美利堅公園)、ハーバーランド則在「13地下鐵三宮駅前(南行)」搭車。神戶機場與ポートピアホテル(POTOPIA飯店)並非每班車都停，且停靠路線可能稍微不同，需特別注意。

時刻表
CITY LOOP的時刻表也很簡單，以「地下鐵三宮駅前(北行)」為例，時刻表上只有壓底色的數字需要稍微看一下說明。
其實底色只是提醒，要讓乘客知道壓了底色的巴士班次運行區間不同，如此處 05 代表終點站為15元町商店街，40 則是指到13地鐵三宮駅前，另外 02 則是代表不會停靠8北野作坊之街。時刻表下都會有說明，只要稍加對照就可以看懂這些註記。

時	平日				時	平日			
9	02	32	49		14	10	27	45	
10	06	23	40	57	15	02	20	37	55
11	15	32	50		16	12	30	47	
12	07	25	42		17	05	22	40	57
13	00	17	35	52	18	--			

CITY LOOP時刻表

JR西日本 神戶地區

神戶地區除了地下鐵以外，鐵道路線大多是各家私鐵，JR西日本在神戶更是只有神戶線，主要是對外交通的聯絡手段，要前往大阪、姬路都要靠這條線路，是在神戶地區做長途移動時的最佳選擇。

JR西日本

JR神戶線
JR Kobe Line A

重要車站：大阪、三ノ宮、元町、神戶、兵庫、新長田、垂水、舞子、明石、姬路

JR神戶線為神戶駅到姬路駅區間的暱稱，連結了大阪市、神戶市、明石市及姬路市。若從大阪駅搭乘新快速，到三ノ宮駅最短約20分鐘可達，到姬路駅最短約60分鐘，雖然路線與票價較便宜的阪急神戶本線、阪神本線、阪急神戶高速線、阪神神戶高速線、山陽電鐵本線有所疊合，但因為速度更快，所以也頗受遊客青睞。

JR系統快速指南

 車種　JR可分為新幹線與在來線。在來線各車種速度不同，依序為特急、急行、快速和普通列車，還有夜間行駛、附臥舖的寢台列車。

新幹線是連結日本各地的最快速列車，在神戶要搭乘新幹線的話，必須到JR新神戶駅搭車，可利用山陽新幹線向西前往岡山、博多，也可以向東到新大阪、名古屋、東京。

 車資　 **購票**　 **要注意**　參見P.89

 時刻表　JR系統路線、班次繁多，時刻表上會註記小字說明各項資訊，通常左側色字表示車種，右側小字則是代表該班次的目的地。

以「JR神戶線三ノ宮駅（往西明石、姬路）」為例，可以看到時間右上寫有「姬路・西明石・網干」等文字，這是指該車的目的地。

左側的車種標示如：新＝新快速，而快A、快C都是快速區間車，只是行駛的區間不同，黑色則是普通車。

時	JR神戶線時刻表							
	平日							
5	西明石 36							
6	加古川 0	加古川 12	加古川 19	快C姬路 25	加古川 31	西明石 40	快C網干 45	西明石 49　54
7	西明石 0	神戶 5	西明石 11	快C網干 14	新姬路 14	西明石 20	西明石 23	快C姬路 26　西明石 32　快C網干 37　新姬路 41
	西明石 43	西明石 46	西明石 52	西明石 57				
8	西明石 0	快C網干 4	西明石 8	新姬路 10	快C網干 11	西明石 16	西明石 19	快C赤穗 23　西明石 23　新姬路 27　西明石 30
	新姬路 31	西明石 33	西明石 35	新姬路 39	西明石 40	西明石 46	新姬路 47	西明石 50　新姬路 54　新網干 54　快C姬路 56
9	新姬路 0	西明石 1	西明石 4	西明石 9	西明石 11	快C網干 12	西明石 18	西明石 22　新赤穗 27　西明石 28　快C姬路 31
	西明石 36	新姬路 38	西明石 41	快C西明石 44	西明石 50	快C網干 53	新赤穗 53	西明石 59

認識京阪神

行前準備

機場介紹

當地交通

主題旅遊

常見問題

其他系統

京阪神地區鐵道網路交錯，除了JR與地下鐵，聯外的私鐵也在其中占有一席之地。這些私鐵可以通往都會區以外的景點，串聯了京都、大阪、神戶三地交通，還可通往鄰近的近郊縣市，但相對的，在京阪神市區停靠也多是主要轉運大站。

大阪單軌電車
大阪モノレール

網址：www.osaka-monorail.co.jp/

重要車站：大阪空港、螢池、千里中央、萬博記念公園

大阪除了地下鐵之外，還有可以連結都會區外的單軌電車，分為本線以及彩都線，其中本線可以抵達大阪的萬博記念公園，每到秋楓時節，萬博公園裡的楓葉會吸引大批遊客，加上大型設施EXPOCITY的開設，使用本線的人也日漸變多。

阪神電車
はんしんでんしゃ

網址：www.hanshin.co.jp/global/tw/

重要車站：梅田、難波、神戶三宮、山陽姬路

由字面就可以明白，阪神電車的營運路線主要在大阪至神戶之間，但事實上其還延伸至世界文化遺產姬路城的所在地「姬路」。由於阪神的票價較為便宜，停靠站又多，所以相當受到當地居民歡迎。雖然速度比不上JR，但如果想省錢也想來趟鐵路慢活旅行，阪神電車倒是個不錯的選擇。

阪急電鐵
はんきゅうでんてつ

網址：www.hankyu.co.jp/global/zh-tw/

重要車站：河原町、嵐山、梅田、箕面、宝塚、神戶三宮

阪急電鐵涵蓋的範圍廣大，全線長143.6公里，神戶、大阪、京都這三大區域都有其運行軌跡。以大阪梅田為中心，向外大致可以分為神戶線、寶塚線、京都線；列車分為普通、準急、特急等，不必再另外購買特急券也能搭乘。前往京都嵐山、兵庫寶塚時會建議搭乘阪急電鐵，較為方便。

近畿日本鐵道

きんきにほんてつどう

網址：www.kintetsu.co.jp

重要車站：大阪難波、大阪阿倍野、京都、近鐵奈良、宇治山田、近鐵名古屋

　　日本最大的私鐵公司，愛稱為「近鐵(きんてつ)」。其路線幾乎涵蓋近畿南面區域，也就是大阪、京都、奈良、三重及名古屋之間。尤其由大阪往奈良，雖然有JR和近鐵可以選擇，但由於JR奈良車站離奈良觀光區域較遠，大多數人會選擇搭乘近鐵至近鐵奈良車站。

神戶電鐵

こうべでんてつ

網址：www.shintetsu.co.jp

重要車站：新開地、粟生、谷上、有馬溫泉

　　觀光客利用神戶電鐵的話，一般都是要前往有馬溫泉泡湯，可以從新神戶駅搭乘北神急行電鐵，在終點站谷上駅轉搭神戶電鐵有馬線，就可以輕鬆抵達。

山陽電車

さんようでんしゃ

網址：www.sanyo-railway.co.jp

重要車站：山陽姬路、山陽明石、舞子公園、山陽垂水、山陽須磨、元町、神戶三宮

　　山陽電車幾乎與JR山陽本線平行，行經的大點也都差不多，但其停靠的站更多，因此就算是一樣的目的地行駛時間也會較長，算是服務地方民眾的路線。

京福電鐵

けいふくでんてつ

網址：www.keifuku.co.jp

重要車站：北野白梅町、龍安寺、四条大宮、嵐電嵯峨、嵐山

　　通稱「嵐電(らんでん)」的京福電鐵，為京都最特別的路面電車，共有兩條主要路線，分別為連結市區的四條大宮駅和嵐山駅的嵐山本線，以及通往仁和寺、妙心寺、北野天滿宮的北野線。

嵐山本線

重要車站：四条大宮、嵐電嵯峨、嵐山

　　嵐山本線的起始站分別為四條大宮駅與嵐山駅，四條大宮駅位於京都鬧區的四條通上，嵐山則為京都洛西的熱門觀光地，許多旅客會運用嵐山本線往返於這兩地之間。

京阪電車
けいはんでんしゃ

網址：www.keihan.co.jp/tcn/

重要車站：中之島、天滿橋、枚方市、宇治、東福寺、伏見稻荷、祇園四条、出町柳

　一樣從名字就可看出，京阪電車是行駛於京都與大阪之間的鐵路系統。最常利用的京阪本線從大阪的中之島、淀屋橋出發，一路運行到京都的祇園四條、出町柳等地，利用京阪本線除了可以到京都最精華的祇園遊玩，在出町柳駅也可轉搭叡山電鐵前往貴船、鞍馬和比叡山延曆寺，還可以到宇治、伏見稻荷大社等景點。同時因為三條駅與京都地鐵東西線的三條京阪駅相交，車站周邊也是市巴士在市區內的主要停靠點。

　另外還有銜接京都與滋賀大津的京津線，以及可從琵琶湖濱大津轉搭前往比叡山的石山坂本線，都是頗為便利的電車線路。

叡山電車
えいざんでんしゃ

網址：eizandensha.co.jp

　屬京阪電車旗下，起站為出町柳駅，鞍馬線通往貴船、鞍馬，叡山本線則可在八瀨比叡山口駅下車轉乘纜車到比叡山延曆寺。

叡山本線

重要車站：出町柳、一乘寺、宝ヶ池、八瀨比叡山口

　叡山本線連結京都市左京區的出町柳到八瀨比叡山口，沿線有著許多名所及遺跡，無論是要到下鴨神社、曼殊院、宮本武藏與吉岡一門的決鬥處——一乘寺下り松，還是五山送火的「妙、法」、修學院離宮等，沿著這條線都可以到達。

鞍馬線

重要車站：宝ヶ池、岩倉、貴船口、鞍馬

　鞍馬線主要使用於兩種用途，其一就是從京都市中心到市原駅的生活路線，也就是用於通勤、通學、往來於醫院等，其二就是到鞍馬寺或貴船神社的玩樂、參拜路線。每到秋天，市原駅與二之瀨駅間的紅葉隧道與10月22日的鞍馬火祭，總吸引大批觀光人潮前來賞景。

交通實戰

看完京阪神密密麻麻、彼此交錯的交通圖，大概都會讓人有種望之生怯的感覺。但其實去過的人都會説，京阪神交通系統的各種指標都做得相當清楚，只要掌握主要路線、車票和幾個搭車的基本原則與技巧，靠自己勇闖京阪神絕非難事！

轉乘 技巧

轉車的簡單概念

JR、地鐵、私鐵分屬不同公司，既然不同公司，當然不能用JR車票轉搭地鐵或私鐵，反之，也不能用私鐵車票搭乘JR。不少人因為不清楚電車線路屬於哪家公司，結果拿著地鐵的優惠票券想搭JR，為了避免類似情況，安排行程時別忘了確認要利用哪些電車路線、屬於哪家公司，讓旅途順暢無阻。

京阪神之間交通手段

大阪～京都
JR大阪駅搭乘往京都的新快速列車，約30分，￥580。
阪急梅田駅搭乘阪急列車，約50分可抵達河原町駅，￥410。
淀屋橋駅搭乘京阪電車，約50分鐘可至祇園四条駅，￥430。

大阪～神戶
JR大阪駅搭乘新快速，約22~27分鐘可達三ノ宮駅，￥420。
阪急梅田駅搭乘阪急列車，約30分鐘可達神戶三宮駅，￥330。
阪神梅田駅搭乘阪神電車，約45分能到達神戶三宮駅，￥330。

京都～神戶
JR京都駅搭JR東海道山陽本線的新快速列車，約51分可達三ノ宮駅，￥1110。

新手看這裡

JR的優惠區間

到神戶遊玩，不少人也會順道前往姬路，但這裡有個JR車資的小問題。JR西日本為了與同路線的私鐵競爭，特意調低部分區間票價，因此從大阪直接坐到姬路需￥1520，但先到三宮再前往姬路的話只需￥1410（大阪～三ノ宮￥420、三ノ宮～姬路￥990），分段購票反而便宜。但分段購票必須事先到綠色窗口或綠色購票機買好兩段票，否則得先中途出站一次，想利用優惠又想省麻煩的話，建議就讓行程配合便宜區間吧。
JR降價區間：大阪～京都、大阪～三ノ宮、天王寺～奈良、天王寺～和歌山

把握地鐵路線

不論大阪、神戶，市中心的觀光景點大多落在地下鐵沿線，尤其是大阪的御堂筋線以及神戶的海岸線，幾乎涵蓋了市區的重要鬧區，就連印象中仰賴巴士的京都，地鐵其實也可以連接不少景點。只要知道自己在哪一站、列車開往哪一站，搭上正確的列車就可以輕鬆遊玩京阪神市區。

買張儲值票卡

雖然ICOCA並不如各家的一日券那麼優惠，但電子車票的好處多多，不僅可以省下買票時間，簡單感應票卡就可進出站，幾乎不用擔心轉乘車資的問題，換線走站內轉乘專用改札的話，還能享有轉乘優惠。

認識京阪神

行前準備

機場介紹

當地交通

主題旅遊

常見問題

善用一日券

　　一日券不只划算，也省去購票的麻煩。由於同公司的路線轉乘大多不用出站，照著指引走就能夠順利到達，所以有時候單純的只搭乘一家鐵路公司的地鐵，會讓轉乘複雜度大大降低，但京阪神地區因為各家系統交錯延伸，自然也有許多跨公司合作的票券可以選擇。

新手看這裡

善用轉乘工具

想確認票價或檢查搭車資訊，只要善用以下APP，就可以隨機應變了。

Yahoo!乘換案內

Yahoo推出的轉乘APP，可以查找JR、地鐵、私鐵等電車資訊。若為ios系統，必須以日本帳號的Apple ID才可下載。

Jorudan

Jorudan是知名的交通資訊網站，除了網頁，也可以下載該公司推出的APP「乘換案內」，介面雖是日文但操作簡單。

NAVITIME for Japan Travel

針對外國旅客推出的旅遊APP，可以查找巴士、JR、地鐵等各種詳細的轉乘資訊。（詳見P.33）

KOBE乘繼檢索

神戶市交通局推出的官方APP，輸入或是在地圖上點選出發地、目的地，就可以查詢神戶市的巴士、地鐵等乘換訊息，而且還有中文版，操作相當簡單，對於想前往郊區六甲山、摩耶山的觀光客來說十分便利。

歩く京都

由京都市官方推出的轉乘工具，可以搜尋京都的所有鐵道、巴士轉乘資訊，只要設定好起訖點，就會跳出前往方式，中途要徒步、搭巴士，或是轉乘哪條線路的電車，通通會註明，可以依費用、時間等選擇適合的路線。

不被站名迷惑

　　京阪神鐵道網路密布，常有許多車站明明不同站名，其實卻近在咫尺。

難波駅	距離約 600公尺	日本橋駅
大阪市營地鐵		大阪市營地鐵

心齋橋駅	距離約 500公尺	四ツ橋駅
大阪市營地鐵		大阪市營地鐵

南森町駅	距離約 220公尺	大阪天滿宮駅
大阪市營地鐵		JR東西線

動物園前駅	距離約 200公尺	新今宮駅
大阪市營地鐵		JR、南海電鐵、阪堺電車

三宮駅	距離約 600公尺	旧居留地・大丸前駅
神戶市營地鐵		神戶市營地鐵

神戶駅	距離約 300公尺	ハーバーランド駅
JR神戶線		神戶市營地鐵

河原町駅	距離約 450公尺	祇園四条駅
阪急電鐵		京阪電車

　　即使是同站名，搭不同路線也會有差別。例如同樣是難波，JR難波駅就與南海難波駅、地下鐵難波駅距離頗遠，要到道頓堀、日本橋一帶的話，利用地鐵系統最為方便，而要到OCAT的話則是JR系統最便利。

逆時針的「內回り」和順時針「外回り」

「內回り」：
大阪→福島→西九条→新今宮→天王寺→大阪城公園→京橋→大阪。

「外回り」：
大阪→京橋→大阪城公園→天王寺→新今宮→西九条→福島→大阪。

類似東京的山手線，同樣是環狀運行的JR大阪環狀線其實也非常實用，雖然所經過的並不是大阪的中心部，但也有通過大阪、天王寺兩個主要車站，串聯了市區外圍的各個車站，更與大和路線、阪和線、JRゆめ咲線直通運轉。而且大阪環狀線為環狀運行，因此不論搭上內回り或外回り列車，都會抵達目的地，就算搭錯方向也可以轉換方向，是遊覽大阪市區的交通利器。

基本資訊

起訖站發車時間：大阪駅外回首班車4:55發車，末班車0:09出發；內回首班車4:57，末班車0:02發車。約每3~6分鐘一班車。

起訖點：大阪~大阪
通車年份：1961年開始環狀運行
車站數：19站
總長度：21.7km
全線行駛時間：約45分
車種：大阪環狀線本身各站皆停，但因為全線和其他JR路線共線，因此有部分有快速、區間快速等的區分。

新手看這裡

往奈良與和歌山

JR大阪環狀線可以延伸至奈良、和歌山兩地，但其實也有其他鐵道可利用，以下就來看看該怎麼從大阪、京都市區前往吧。

大阪往奈良
JR大阪駅搭乘大和路快速，約56分可達奈良駅，￥820
JR天王寺駅搭乘大和路快速，約33分可達奈良駅，￥510
近鐵難波駅搭乘近鐵列車，約39分可達近鐵奈良駅，￥680

大阪往和歌山
JR天王寺駅出發，約70分可達和歌山駅，票價為￥900
南海難波駅搭乘南海電鐵，約60分可達和歌山市駅，票價￥930

京都往奈良
JR京都駅搭奈良線的快速列車，約45分可達奈良駅，￥720。
京都駅搭乘近鐵京都線，約44分能抵達近鐵奈良駅，￥760。

認識京阪神

行前準備

機場介紹

當地交通

主題旅遊

常見問題

重要轉運站

大阪：可轉搭東海道本線至京都、神戶。出站至梅田駅可轉搭大阪地下鐵、阪急、阪神等私鐵。

京橋：可轉搭JR學研都市線、東西線；京阪電鐵京阪本線、大阪地下鐵長堀鶴見綠地線。

鶴橋：可轉搭近鐵大阪線、奈良線；大阪地下鐵千日前線。

天王寺：可轉搭JR大和路線、阪和線；大阪地下鐵御堂筋線、谷町線；出站至大阪阿部野橋駅可搭近鐵南大阪線。

新今宮：可轉搭近鐵大阪線；南海電鐵南海本線、高野線。

西九條：可轉搭JRゆめ咲線至環球影城；也可轉乘阪神電鐵なんば線。

大阪環狀線轉乘圖

下圖中可以看到大阪環狀線上各站的轉乘資訊，以「天王寺」為例，一旁寫著阪堺電車、近鐵電車、地下鐵御堂筋線、地下鐵谷町線，這些都是指在天王寺駅可以轉乘的鐵路系統。

還有與大阪環狀線直通運轉的各條路線，從西九條直通JRゆめ咲線開往日本環球影城，在天王寺銜接上開往奈良的大和路線（關西本線），還有延伸至和歌山的阪和線，而阪和線上又有從日根野分離、開往關西機場的關西空港線。雖然沒注意的話可能會搭錯方向，但只要稍微研究一下，就可以利用大阪環狀線串聯其他路線，輕鬆前往大阪近郊了。

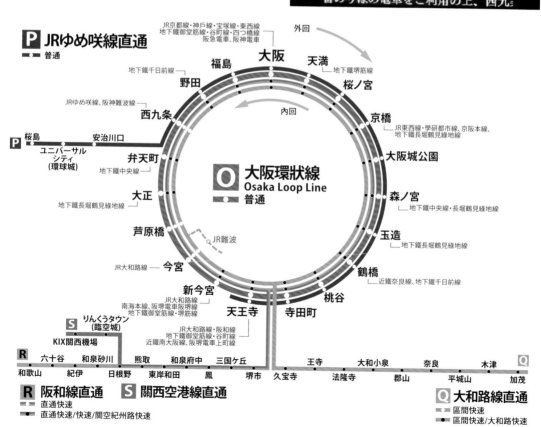

自動售票機

有了轉乘觀念之後，接著就來看看如何購票。搭乘地下鐵、JR、南海電鐵等不同系統，都可以利用自動售票機購票，單程票、一日券以外，也可以儲值IC票卡。各系統售票機略有差異，但基本使用原則都相同，以下以JR西日本的自動售票機為例，介紹自動售票機的使用法。

購票Step by Step

Step 1

確認目的地
販賣機上方通常都會有電車票價圖，找出目的地，下方會有所需價錢。

Step 2

將銅板或紙鈔投進去
依照機器顯示票價付款（機器會顯示￥1000、￥2000、￥5000、￥10000，代表可以使用￥1000以上的鈔票，但部分機器只接受1000鈔票）

Step 3

按下目的地票價
機器有按鍵式及螢幕按鍵兩種，不管哪種都會因應你投入的金額而亮起票價。

Step 4

完成
取出票券以及找零

精算機補票

如果車資不夠的話，出站前都還有「精算機」可以補票，ICOCA餘額不夠時也一樣可以用有ICOCA標示的精算機解決。真的不會使用的話，也可以直接請站務員幫忙解決。

Step 1

找到精算機
通常改札口旁都會設有精算機，上方會寫有「のりこし」和「Fare Adjustment」，找到機器就可以迅速補票、儲值。

Step 2

將票放入精算機
依畫面指示放入車票或IC卡，持IC卡的話記得正面朝上插入機器。可選擇英文介面。

Step 3

投入差額
螢幕會顯示此趟車程不足的金額，一般車票的話只需投入差額，IC卡的話則可選擇投入剛好的差額（精算）或儲值（チャージ）。

Step 4

完成
補完差額後，機器會把精算券或加值完的IC卡退回，接著只要在改札投入精算券或刷一下票卡，就可以順利出站了。

新手看這裡

看得懂漢字就OK
在車站總會遇到許多狀況，以下漢字在購票、找機台，或者是確認即時資訊都很有用，不妨稍微記一下，可以省下不少力。

切符：票	運賃：車資
切符売り場：售票處	払い戻し：退票

精算：補票
乗り換え：轉車
駆け込み乗車：指在車門關閉時衝進車廂
始発：第一班車
終電：最後一班車

自由席：自由入座
指定席：對號入座
人身事故：指有人掉落軌道造成列車停擺的事件
各駅停車：各站停車（普通車）

ICOCA

JR西日本發行的ICOCA除了可通用於地下鐵、阪急、阪神等各家私鐵系統以外，現在更與東京的Suica通用，就連Kitaca、TOICA、manaca、SUGOCA、nimoca、はやかけん等日本各地票卡也都已經整合，是懶人的最佳乘車工具。

 特色
IC儲值卡，能作為電子錢包使用。可自由換乘，乘坐區間廣，還能自動算好票價，因此廣為觀光客和本地人利用。另外，持卡提前預約並搭乘由關西機場直達京都（中途停靠天王寺、新大阪）的特急HARUKA列車自由席更可享受票價優惠（ICOCA & HARUKA）。詳見官網。

 坐多遠
ICOCA可在關西地方自由搭乘地下鐵、JR、公車等交通工具，另外還可用於JR東日本、JR九州、JR北海道、福岡交通局等區域。詳細使用區間請見官網。

 哪裡買
ICOCA在JR西日本站內的自動售票機及綠色窗口販售。自動購票機要找有標明「ICOCA購入」或「カード」（卡）的機器才可購買。

Step 1

找到標明**ICOCA**的售票機

Step 2

選擇「ICOCAを買う」功能，注意右上可以選擇語言喔

Step 3

選擇購買金額

新手看這裡

ICOCA聰明用

ICOCA的電子錢包功能十分方便，可以在便利商店結帳、購買販賣機飲料和在餐廳結帳，只要有標明ICOCA符號的地方均可使用。

另外，投幣式置物櫃必須記住密碼或收好鑰匙，若遺失或忘記還要找站務員處理。但使用ICOCA寄物，不僅以卡片扣款、不怕沒零錢，領行李也只需再感應卡片，行李格就會自動打開，完全不用記密碼。

Step 4

投入現金，需要收據的話記得點選「領收證」

Step 5

取卡、收據，完成！

 多少錢
ICOCA分為￥1000、￥2000、￥3000、￥5000、￥10000幾種金額，其中都包含押金￥500，可使用金額須扣除押金。

 加值
在各車站有寫ICチャージ（charge）的自動售票機都可以按指示插入紙鈔加值，最高可加值￥20000。

 補票
關西地方使用ICOCA可以賒帳一次，如果當下餘額不足也沒關係，依舊可以進出站，但接著進站時記得到自動售票機或精算機儲值，完成後再刷卡就沒問題了。Suica使用區域（東日本）不可賒帳，就算是ICOCA也一樣喔。

 退票
在JR西日本各站綠色窗口可辦理退票。取回金額是餘額扣除￥220手續費再加上￥500保證金，若餘額低於￥220就只會退回￥500。但由於卡片是10年都沒用才會失效，所以許多人都不退票，而是把卡片留著，等下一次旅遊時再繼續使用。

ICOCA
日文官網

ICOCA
中文介紹

如何搭乘JR/地鐵

Step 1

購買車票

看好路線表上的價錢後，可以直接在自動售票機買票。持ICOCA的人則不需再買票。

Step 2

進站

將車票放進改札口，如果有特急券的話可能會有2張甚至3張票，一次放進改札口後，通過取票即可。持ICOCA的人感應票卡即可。

Step 3

尋找月台

知道搭乘路線後，依循標示找到正確月台。月台兩邊的方向不同，確認下一站和大站的方向即可。地鐵可利用編號確認。

Step 4

確認車次

月台上的電子看板會顯示車次相關資訊，記得看清楚免得搭錯車。

看懂電子看板資訊

車站的電子看板上有著各式即時資訊，通常看板上會有以下幾項：列車名、車號、發車時刻、目的地（行先）、月台（のりば）等資訊，若是新幹線還會有自由席的車廂指南。尤其漢字大多很好理解，確認資訊就不怕搭錯車了。

買錯票，別緊張

如果按錯自動售票機，快找機器上紅色的「とりけし」按鈕，就可以取消從起始畫面再重頭開始。如果已經購買車票，可以透過人工售票窗口直接退票，在東京甚至還有能直接退票的自動售票機呢！退票會加收手續費，依各家公司規定約¥150以上不等。

Step 5

確認等車位置（JR）

雖然各地標示不同，但月台上都會有指標告訴你列車停車的位置。普通列車可自由從各車廂上下車。如果是自由席／指定席的話記得找到該車廂，注意車輛編列的不同也會影響乘車位置。

Step 6

乘車

JR普通列車、地鐵可自由上下車。JR如果有指定席的話，就跟台鐵對號列車一樣，要依編號就座。持普通車票無法乘坐對號車，可別上錯車了。

Step 7

確定下車站

列車上大多有電子螢幕顯示，記住目的地漢字就沒問題。另外到站前車內也會有廣播，不過除了往來機場的列車之外，一般都只有日文廣播，熟記下車站的發音也可以避免下錯車站。

普通車與快速車

一般市區內地下鐵多為普通車（每站都停），可以放心搭乘。但一些連接近郊的路線就會分為普通、急行、快速、特急不等(各家分法不一)，由於各種車次停的站有差異，部分快車還需另外付費，搭車前記得先確認該車是否有停靠目的地。

上下班時間很擁擠

每天早上8:00左右，以及傍晚18:00都是交通壅塞的時刻。這時地鐵等交通工具也是擠滿了人，有時還會見到站務員在門外將人推到車中，除非故意想體驗一下，否則還是建議避開上下班時段，比較從容。

勿衝進車廂

有時趕時間，在樓梯上看到電車門快關上時，是否會不自覺加快腳步想衝進車廂呢？其實這是很危險的舉動，不只嚇到別人，如果一個不小心被車門夾受傷那就不好了。其實市區的地鐵班次頻繁，錯過車，下一班很快就來，千萬不要搏命演出。

勿講電話

在日本搭電車時，也許有人會發現一個情況，電車內沒有人講電話，而且手機都會關靜音。雖然大家還是低頭玩自己的手機，但不要發出聲響、避免吵到別人是搭乘電車的基本禮儀哦！(同理，在車內與同伴談話也不要大聲喧嘩)

優先席

「優先席」就是博愛座，通常椅子的顏色會不一樣，座位上方也會有清楚標明。另外，因為怕電波干擾使用心臟輔助器的乘客，優先席附近按規定需要關閉手機電源（雖然很多日本人也沒有關）。

女性專用車廂

另外部分路線設有女性專用車廂，但大多有時間限制（大部分僅限於早上的交通尖峰時段，少部分另外有深夜時段），並且男性身障人士也可搭乘。因此，在正常時段看到搭乘女性專用車廂的男性可別太吃驚。

前面介紹過京都的交通系統，知道了京都市區交通是以巴士為主要工具，但京都巴士又分成許多系統，不同系統的乘車方式也有所不同，為免困擾，以下就針對京都巴士解說，逐一了解京都巴士的乘車注意事項，之後就可以安心搭車了。

後門上車

在京都搭巴士一律都是「後門上車、前門下車」，車資在下車時付，車上還有機器找零，不用擔心沒有零錢。

上車時會看到車門旁有兩台機器，一台為整理券發行機，另一台則是刷卡機器，依照自己的付費方式及巴士系統不同，乘車方式也不同，只要謹記下方原則即可。

均一系統：直接上車即可
調整系統：抽整理券或上車時刷卡

上車機器怎麼用

整理券
一日券須在此過卡
電子票券請在這裡嗶

Knowledge Supply

公車上的守護符

在京都搭公車時，稍微注意一下的話，就會發現車窗上貼有五芒星貼紙，這其實是用來保佑交通安全的晴明神社護符。安倍晴明是平安時代法力強大的陰陽師，他生前的宅邸被蓋成晴明神社，除厄、祛病、家庭安全、行車平安都是晴明神社的守護範圍，也因此京都的巴士上才會貼這個守護符。

確認到站與按鈴

前方螢幕會顯示下一站，下車時請按鈴，等車停妥再起身下車。調整系統的車輛上方會顯示票價，可以對照整理券的數字確定應付金額，若從起站坐就沒有整理券，應付票價為第一格「券なし」。

前門下車

均一系統：
①¥230，直接付現金或刷卡即可。
②巴士一日券第一次過卡後僅需出示日期。
調整系統：
①依前方看版的金額付款
②各種IC磁卡直接刷卡
③巴士一日券刷卡或出示整理券，視需要補差額

下車機器這樣用

市巴士・京都巴士一日乘車券、京都觀光一日 二日乘車券刷卡處
IC卡刷卡處
投錢
在投入車資前可以先用這臺機器換零錢！投入硬幣或紙鈔、換成零錢後再依金額付款

認識京阪神

行前準備

機場介紹

當地交通

主題旅遊

常見問題

搭巴士的常見問題

 Q 買了一日券，可是還是很擔心超過範圍要補票？

 **A** 一日券能搭的巴士就只有市巴士和京都巴士兩種，可以先記得兩種巴士的樣子，不要看到巴士就上車。

再來，綠色的市巴士當中，只要車牌是藍底白字、或是橘底白字，都是怎麼開都在一日券範圍內的車，完全不需要擔心。

有可能跑出一日券範圍的是白底黑字的市巴士、以及京都巴士，不過大部份景點都在一日券範圍內，搭車時稍微注意一下就沒問題了。

Q 好像很容易搭錯車？

 **A** 主要原因是日本的車行左右方向和台灣不同，有時會想錯邊。同一路線的巴士會駛往不同方向，所以記得以目的地為基準找車，不要只靠巴士路線的號碼。

Q 真的搭錯車怎麼辦？

 **A** 總之都先找個站牌下車再冷靜處理，通常走到對向站牌搭車、甚至在同個站牌換車就可以抵達目的地。拿一日券給司機看，他會告訴你該補票或是直接下車就好。

新手看這裡

站牌位置這裡找

許多遊客在找站牌時都會遇上不少問題，京都市交通局為此特地推出站牌搜索系統，四條河原町、京都駅前、三條京阪等京都市內的主要公車站都在其中，系統利用google map標出公車站各個站牌的位置，也可以清楚看到行車方向，多加利用的話一定可以省下不少找站牌的時間。

Q 我還是比較喜歡搭地鐵，巴士真的有比較方便嗎？

 **A** 以京都來說，巴士的路線、班次和可以抵達的景點都比地下鐵來得更多、行駛範圍更廣闊、指示也做得清楚，再加上有當日無限次搭乘的一日券，整體來說的確比較方便。

Q 說了這麼多，搭巴士還是有缺點吧？

 **A** 在市中心的四條烏丸、河原町一帶還是會比較容易塞車（尤其是下班時段）。另外觀光旺季時很容易大排長龍，車上擠滿人。觀光旺季時，部分路段可以善用地鐵避開人潮，另外就是做好心理準備，保持一顆平和的心囉！

日本 公車系統

京都以外，其他地區的公車系統主要分為市區巴士和長距離巴士兩種。另外還有長距離聯絡的高速巴士和夜間巴士，可以為精打細算的旅客省下不少旅費。

新手看這裡

Q 如果上車時忘記拿整理券，下車該付多少錢？

A 整理券是用來對應區間、確認車資，如果沒有這張券的話，下車時就得付從發車站到下車站時的車資，所以建議上車時一定要記得抽取。

另外，部分觀光巴士或均一區間的巴士則沒有整理券的機器，因為不管坐多少站都是均一價格，還有若在「一日券」的區間內，下車時出示一日券即可，不必另外拿整理券。

公車乘車step by step

Step 1

尋找站牌
依照要前往的方向尋找正確站牌。

Step 2

上車記得抽整理券
這是和台灣習慣比較不同的地方，整理券是票價的憑據，記得要拿。另外如果是起站也不需拿券。

Step 3

前方看板顯示下車站
電子看板會顯示即將抵達的車站。

Step 4

對整理券號碼確認應付金額
因為是按里程計費，因此另一張表格型的電子看板會隨著行車距離，有號碼和相對應的價格。

Step 5

到站按鈴
和台灣一樣，到站前按鈴就會停車。

Step 6

從前門投幣下車
從駕駛旁的前門投幣下車，將整理券和零錢一起投入即可。如果沒有零錢也可以用兌幣機換好再投。

觀光巴士

京都定期觀光巴士

京都有推出多種行程的觀光巴士可利用,包括金閣寺、銀閣寺、清水寺的三大名勝遊,繞行嵐山、金閣寺、伏見稻荷大社的主要觀光地一日行程,或者是體驗嵐山小火車與保津川遊船的經典一日遊行程,也有Sky Bus的京都一日行程,或是依季節推出的紅葉、點燈欣賞路線,各式各樣的路線任君選擇,而且也會配有中文導覽解說機器,想省事遊玩的話也可以考慮。

🏠京都駅乘車
◐💲依行程不同
❗可在京都駅烏丸口前的定期觀光巴士窗口現場購票,建議事先預約,可避免到現場才知座位已售完

京都定期觀光巴士

Osaka Sky Vista

想搭乘露天觀光巴士遊歷大阪風景,在大阪車站可以搭乘這輛火紅色的雙層露天巴士,路線分為北區的梅田路線,繞行梅田藍天大廈、露天神社、大阪城、造幣局、中之島一帶,還有南區的難波路線,途經大阪市役所、御堂筋、道頓堀、通天閣、Grand Front Osaka,約60分鐘,一路上會有人詳細解說巴士行經的各棟建築或歷史,外國人也不用擔心,會提供導覽解說機,選個好天氣,不妨試試乘車遊覽的滋味吧!

🏠大阪駅JR高速巴士總站
◐9:30~17:00,一條路線一天約1~3班車
💲可選擇不同行程,大人¥1500、小孩¥1000
❗全程均為車內觀光。另外,雖然可以現場購票,不過事先預約可避免到現場才知座位已售完

Osaka Sky Vista

計程車

若在京阪神市區內短距離移動,且有3~4人共乘的話,搭乘計程車並不會比搭公車貴太多,反而還更方便,必要時不妨就搭一趟計程車吧。京都計程車資起跳¥610,1.7公里後每313公尺增加¥80,大阪起跳車資為¥660,超過2公里後每行駛296公尺增加¥80,神戶市起跳為¥660,1.8公里後每282公尺增加¥80。

認識京阪神

行前準備

機場介紹

當地交通

主題旅遊

常見問題

123

京阪神地區優惠票券

除了單次購票，京阪神地區更有許多優惠票券，單一系統或是結合不同交通系統的票券都可以找到。每一種套票都各有其優點，要怎麼決定自己適合哪一張票，其實只要抓出計劃中的行程景點，將交通費列出，再與套票做比較，加加減減，最適合自己的套票就很明顯囉！

1日券 ¥2,800　想要盡情玩2天的話　2日券 ¥3,600

大阪周遊卡
大阪周遊パス

坐多遠
大阪市巴士、地下鐵全區一天或連續二天使用，一日券還能乘坐大阪市內的阪急、阪神、京阪、近鐵、南海電鐵等部份區域列車。

多少錢
一日券￥2800、二日券￥3600。無兒童版。

哪裡買
01一日券可在以下地點購買：
關西機場、大阪、新大阪、難波旅遊服務中心、大阪地鐵站內的定期券販賣窗口，以及阪急、阪神、京阪、近鐵、南海的主要車站與部分飯店。

02二日券可在以下地點購買：
關西機場、大阪、新大阪、難波旅遊服務中心、大阪地鐵站內的定期券販賣窗口，還有市區的特約飯店。

03事先在台灣購買：

大阪周遊卡
也可以向台灣的合作旅行社或事先在網站Deep Experience OSAKA上購買
※購買地點多，詳見官網。

 要注意 **不能搭空港急行**：雖然一日券可以搭乘南海電鐵部分區間，但關西機場不在範圍之內，所以不能搭乘空港急行。

 還能玩 大阪周遊卡附帶有多種優惠，包括HARUKAS300（展望台）、國立國際美術館、OSAKA SKY VISTA的折扣，還可以免費利用大阪市內的35個設施，以下就列出幾個熱門設施，快把它們排入行程吧。

大阪城天守閣、大阪城櫓、大阪城御座船
LEGOLAND® Discovery Center Osaka
大阪生活今昔館
上方浮世繪館
大阪天王寺動物園
梅田藍天大廈的空中庭園展望台
HEP FIVE摩天輪
天保山大摩天輪
通天閣
道頓堀及中之島的水上觀光船
大阪水上巴士 Aqua-Liner
帆船型觀光船 聖瑪麗亞號

優缺大比拚

優	缺
●可利用大阪市內所有地鐵線路	●非24小時制
●可以免費參觀不少知名景點	●不可搭乘JR

小結

大阪周遊卡不只是交通優惠票券，更像是一張玩樂超值卡。除了可以乘坐大阪地鐵全線以外，還有多處景點門票優惠，甚至是免費入場、乘船的超值優惠，就算使用當天沒有多次移動，只要多多善用這些優惠設施，基本上就值回票價了。

大阪一日車票
OSAKA 1day pass

 坐多遠 任選一日無限次搭乘大阪市地下鐵、巴士。

 多少錢 ¥820，兒童¥310。

 哪裡買 可以在地下鐵站內售票機、定期券販賣處、商店等地方購買。（詳見官網）

大阪一日車票

優缺大比拚

優	缺
●售價划算。地鐵單程¥190起跳，只要搭5趟就可值回票價	●非24小時制
	●不可搭乘JR
●享有約30處觀光設施的折扣優惠	●大阪市區巴士不包括往IKEA鶴濱、日本環球影城方向的路線，以及機場巴士。

小結

售價非常便宜，就算不用附帶優惠也可輕鬆回本。而且並無使用期限，不妨一次買足需要張數，絕對能省下不少車資。
此外兒童票只要¥310，適合帶小孩出遊的家長，十分划算。到大阪城、天王寺動物園、大阪水上巴士Aqua Liner等景點出示票券也能享有優惠。

巴士一日券
バス一日券

 坐多遠
一天內無限次搭乘區間內的市巴士及京都巴士。使用當天還可在京都鐵道博物館、吉本劇場祇園花月、東映太秦映畫村等享有折扣。

 多少錢
大人￥700，6~12歲兒童￥350。

 哪裡買
京都駅前的巴士售票中心及自動販賣機、巴士營業所、京都駅內的觀光案內所。也可在巴士及地鐵站內（只有大人版）購買。

要注意
使用此票卡搭車時，第一次要將票卡放入讀取機，第二次以後向乘務員出示票券上的有效日期即可。也有可能是整理券，記得抽一張、下車時繳回並出示乘車券。

❗此票券發售到2023年9月底，使用期限至2024年3月底

優缺大比拚

優	缺
●價錢划算。巴士單程￥230，搭四趟就值回票價	●部分路段可能塞車，記得預留時間
	小結
●可通往各大景點	乘車券於刷卡後才啟用，故還可以事先買好需要的張數，是京都觀光最划算方便的交通票券。

地下鐵 巴士一日券
地下鉄 バス一日券

 坐多遠
當天無限次搭乘京都市巴士、地下鐵全線，以及部分京都巴士、部份京阪巴士。此券可在北野天滿宮、平安神宮、京都文化博物館等約60處景點、店家享有優惠。

 多少錢
大人￥1100，兒童半價。

 哪裡買
地下鐵售票窗口、市巴士營業所、市巴士及地下鐵案內所等地。

 要注意
京都巴士的乘車區間主要在市區，也可到郊區，但比叡山線及季節運行的路線不適用。

優缺大比拚

優	缺
●主要景點都在乘車區間內	●往熱門景點的巴士乘客很多
●價格划算。巴士單程車資￥230，在市區遊玩很容易搭乘超過5次，加上地鐵線路，非常實惠	●部分路段會塞車

小結

除了多出地鐵，巴士範圍也更大。最推薦前往巴士一日券範圍外的郊區大原，從京都駅搭地鐵到國際會館駅轉巴士，單程￥650，來回再加上一兩處景點就很超值。

京都市營地下鐵一日券

京都市営地下鉄1dayフリーチケット

 坐多遠 當天京都市地下鐵無限次搭乘

 多少錢 大人￥800、小孩￥400。

 哪裡買 地下鐵各站窗口、市巴士及地鐵的案內所。

 要注意 只限搭乘地下鐵，因此要注意不要搭到與近鐵、京阪電車直通運轉的車次。

〈 優缺大比拚 〉

優	缺
●售價優惠	●只可搭乘地鐵，但許多景點需靠巴士抵達
●憑卡可以在二條城、京都市動物園、東映太秦映畫村及京都鐵道博物館等設施享有優惠	●非24小時制

小結

因為只適用於地鐵系統，雖然票價優惠，但若是要在京都市內觀光，並沒有京都巴士來得方便，建議確認行程後決定。

KOBE LOOP一日券

Kobe 1-day loop bus ticket

 坐多遠 可在時間內無限次搭乘CITY LOOP、PORT LOOP等周遊巴士。由港區的中突堤站發車，到ハーバーランド、みなと元町駅前、南京町、舊居留地、三宮センター街東口、地下鐵三宮駅前・北行、北野異人館等神戶市中心景點。

多少錢 大人￥700，兒童半價。

 哪裡買 在CITY LOOP車上、三宮的「神戶市総合インフォメーションセンター(資訊中心)」與新神戶的「観光案內所」都可以購買。

 要注意 CITY LOOP是觀光巴士，末班車時間較早，因此要是不趁早利用的話，有可能會沒車可搭。

〈 優缺大比拚 〉

優	缺
●票價優惠。單程車資￥260，只要搭3次就值回票價	●末班車時間較早
●路線繞行市區主要景點	

小結

CITY LOOP是神戶市區觀光的主要交通工具，如果要在神戶市內觀光，基本上都會選擇購票此張票券，省去準備零錢的麻煩又可省錢。

認識京阪神

行前準備

機場介紹

當地交通

主題旅遊

常見問題

嵐電一日券

嵐電一日フリーきっぷ

坐多遠 嵐電嵐山線(嵐山本線・北野線)區間內一日無限次搭乘。

多少錢 大人￥700、小孩￥350。

哪裡買 嵐電主要車站（四条大宮駅、帷子ノ辻駅、嵐山駅、北野白梅町駅）。

要注意 可在嵐電沿線約34處設施、寺廟享有優惠、獲取紀念品，或是免費體驗。

優缺大比拼

優	缺
●票價優惠。嵐電單程￥250，只要搭3次就值回票價	●只可搭乘嵐電，搭上嵐電以前的轉乘車資須另外計算
	●無法搭乘巴士

叡電一日乘車券

叡電1日乘車券「ええきっぷ」

坐多遠
叡山電鐵全線一日無限次搭乘。還可在貴船神社、鞍馬寺,或其他咖啡廳、土產店等沿線37處設施享有優惠。

多少錢
大人￥1200、小孩￥600

哪裡買
叡電出町柳駅、貴船口駅、鞍馬駅售票機。

要注意
因為叡電與地鐵、JR並不相通,大多會利用巴士或是搭京阪電車到出町柳駅後再搭乘叡電,記得先確認交通方式。售票機販賣的票券僅限當日使用,從售口購買的使用期限則到下個月底。

〉優缺大比拚〈

■ **優**
● 票價優惠。因為光是出町柳到貴船的來回車票就要￥940,只要途中下車一次就算回本

● 到鞍馬寺須支付愛山費￥500,用乘車券可享有優惠

■ **缺**
● 只可搭乘叡電,轉乘車資須另外計算

小結
叡電一日乘車券還算優惠,但如果只乘降一次絕對不划算,可以安排鞍馬、貴船、一乘寺、出町柳的一日遊。另外,到出町柳駅的路途可能有些麻煩,記得事先確認交通方式並計算總車資,或者可以考慮另一張鞍馬・貴船一日券。

鞍馬・貴船一日券

バス&えいでん 鞍馬貴船日帰りきっぷ

坐多遠
範圍涵蓋鞍馬、貴船及大原。可於一日內無限次乘坐叡山電鐵全線,市巴士全線,京都巴士市中心均一區間及大原、岩倉村松、岩倉實相院、市原、鞍馬溫泉、貴船範圍內路線,京阪電車可搭乘東福寺駅~出町柳駅間。

多少錢
大人￥2000

哪裡買
京都市巴士・地下鐵旅遊中心、京都綜合旅遊中心、叡山電車出町柳駅等。

要注意
京都巴士針對季節旺季推出的巴士不在一日券使用範圍內。

〉優缺大比拚〈

■ **優**
● 適用區間擴大。除了叡電、市巴士全線以外,還可搭乘京阪電車、京都巴士部分區間。

■ **缺**
● 男山纜車皆須另外付費

● 售價較高

小結
因為京阪電車部分區域在票券範圍內,住在京阪沿線的話前往出町柳駅便利許多,還可搭乘貴船口駅前~貴船的京都巴士(33號車),免去車站到貴船神社這段約半小時的路程,但售價較高,安排行程後,記得試算總車資。

認識京阪神

行前準備

機場介紹

當地交通

主題旅遊

常見問題

近鐵1日、2日券

KINTETSU RAIL PASS 1day, 2day

坐多遠 適用於大阪、奈良、京都的近鐵普通車及奈良交通巴士，效期內可無限次搭乘。還附有40處觀光設施的優惠。

1日券：可搭大阪難波～近鐵奈良、京都～筒井、長田～生駒、生駒登山纜車，及奈良公園、西之京、斑鳩（法隆寺）區間的奈良交通巴士。

2日券：可搭大阪、京都、奈良境內的近鐵全線，奈良交通巴士則可搭乘奈良公園、西之京、法隆寺、飛鳥、室生、山之邊之道區間。

多少錢 1日券￥1500，2日券￥2500，6~11歲兒童半價。

哪裡買 可持護照在近鐵主要車站及關西機場的KTIC櫃台購票，也可事先向台灣的旅行社購買，再持兌換券及護照到日本當地窗口換票。

〉優缺大比拚〈

優	缺
●票價優惠	●無法搭乘地鐵系統
●可利用奈良交通巴士	●近鐵車程較長

小結

售價相對便宜且有兒童版，但長途車程相較於JR較花時間，建議住在難波、日本橋及京都駅附近，搭乘近鐵方便且可省去轉車時間的地點再考慮。另外，想同時利用近鐵與奈良交通巴士的話當然也可購買。

奈良・斑鳩一日券

坐多遠 由近鐵及奈良交通配合各家系統，發行不同版本。遊客多從大阪或京都前往奈良，故只列出較常利用的大阪地鐵、京阪電車、京都地鐵。

01基本區間：

近鐵列車：大阪難波～近鐵奈良、京都～筒井、長田～生駒、生駒登山纜車

奈良交通巴士：近鐵奈良、西之京、斑鳩、平城宮跡區間

02各交通系統區間：

大阪地鐵（大阪市交通局）：大阪市營地鐵、巴士全線

京阪電車：京阪電車全線（大津線、石清水八幡宮參道纜車除外）

京都地鐵：京都地鐵全線

多少錢 依各版而異。大阪地鐵版￥2100、京阪電車版￥2100、京都地鐵版￥2100。

哪裡買 必須在該版本系統的車站內購票，關西機場並無售票。詳見官網。

要注意 發行公司不同，故大阪的票券只能在大阪買到，其他地方也是如此。另外京都市巴士沒有合作，不在適用範圍。

〉優缺大比拚〈

優	缺
●除了近鐵、奈良交通巴士，還可利用地鐵等系統	●適用範圍廣大，行程需安排恰當
●可串聯大阪、京都、奈良	

小結

此票券組合很多，可依個人需求選擇。建議以住宿地為根據，看看到近鐵站還要搭什麼車，如果有合作版本的話就買那一種；若不需轉乘，那就選近鐵1日、2日券。另外，雖然可以到許多景點，但千萬別貪心，否則反而會增加轉車麻煩。

認識京阪神

行前準備

機場介紹

當地交通

主題旅遊

常見問題

廣域 優惠票券

關西地區鐵路周遊券

Kansai Area Pass

 坐多遠

通行於京都、大阪、神戶、奈良、姬路、滋賀等縣。使用期限內可以無限次搭乘範圍內JR西日本的普通車、快速、新快速以及特急HARUKA的指定席，但不可搭乘新幹線與其它特急列車。票券分為1~4天版，必須連續使用。

 多少錢

一日券¥2400、二日券¥4600、三日券¥5600、四日券¥6800，6~11歲兒童半價。

 哪裡買

01事先購票：
於台灣代理店購買付費，取得兌換券(MCO)後再至兌換地填寫表格、換票。
兌換地點：關西機場、京都、新大阪、大阪、三之宮、奈良、和歌山各站的綠色窗口。
02網路訂票：
於預計使用日的1個月前起在JR網頁直接訂購，並以信用卡付款，抵達日本後於指定車站攜帶付款信用卡、護照，與預約編號兌換。
兌換地點：關西機場、京都、新大阪、大阪各站的綠色窗口。
03現場購票：
在JR西日本各大車站填寫表格並出示護照即可購買。購票地點詳見官網。

新手看這裡

JR PASS須知
針對外國人的PASS一般會先在海外購買，可以透過代理的旅行社買到。在台灣會先買到一張兌換券，抵達日本後，在JR綠色窗口兌換成可以使用的車票。最後，這類PASS大多是大範圍移動才會真正划算。如果你只打算在某個城市定點旅遊，那麼地鐵一日券等可能比較適合喔！

 要注意

三個月內兌換：兌換憑證須在發行後三個月內兌換
需加購特急券：不可搭乘新幹線，要搭乘特急HARUKA以外的特急列車需加購特急券。
記得帶護照：票券限本人使用，記得隨身攜帶護照以備查驗。
使用時要注意：PASS可能是單張磁卡，也可能是由硬卡紙與磁卡組成。若為後者，直接使用即可，把磁卡從硬卡紙上取下即算失效。遺失或損壞不另外補發。

關西地區
鐵路周遊券

優缺大比拚

優	缺
●票價划算。利用JR長距離移動	●必須連續使用，需做好行程規劃才可將票券利用到極致
●JR站內的單車租借店「EKIRIN」也適用此票券，到姬路城觀光很實用	●只能搭乘JR系統，在京都並不方便

小結
要在關西主要都市間往來的話很實用，但記得試算總車資，以免買了卻浪費優惠，若是要搭乘特急HARUKA前往新大阪或京都，只買一日券也可回本。

關西廣域鐵路周遊券
Kansai WIDE Area Pass

 坐多遠

開始使用的5天內可無限次搭乘JR西日本的普通車、快速、新快速，各台特急列車的自由席。與關西地區鐵路周遊券相較，和歌山方面延伸至白濱、新宮，兵庫地方則連到福知山、城崎溫泉，還多了兒島到高松的路段，串聯四國更便利。此外，也能搭乘新大阪～岡山的山陽新幹線自由席。

 多少錢

大人¥10000、6~11歲兒童¥5000，於JR車站直接購買需¥11000、6~11歲兒童¥5500。

 哪裡買

購買方式可參見關西鐵路周遊券，兌換地點請見以下。

事先購票的兌換地：關西機場、京都、新大阪、大阪、三之宮、奈良、和歌山、福知山、鳥取、高松、岡山各站的綠色窗口。

網路訂票兌換地點：京都、新大阪、大阪、關西機場各站的綠色窗口。

現場購票地點：關西機場、京都、大阪、新大阪等主要車站外，還有許多地點，詳見官網。

 要注意

這些車不適用：東海道新幹線、山陽新幹線(岡山～博多)、九州新幹線(博多～鹿兒島中央)與高速巴士

可搭乘這些特急列車：HARUKA、KUROSHIO(黑潮號)、THUNDERBIRD(雷鳥號)、KOUNOTORI(東方白鸛號)、SUPER HAKUTO(超級白兔號)的指定席(需事先預訂座位)

三個月內兌換：兌換憑證須在發行後三個月內兌換

記得帶護照：票券限本人使用，記得隨身攜帶護照以備查驗

關西廣域鐵路周遊券

 新手看這裡

JR WEST PASS的使用方法

取得票券後先核資料有無錯誤。票券若為紙本則搭乘時請走有站務人員的通道，並出示票券，若為單張磁卡車票，走自動改札檢票即可。首次使用時站務員會蓋上日期戳章，使用期限中可自由進出站、搭乘該票券能坐的車種，不需另外購票。

優缺大比拚

優	缺
●交通網涵蓋關西地區以及岡山、高松、城崎溫泉、天橋立、鳥取、貴志、白濱、紀伊勝浦等周邊地區	●主要遊玩地在市區的話並不適合
●票券內容還包含JR巴士部分路線及單車租借店「EKIRIN」	●必須連續使用，需做好行程規劃才可將票券利用到極致
	●不能搭乘東海道新幹線，因此無法利用新幹線從大阪到京都

小結

關西地區除了京阪神以外還有許多地點，想深入大關西或是感受不同風光，來一趟廣域大旅行的話，買這張最划算。

認識京阪神

行前準備

機場介紹

當地交通

主題旅遊

常見問題

阪急全線乘車券
HANKYU TOURIST PASS

坐多遠 外國遊客才能購買的阪急全線乘車券，能夠搭乘阪急電車全線列車，不管普通、特急等都沒問題，最遠能到京都河原町、神戶三宮，連嵐山、寶塚、箕面也能到達，而且使用時也很方便，只要將票卡插入改札口、記得取卡就好。

多少錢 一日券￥700、二日券（不需連續）￥1200，無兒童票。

哪裡買 台灣各大旅行社、關西機場的KTIC櫃台、阪急梅田1F的阪急旅客服務中心、京都河原町的阪急京都旅遊諮詢服務中心等，詳見官網。購票時需出示護照，一人限購一張。

要注意 **直通運轉**：只可乘坐阪急電鐵，因此與阪急神戶線直通的「神戶高速線」、與阪急京都線直通的「大阪地鐵堺筋線」都不適用，乘坐的話需另外付費。

有效期限：有效期限為一年，每年4月1日重新販售年度票券，也就是說購得的票券只能使用到隔年4月底前。

不可退票

阪急全線
乘車券

優缺大比拚

優	缺
●範圍涵蓋京阪神主要觀光地區	●只能使用阪急電鐵。大阪只有北區有阪急線路，要到南區的心齋橋、難波、天王寺都需轉乘地鐵
●二日券可在不連續的兩天使用，便於彈性利用	●至當天末班車為止，非24小時計
●價格划算。大阪梅田～京都單程￥580，若是再到嵐山一趟加上市區來回，就已回本	

小結
阪急線路涵蓋京阪神，適合以大阪為據點，想到京都、神戶、寶塚等近郊來一趟旅行的人，而且二日券可不連續使用，是玩京阪神不會跑太遠的最佳選擇。

133

關西周遊卡
KANSAI THRU PASS (KTP)

記得取卡：放入卡片後記得要抽回，因為遺失並不能補發。

出示卡片：如果是沒有改札口的小站，出站時出示卡片即可。

注意這些路線：有些適用系統只可乘坐部分路段，如：叡山地鐵、近畿日本鐵道、京阪巴士、阪急巴士、阪神巴士、近鐵巴士，使用前記得確認可乘坐範圍，否則需要另外補票。

需加購特急券：要搭近鐵、南海電鐵、泉北高速鐵道的特急列車時，需另外加購特急券。

這些都不能搭：JR、利木津巴士、高速巴士、深夜急行巴士、叡山纜車等。

 坐多遠

只要有「スルットKANSAI」標記的改札口都可使用，京都、大阪、神戶、比叡山、姬路、和歌山、奈良、高野山的電車、地鐵與巴士，範圍幾乎涵蓋整個關西地區，可惜的是不能搭乘JR與某些觀光纜車。每張KTP都會附一份適用路線地圖及優惠券，許多設施、寺廟都有門票折扣或小禮物的優惠，例如宇治平等院憑優惠券就會贈送遊客一份精美明信片。

可在卡片效期內（每年4月1日～隔年5月31日有效）任選三天使用（不需連續）。

 多少錢

海外購買二日券￥4380、三日券￥5400。另有兒童券（6～12歲），票價為成人的一半。

 哪裡買

01可持護照在以下地點購買：

關西機場：第一航廈的KTIC櫃台、南海電鐵關西機場售票窗口

旅遊服務中心：JR大阪駅、阪急梅田駅、難波站、新大阪站與京都塔3樓的KTIC櫃台

JR京都駅前的巴士售票中心

02也可以先在台灣的旅行社購買：

雄獅旅遊、KKday等，都可以直接購買KTP，不需再兌換。

關西周遊卡

新手看這裡

關西周遊卡聰明用

購買關西周遊卡後準備從機場進入大阪市區，記得利用南海電鐵的空港急行最划算。因為周遊卡不適用JR系統，如果要搭JR特急HARUKA必須另外購票，不如選擇搭乘南海電鐵，利用周遊卡可以直接乘坐空港急行，就算想搭特急Rapi:t，也只要多買￥520的特急券就可搭乘。

優缺大比拚

優	缺
●範圍涵蓋整個關西地區，使用日期彈性	●不可利用JR系統、高速巴士等
●事先購買不需兌換，使用時如普通車票檢票即可。	●需分得清楚使用路線

小結

KTP二日券售價￥4380，也就是說單日超過￥2190才可回本，行程集中市區的話車資通常不會這麼高，建議打算搭私鐵跨城市遊玩的人再進一步考慮，試算車資、車程後再決定。

認識京阪神

行前準備

機場介紹

當地交通

主題旅遊

常見問題

近鐵周遊券

KINTETSU RAIL PASS

 坐多遠

關西東部（奈良、三重至名古屋等地）的鐵道交通，除了JR之外，幾乎是近鐵電車的天下。為了外國旅客量身訂做的近鐵周遊券範圍涵蓋大阪、京都、奈良、三重、名古屋，可以在開票後5天內不限次數使用近鐵列車與伊賀鐵道全線。分為以下兩種版本：

KINTETSU RAIL PASS：可在5天內自由搭乘近鐵列車與伊賀鐵道，還隨票附贈觀光設施優待券。

KINTETSU RAIL PASS PLUS：除了KINTETSU RAIL PASS的功能外，並可自由搭乘奈良的奈良交通巴士、伊勢志摩的三重巴士、鳥羽的海鷗巴士。

 多少錢

海外購買一般版￥3700，PLUS版￥4900，6~11歲兒童半價。

 哪裡買

01可持護照在以下地點購買：

近鐵車站：大阪難波駅、大阪上本町駅、大阪阿部野橋駅、京都駅、近鐵奈良駅、三重的津駅、近鐵名古屋

KTIC櫃台：關西機場、京都塔

Bic Camera：難波店、Q's Mall店、京都店、名古屋店西店

02事先在台灣購票：

在台灣可向旅行社洽詢並購得兌換券，入境日本再至大阪難波、上本町、阿倍野、京都、近鐵奈良等近鐵車站的窗口出示兌換券及護照換票。

 要注意

需加購特急券：必須要加購特急券才可利用此票券搭乘近鐵特急列車

退票限制：尚未兌換的兌換券只能向原購買單位退費，兌換後的票券只能在未使用前退費，且需扣除手續費(僅限在車站窗口購買且尚在效期內的票券，在網站或旅行社購買，兌換後則無法退票)。

〈 **優缺大比拚** 〉

優	缺
●涵蓋大阪、京都、奈良、三重等地	●需分得清楚使用路線
	●神戶不在使用範圍內
●PLUS版還可利用奈良交通巴士	

小結

這兩張近鐵周遊券的差異就是巴士，想利用當地巴士，那就購買PLUS版。如果只會在大阪、京都、奈良短暫遊玩，可以與JR周遊券的一日券比較選擇，要是預計待上兩三天，儘管近鐵車程較慢，售價與天數相較仍便宜，不妨考慮購買。

另外，打算到三重、伊勢志摩的話，選擇近鐵票券準沒錯。

車站介紹

JR大阪駅

京阪神是關西地方的主要都會區，交通便利，學生、上班族以外，還有來自世界各地的觀光客也在其中，車站人流十分可觀，更有不少轉乘大站涵蓋多條鐵道線路，站體複雜程度不在話下。大阪、南海難波、天王寺、京都、四條‧烏丸、三宮都是觀光客常利用的幾個車站，出發前先認識這些車站、掌握基本概念，就不怕迷失方向了。

北區的梅田一帶是大阪的交通樞紐，JR大阪駅、阪急梅田駅、阪神梅田駅在此交會，還有御堂筋線、四つ橋線、谷町線三條地下鐵，可以通往市區各地。梅田也是熱鬧的商業區，高層百貨以外，還可見到突出於頂樓的紅色摩天輪。車站地下更有日本最早的車站地下街，逛街與搭車的人潮川流不息，是西日本最繁忙的車站。

出口指南

大阪駅共有6個出口，可串聯商店街前往不同系統的車站，因此出站前務必要先確認好出口，沿途更是必須緊盯引導指標，否則很容易迷失。

Check 1

中央口

中央口可分為南、北兩處。中央南口方向除了串連大丸百貨、大阪格蘭比亞飯店外，南口外圍還是大阪駅最熱鬧的區域，從這裡也可以前往地下鐵四つ橋線、谷町線及阪神梅田駅，大阪市區巴士站。

中央北口則位在2樓，可聯絡Grand Front Osaka、梅田藍天大廈等地，而一樓往中央北口方向還可通往LUCUA百貨、Yodobashi梅田，另外也可通往阪急梅田駅、JR高速巴士站。

認識京阪神

行前準備

機場介紹

當地交通

主題旅遊

常見問題

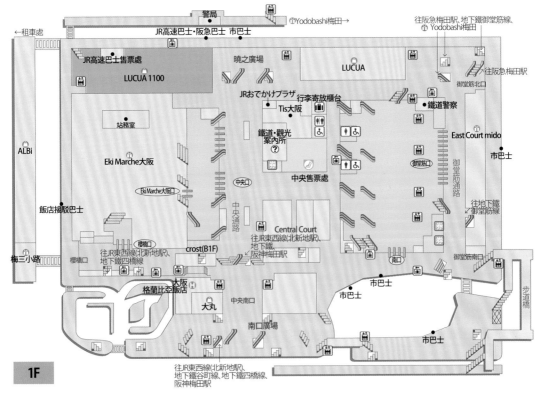

1F

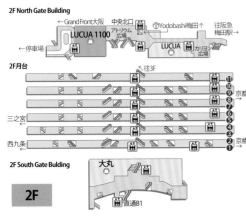

2F North Gate Building

2F月台

2F South Gate Bulding

2F

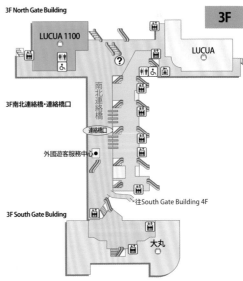

3F North Gate Building

3F

3F南北連絡橋・連絡橋口

3F South Gate Bulding

御堂筋口

大阪駅的鬧區大約分佈在站體的東側及南側，除了中央南口外，另一個人潮也很多的出口便是東側的御堂筋口，一樣可分為南口、北口，可串聯阪急電鐵梅田駅、地下鐵御堂筋線及大阪市區巴士站等。

櫻橋口

相較於通往主要商區的中央口、御堂筋口，橋口主要連接地下鐵四つ橋線，也通往梅田循環巴士、飯店接送巴士乘車處及梅三小路，另外也有站內的商場Eki Marche。

出口 方向	中央口	御堂筋口
北口	LUCUA商場、Grand Front Osaka、Umekita廣場、JR高速巴士總站、阪急巴士站、梅田藍天大廈	阪急梅田駅、YODOBASHI梅田、新阪急飯店、茶屋町、阪急三番街
南口	大丸百貨、格蘭比亞飯店、阪神百貨、阪神梅田駅、市區巴士站、E-ma購物中心 沿地下商店街可連結地下鐵四つ橋線、谷町線及地下街WHITY與DIAMOR	阪急百貨、EST購物中心、Hep Five、地下鐵御堂筋線

地下街

大阪駅除了地面出口以外，還可以連接周邊的地下街。地下商店街以阪神百貨為界，以東為WHITY うめだ（ホワイティうめだ）、以西為DIAMOR（ディアモール），串聯了周邊商場及百貨。通往地下街的方式有很多，簡單來說的話，御堂筋南口徒步3分可至WHITY，DIAMOR則可從中央南口接地下通道、通過阪神百貨後可達，徒步約5分。

找路訣竅：地下街南北向道路以英文字母標示、東西向以數字代表，其後的數字則指與入口的距離（1=7公尺），如「H-40」是南北向道路、距離入口280公尺處，「3-1」則是東西向道路、離入口7公尺處。

找路網站：還有梅田地下街專用的找路網站「Umechika Navi」。只要輸入關鍵字或點選地圖，設定起點（スタート地点に設定）、目的地（ゴール地点に設定），就會出現最短路線了。

大阪駅專屬網站

大阪駅除了車站本身，還有南北兩側的共構商場，被合稱為Osaka Station City，龐大的結構難免讓人抓不準方向，因此還設有專屬網站，站內平面圖、周邊交通、百貨店家等各項資訊都在其中，還可以連接到站內置物櫃位置搜索頁面，另外也有優惠券提供給訪客，不妨多多利用。

Osaka Station City

龐大的梅田地下街

大阪駅・梅田一帶的地下街四通八達，地下街內更隱藏許多名店，但龐大的規模、複雜的通道使得找路成為一大問題，就連當地人都可能會迷路。來到梅田，建議盯緊上方的指標前往目的地，萬一迷路就趕緊開口問人，因為地下街複雜程度可能會讓人離目的地越來越遠，若還是無法找到路，最好就直接上至地面，較能夠搞清楚方位。

地下街找路實用工具

除了找路用的網站「Umechika Navi」以外，梅田的地下街包括WHITY、DIAMOR都有專屬的網站，不但可以查找商店資訊，也有地下街內的地圖可利用，需要的話也可以多加利用，相信會有不少幫助。

Umechika Navi

WHITY

DIAMOR

認識京阪神

行前準備

機場介紹

當地交通

主題旅遊

常見問題

置物櫃指引

大阪駅的置物櫃大約有20處，分設置在1樓及3樓的區域，但3樓僅有2處，所以置物櫃幾乎都在1樓區域，置放一天視置物箱大小￥400~700。因為置物櫃分散在車站內外不同地方，找到櫃子之後，也別忘了記好位置在哪一區。

Check 1

善用檢索機

除了靠自己人工尋找置物櫃，也可以善加利用機器。大阪駅設有「大阪駅ICOCAロッカー檢索」，可以找出各樓層空著的置物櫃喔！

檢索機位置：中央口附近、御堂筋北口、御堂筋南口各設有一台，另外站內資訊檢索機也有置物櫃搜尋功能喔。

檢索機怎麼用：檢索機操作非常簡單，只需要按幾下就可以知道哪裡有空置物櫃，以下用大阪駅的檢索畫面解說。

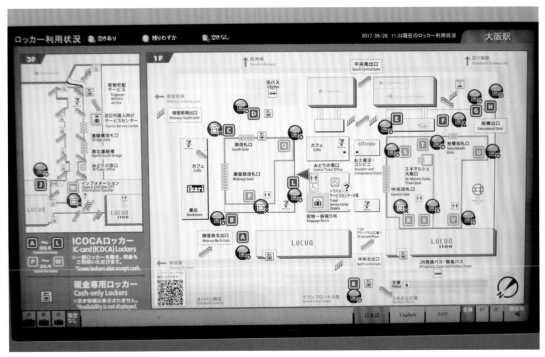

Point 1 選擇置物櫃大小、樓層（語言可選擇日文或英文）

Point 2 點選圖示確認置物櫃空餘數量（圖示顏色具意義，綠色：有剩、黃色：所剩不多、紅色：已滿）

Check 2 改札口外

中央改札出來直走，綠色窗口旁通道設有超過200個置物櫃，這裡是置物櫃最多的一區。其實置物櫃大多位在出口旁，中央口、御堂筋口方向數量很多，但這兩個出口人流量大，若沒有空位，建議到人潮相對較少的櫻橋口，這裡反而容易有空位。

長時間利用：如果想長時間寄放，可以到御堂筋南口外尋找D區置物櫃，這裡的置物櫃最長可寄放3天，以每天凌晨2:00為界計算天數，依大小每天收取￥400、￥500、￥700。

Check 3 改札口內

改札口內也有不少置物櫃，尤其是中央改札一帶，進到札口內就可以看到沿著通道設置的置物櫃，雖然位置較分散，但其實距離都不遠，加起來數量也不少，也很方便。

Check 4 寄物櫃台

置物櫃以外，1樓御堂筋口方向、LUCUA百貨對面還設有寄物櫃台，服務時間為8:00~20:00，價格為一個¥800。日本旅行TiS大阪分店則有預約制的寄物櫃台，服務時間為11:00~19:00(現在服務暫停中)。

Check 5

找到置物櫃後，發現不是傳統的鑰匙型鎖櫃，一時不知道該怎麼使用？智慧型的置物櫃機台雖然類型略有不同，操作方式大致相同，快看看以下解說。

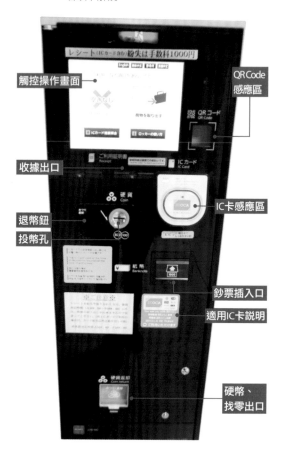

觸控操作畫面
QR Code 感應區
收據出口
退幣鈕
投幣孔
IC卡感應區
鈔票插入口
適用IC卡說明
硬幣、找零出口

新手看這裡

搜索置物櫃

找到檢索機以外，也可以善加利用網路查詢置物櫃位置，以下就附上大阪駅的置物櫃檢索頁面，以及全日本車站的置物櫃搜索網站コインロッカーなび(Coinlocker Navi)。

Coinlocker Navi

大阪駅的置物櫃位置

寄物

Step 1

找到亮著綠燈的置物櫃、放入行李，下扣壓鎖成紅色上鎖狀態

Step 2

於操作畫面點選、確認所用的置物櫃

Step 3

選擇支付方式，投現金或感應ICOCA付費

Step 4

拿取零錢、利用證明書（或收據），付現的話紙上會有密碼或QR code，怕弄丟可以先用手機拍照存好，就可以繼續旅程了

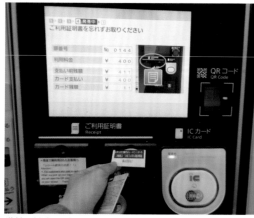

備註：其實不論東、西日本，JR的電子置物櫃使用方法大致相同，故此處搭配東京上野駅的使用畫面，予以參考。

取物

Step 1

找到置物櫃，點選畫面上的「荷物を取り出す」

Step 2

依照寄物時的付費方式，若是以IC卡付費就選擇「ICOCA」，或選擇現金付費選項（「お荷物取り出し券」）

Step 3

如果是以ICOCA付費的話，感應ICOCA就可迅速解鎖

Step 3

付現金的話，拿出付費後取得的證明書，感應QR code即可解鎖

Step 4

確認畫面解鎖的櫃子號碼，到置物櫃取出物品就可以了

認識京阪神

行前準備

機場介紹

當地交通

主題旅遊

常見問題

141

乘車指南

以放射狀鐵道延伸的JR大阪駅，是前往關西各地的轉運點，不論是京都、神戶、和歌山、奈良，從這裡轉乘都很便利。

Check 1
基本上1樓是改札口與通道，進入改札後2樓是電車月台，3樓則是串聯不同月台及前往中央南、北口的通道。車站呈東西向，除中間的鐵道月台外，南北兩側與商場大樓共構，再加上地下商店街串聯其他車站，看好指標再行動很重要。

Check 2
共有13條路線、11個搭車月台，再加上周邊串聯5個車站，幾乎想往哪邊都有路線串聯。大阪環狀線月台位在1號（內回、往西九條・弁天町）、2號（外回、往京橋・鶴橋）。

善用車內資訊

電車上大多會有電子螢幕，下車前會有停靠站名稱供確認，較新型的列車還會有車站資訊，能夠確認轉乘路線。不過京阪神地區目前只有大阪地下鐵的電子螢幕系統較新穎，JR普通車、京都及神戶地鐵系統都還在陸續更新，但至少會有停靠站及路線圖，也可用以確認。

Check 3
大阪駅以一般電車、快速線、急行及寢台夜車為主，若需搭乘新幹線，必須多搭一站前往新大阪駅，那裡才有新幹線。

月台與對應路線
1號：ゆめ咲き線（往日本環球影城）、関西空港線、大和路線、阪和線、大阪環狀線（內回、往西九條・弁天町）
2號：大阪環狀線（外回、往京橋・鶴橋）
3、4號：福知山線（特急こうのとり、往福知山・城崎溫泉）、JR宝塚線・福知山線（往篠山口・福知山）、JR神戶線（往三ノ宮・姬路）
3號：特急スーパーはくと（超級白兔號、往鳥取）
4號：播但線（特急はまかぜ、往城崎溫泉・香住）
5號：JR神戶線
6號：JR神戶線、JR宝塚線（普通）
7~10號：JR京都線（往新大阪・京都）
11號：往北陸・東海方面特急列車、往東京・新潟方面寢台特急

周邊車站交通指南

　　以JR大阪駅為中心，可以串聯的就有阪急、阪神的梅田駅、3條大阪市地鐵，光是運用這些鐵路及地鐵線，幾乎就可抵達所有想去的地方，當然市區巴士、長途高速巴士及機場巴士，也都可在車站周邊搭乘。

電車轉乘

　　除了JR大阪駅以「大阪」命名，其他私鐵、地下鐵大多是以「梅田」來命名，若要轉乘，確認站名之外，務必注意路線名稱的指標，以免走錯。

❶ 阪急電鐵梅田駅：阪急神戶線、京都本線、寶塚線

　　從JR大阪駅御堂筋北口可以連接阪急車站，依據路線可通往神戶、大阪、京都各地。

01阪急神戶線可前往神戶的三宮、新開地等站。

02京都本線可以串聯大阪與京都的嵐山、河原町地區。

❷ 大阪地下鐵梅田駅：御堂筋線

　　御堂筋線通過大阪市區的各個主要商圈，可以前往心齋橋、難波等站。從JR大阪駅御堂筋南口轉乘。

❸ 阪神電車梅田駅：阪神本線

　　從JR大阪駅中央南口接地下通道，就可以抵達阪神車站。利用阪神本線可以前往神戶三宮、元町、甲子園等站，是除了JR系統以外，串聯阪神地區的主要私鐵。

❹ 大阪地下鐵東梅田駅：谷町線

　　谷町線可以前往天滿橋（天滿宮）、天王寺、阿倍野等站。東梅田駅出站則可抵達露天神社，可從JR大阪駅中央南口連結。

❺ 大阪地下鐵西梅田駅：四つ橋線

　　四つ橋線可以前往四ツ橋駅，出站可以通往南堀江、心齋橋、美國村一帶，也可以抵達難波一帶。一樣可從JR大阪駅中央南口連結。

❻ JR北新地駅：東西線

　　北新地駅在梅田地區一般較少利用，但一樣可藉地下通道與大阪駅、地下鐵梅田及阪神電鐵相連。路線方面則可利用東西線前往寶塚、三宮、尼崎一帶。

143

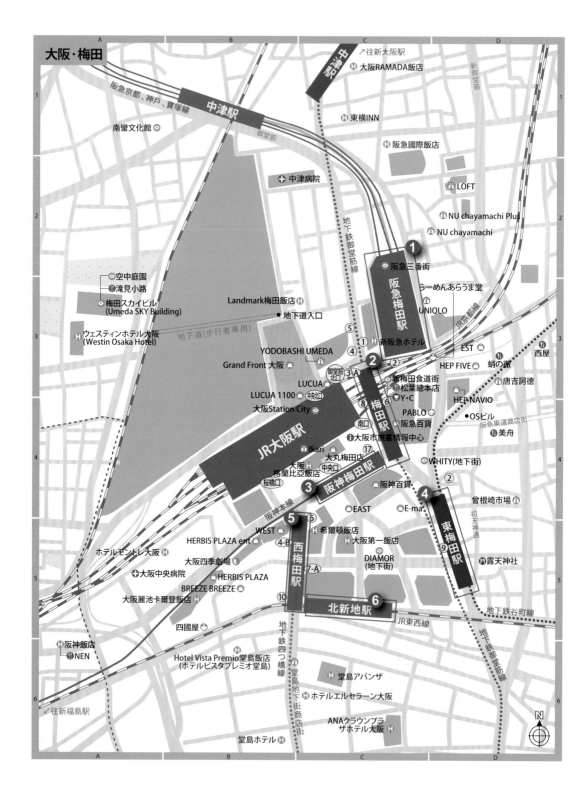

大阪・梅田

中津中

阪急京都、神戸、寶塚線

中津駅

御堂筋

大阪RAMADA飯店

東横INN

南蠻文化館

阪急國際飯店

中津病院

LOFT

NU chayamachi Plus

NU chayamachi

1

阪急三番街

らーめんあらうま堂

空中庭園

滝見小路

梅田スカイビル
(Umeda SKY Building)

Landmark梅田飯店

UNIQLO

地下道入口

阪急梅田駅

ウェスティンホテル大阪
(Westin Osaka Hotel)

地下道(歩行者専用)

(5)

新阪急ホテル

EST

西屋

YODOBASHI UMEDA

(1)

(4)

2

(2)

唐吉訶德

HEP FIVE

蛸の徹

Grand Front 大阪

御堂筋

3 A

北口

新梅田食道街

松葉總本店

Y・C

HEP NAVIO

LUCUA

中央北口

(8)

(6)

梅

OSビル

LUCUA 1100

田

PABLO

大阪Station City

中央南口

駅

阪急百貨

美舟

阪急東通商店街

JR大阪駅

Ikari

南口

大阪市旅客情報中心

大丸梅田店

(17)

WHITY(地下街)

格蘭比亞飯店

大阪

中央口

(2)

3

桜橋口

阪神梅田駅

阪神百貨

4

曾根崎市場

阪神本線

EAST

E-ma

東梅田駅

初天神通

5

(5)

希爾頓飯店

(9)

露天神社

WEST

大阪第一飯店

DIAMOR
(地下街)

HERBIS PLAZA ent

(4-B)

西

ホテルモントレ大阪

大阪四季劇場

梅

大阪中央病院

HERBIS PLAZA

田

(7-A)

駅

6

BREEZE BREEZE

(10)

北新地駅

大阪麗池卡爾登飯店

JR東西線

地下鉄谷町線

四國屋

地下鉄四つ橋線

地下鉄御堂筋線

阪神飯店

NEN

Hotel Vista Premio堂島飯店
(ホテルビスタプレミオ堂島)

堂島アバンザ

往新福島駅

ホテルエルセラーン大阪

ANAクラウンプラ
ザホテル大阪

堂島ホテル

N

認識京阪神

行前準備

機場介紹

當地交通

主題旅遊

常見問題

公車

梅田循環巴士（UMEGLE）：從大阪駅東側出發繞行梅田地區的循環巴士，途經Grand Front Osaka、阪急梅田駅、茶屋町、西梅田、北新地駅等地。單程大人￥100，一日乘車券￥200，兒童半價。

梅田循環巴士

市區巴士：從大阪駅出發的市區巴士，主要搭乘地在御堂筋南口（阪急百貨前巴士總站），平均15~30分鐘一班車，單程￥210、小孩￥110。

巴士站點	站牌號碼	目的地與車號
大阪駅 御堂筋南口	1~3	往【難波】8・75 往【船津橋、天保山、住吉車站前】53・88・62
	7~9	往【花博紀念公園北口、西島車庫前、北港ヨットハーバー】83・56・59 往【守口車庫前】34・78
	10~12	往【中島二丁目、福町、榎木橋】42・92・41 往【西島車庫前、野田阪神前】43・58

觀光巴士：

01 OSAKA SKY VISTA

由近鐵巴士營運的觀光巴士OSAKA SKY VISTA，出發站就在大阪駅（中央北口JR高速巴士總站），路線分為北圈（梅田）跟南圈（難波）2條路線，每趟時間約1小時。

OSAKA SKY VISTA

02 大阪周遊巴士(Wonder Loop)

大阪周遊巴士是周遊大阪城、心齋橋、難波、梅田等14個知名景點的觀光巴士，車上有免費wifi，還有導遊介紹，除了可不限次上下車，還可以免費搭乘大阪巡迴觀光船，另外還有不少優惠。巴士運行時間為9:00~16:35，一天6班車，約每70分鐘一班車，起訖站

©Osaka Wonder Loop

在大阪城公園駅鄰近的「新大谷飯店」上下車。

❶ 現暫停營運中

大阪周遊巴士

長途高速巴士：由大阪出發的長途巴士，主要可在大阪、梅田、東梅田駅乘車，分為阪急、近鐵及JR三大巴士系統，各巴士公司的搭車位置點不同，需多加注意。

公司	巴士站點	方向	主要目的地
阪急 巴士	阪急梅田駅（阪急三番街）	關東、東海	東京、橫濱、千葉
		信州	長野、松本、諏訪・茅野、伊那・箕輪
		北陸	富山、福井
		近畿	宮津・峰山、津名・洲本、有馬溫泉、城崎溫泉
		中國	松江・出雲、新見・三次
		四國	高知、松山・八幡濱、高松、德島、阿波池田
JR 巴士	大阪駅（中央北口JR高速巴士總站）	關東	東京、新宿、橫濱、迪士尼、町田
		東海	名古屋、岐阜、濱松、靜岡
		北陸、信州	金澤、富山、長野
		關西	神戶、白濱、有馬溫泉
		四國	松山、高知、德島、高松
		中國	西脇、加西、津山、廣島
近鐵 巴士	大阪駅前站（地下鐵東梅田駅）	關東	東京、新宿、迪士尼、宇都宮、水戶
		甲信、東海	甲府、輕井澤、小諸、靜岡、富士山、御殿場、小田原
		中部、近畿	郡上八幡、飛驒高山、新穗高
		東北	郡山、仙台、福島
		中國、四國	福山、府中、德山、中村
		九州	長崎、別府、熊本

阪急巴士 🌐 www.hankyubus.co.jp/
西日本JR巴士 🌐 www.nishinihonjrbus.co.jp/
近鐵巴士 🌐 www.kintetsu-bus.co.jp/highway/routelist/

利木津巴士（リムジンバス）：前往關西機場的利木津巴士由阪急巴士及JR巴士營運，阪急機場巴士搭乘口在阪急梅田駅（新阪急飯店前），JR的巴士則一樣在大阪駅中央北口的JR高速巴士站購票、乘車。

大阪駅不僅與大丸、LUCUA等百貨相連，還可通往店家、美食集中的地下街，就算不是轉車，也一定要來這裡逛逛。

LUCUA osaka

主打女性流行時尚的LUCUA osaka分為 LUCUA 和 LUCUA 1100兩間百貨，命名來自Lifestyle(生活風格)的「L」，Urban(都會的)的「U」，Current(流行的)的「Cu」，Axis(軸線)的「A」，意在為上班族女性提供流行的購物環境，而鮮豔的紅莓色店LOGO則代表女人味的色彩。與JR大阪駅連結，交通非常便利，提供顧客多元化的選擇。

大阪駅1F（中央北口） 購物 10:30~20:30，10F餐廳11:00~23:00，B2Fバル チカ11:00~23:00 不定休 www. lucua.jp/

逛百貨
大阪駅‧梅田

LUCUA osaka
阪神百貨梅田本店
阪急百貨梅田本店

阪急百貨梅田本店
阪急うめだ本店

1929年創立的阪急梅田本店，2006年開始陸續改裝，2011年完工，1~6樓通通鎖定女性消費群，各種年齡層的女性皆能夠在此找到所需，5F還設有BVLGARI IL Café，讓你享受貴婦般等級的下午茶，另外如果沒有時間買京阪神特產，在地下一樓就可將關西知名老舖一網打盡。

大阪市北區角田町8-7 10:00~20:00，12F、13F餐廳 11:00~22:00 不定休 www. hankyu-dept.co.jp 出示護照至B1樓海外旅客服務中心，可領取5%off的優惠券。

阪神百貨梅田本店

如果由阪神電鐵的地下街來到阪神百貨，很容易就會被吸引，因為每天早上一開門，地下的美食總是吸引了長長的排隊人潮，無論甜點、元老級的花枝燒，或是獨家的鮮魚賣場，走大眾化路線的阪神百貨梅田本店早已經成為大阪人生活的一部分。

大阪市北區梅田1-13-13（阪神梅田駅） 購物10:00~20:00，9F餐廳11:00~22:00 不定休 www.hanshin-dept.jp

🍴 0秒レモンサワー 仙台ホルモン 焼肉酒場 ときわ亭 お初天神店

與仙台人氣餐廳常盤亭合作的都會型燒肉酒場，之所以取名為0秒檸檬沙瓦，是因為每張桌子旁邊都附有可隨時自助倒出檸檬沙瓦的機器，只要扭動檸檬造型的水龍頭，想喝多少自己倒，無需等待。另有酸甜苦辣等10種口味的檸檬糖漿，每桌可任選兩種到四種，依照自己的喜好調整酸度甜度甚至苦味，找出最適合自己的口味，2019年12月第一家店開幕後就大受歡迎，單點最便宜的一盤肉在¥500以內，對於吃不多，但想暢飲聊天的人來說相當划算。

🏠 大阪市北區曾根崎2-8-12 サンプラザ曽根崎 B1F 🕐 16:30~23:30(餐點L.O.22:30，飲料L.O.23:00) 💲 90分鐘吃到飽＆檸檬沙瓦喝到飽¥3300，單點＋¥500檸檬沙瓦60分鐘喝到飽 🔗 zero-tokiwa.com

🛍 阪急三番街

與阪急梅田駅直接的阪急三番街，是結合購物與美食的新據點。但比起四周林立的各大百貨公司，阪急三番街是以B2的美食街來得較為出名。在B2聚集了來自全日本（大多以京阪神為主）超過80家以上的名店，成為梅田著名的美食地下街。而且整個三番街整潔明亮，定點還會有藝術造景，環境十分舒適。

🏠 大阪市北區芝田1-1-3（阪急梅田直接，大阪駅御堂筋北口徒步約1分） 🕐 餐廳10:00~23:00，購物10:00~21:00，依店家而異 🔗 www.h-sanbangai.com

---

吃美食
大阪駅・梅田

0秒レモンサワー 仙台ホルモン
焼肉酒場 ときわ亭
EKI MARCHE OSAKA
阪急三番街
らーめんあらうま堂

🍴 EKI MARCHE OSAKA

位在大阪站內的EKI MARCHE裡除了服飾、生活雜貨以外，更讓人眼睛為之一亮的是各式各樣的大阪美食，包括蛋包飯老店「北極星」、居酒屋「博多ぐるぐるとりかわ 竹乃屋」、平價壽司「回転寿司がんこ」，還有來自博多的拉麵一幸舍、牛腸鍋やまや以及仙台的利久牛舌，另外也有不少便當、惣菜的專賣店，可說是最便利的用餐地點了。

🏠 櫻橋口旁 🕐 餐飲約11:00~23:00 🔗 www.ekimaru.com/

🍴 らーめんあらうま堂 梅田一番街店

位於阪急梅田駅旁的らーめんあらうま堂雖然不太好找，每到用餐時間卻依然吸引了排隊人潮，招牌拉麵有醬油、味噌或清爽鹽味等三種口味可選擇，每一種的湯頭都是以豚骨細火慢燉而成，雖然濃厚卻沒有腥味，最受歡迎的配料是入口即化的叉燒肉，可以選擇腿肉或五花肉，此外還可自己去拿取免費的泡菜。

🏠 大阪市北區角田町9-36 🕐 11:00~23:00 💲 あらうまらーめん(燒豚拉麵)¥830

認識京阪神
行前準備
機場介紹
當地交通
主題旅遊
常見問題

南海難波駅

難波是大阪南部的交通中心,JR、地鐵、南海電鐵、阪神電鐵等私鐵匯集,也是前往關西機場、和歌山、奈良的要道。南海難波駅更因為可直通關西機場,對旅客而言尤為重要,四通八達的聯外網路也吸引商場、百貨,還可一路輕鬆徒步直達道頓堀和心齋橋,一次逛遍大阪南區精華。

出口指南

南海難波駅是大阪連接關西機場的重要車站,距離周邊商圈也很近,站內主要改札為3樓的北改札口、2樓的中央改札口及南改札口,出口依方位劃分,較常利用的是北口及東口,與JR大阪駅相較其實並不複雜。

改札口
北改札口(3F)
南海電車的特急車票售票口就在3樓,從這裡出站的話,可以從站內直通南海瑞士飯店,前往高速巴士乘車站。

中央改札口(2F)
出站方向與北改札口其實一樣,只是樓層不同。可通往JR難波駅、地下鐵難波駅、阪神及近鐵系統的大阪難波駅,站外東、北側是周邊熱鬧的商圈區域。

南改札口(2F)
出口可通往大型百貨商場Namba PARKS、Namba CITY南館。

北口最熱鬧
由南海難波駅的北口(正面出口)出站,只要過個馬路就會到達戎橋筋商店街範圍,從這裡可以一路慢慢逛到道頓堀、心齋橋方向,從B1的Namba Walk商店街可串聯地下鐵、阪神、近鐵及JR等車站,因此人潮最多也最方便。

東口通往日本橋
東口出站後往巷弄裡徒步,就會來到千日前道具屋筋商店街,繼續往下走的話,可以通往日本橋方向,甚至還可以到黑門市場。

出口與改札	主要景點
北改札口	與Namba CITY本館、南海瑞士飯店、高島屋相連 站外則有難波O1O1、戎橋筋、千日前通、法善寺、道頓堀、心齋橋筋商店街
中央改札東口	千日前道具屋筋商店街、日本橋、黑門市場、なんさん通り・でんでんタウン
中央改札西口	Namba PARKS、難波八阪神社
南改札口	直通Namba PARKS、難波CITY南館,站外可往でんでんタウン

認識京阪神

行前準備

機場介紹

當地交通

主題旅遊

常見問題

置物櫃指引

南海難波駅的置物櫃數量較少，位置也較為分散，1、2樓及B1內大約有10幾處，置放一天視置物箱大小需￥300～￥900。

Check 1　1樓通往北口方向的通道上就有一區置物櫃，2樓往高野線月台的改札口旁也有置物櫃可利用，還有中央改札口往Swissotel方向的通道旁，以及南改札口通往Namba PARKS的路上也有。

Check 2　通往地下鐵、Namba NANNAN的迂迴道路上也有不少置物櫃可利用。

Check 3　上述置物櫃以外，與車站共構的Namba CITY本館1、2樓，商店街旁也有置物櫃可利用，另外B2還有寄放行李的櫃檯，就在退稅服務櫃台一旁，服務時間為10:00~18:00，一件行李￥700。

Note：Namba Hands Free "Teburan" E-TIME
要是在車站內外都找不到置物櫃，可以前往Namba Hands Free。在南海難波站周遭的幾間合作店家，提供行李寄放、寄送服務。一件行李箱￥500/天，一件手提行李或一個紙箱￥200/天，可事先預約，也可以當天直接到店鋪寄放，服務時間為10:00~21:00。
🌐e-time.site/BaggageStorage

新手看這裡

一探南海難波駅的好夥伴

南海難波駅由車站及百貨商街共構而成，雖然站體其實並不複雜，但初訪的旅客難免抓不準方向，好在南海鐵道難波站的網站有各種實用資訊，車站周遭設施、推薦的旅遊景點、可以轉乘的交通路線與車資，還有最重要的車站樓層圖，甚至能以VR的方式查看車站內部，讓找路不再是難事。

南海難波站

店家也可寄放行李

日本新創產業ecbo cloak推出的服務是結合當地商店提供寄物，將沒有用到的空間出借，讓外國遊客可寄放大行李箱，大阪市內集中在難波及心齋橋一帶，京都則以河原町周邊較多店家，可以考慮試試。

ecbo cloak

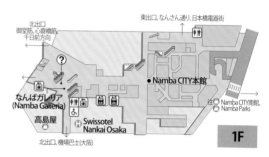
1F

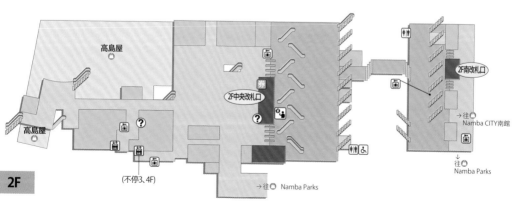
2F

Check 1
乘車月台在3樓。主要有南海線、高野線及空港線這三條路線，通往和歌山、高野山、關西空港，由於這裡是起訖站，基本上不太容易搭錯，但要記得確認車種，快速、普通列車等停靠站略有不同。

Check 2
南海電車是往關西空港最快速又便利的選擇，從這裡前往有空港急行、特急Rapi:t（空港特急ラピート）這兩種車班。

月台與對應線路

高野線
1號：往高野普通車（各站停車）
2~4號：往高野的特急、急行、區間急行、快速急行

南海本線、空港線
5~6號：往和歌山的特急、急行、區間急行，空港急行
7號：往和歌山普通車（各站停車）
8號：往和歌山普通車、特急Rapi:t
9號：特急Rapi:t

　　難波的地下街相當複雜，雖然周邊串聯路線車站都稱為難波，但每一條路線可能差距甚遠，若從南海難波駅徒步到JR難波駅，包含上下樓時間可能得花20分鐘以上，如果拖著行李估計需要更多時間，建議先鎖定要去的地區再利用最近車站的路線抵達。

電車轉乘

❶ JR難波駅：大和路線
　　可以從南海難波駅的北改札口、中央改札口往B1，藉由地下街南海Walk連接。大和路線可以通往天王寺、奈良、高田方向，JR難波駅的2樓是OCAT巴士總站，觀光巴士、長途巴士、機場巴士都在此上下車。

❷ 大阪難波駅：近鐵難波・奈良線、阪神難波線
　　大阪難波駅是由近鐵與阪神電鐵共用的車站，近鐵列車向東開往奈良方向，阪神電鐵則往西前往尼崎，兩條路線有直通運轉列車。

❸ 大阪地下鐵難波駅：御堂筋線、千日前線、四つ橋線
01御堂筋線可前往梅田、心齋橋、天王寺，御堂筋線出口距離鬧區較近，14號出口可往道頓堀、戎橋及心齋橋商店街。
02千日前線通往日本橋、鶴橋方向
03四つ橋線可向北至本町、西梅田、往南到住之江公園等地。
Note：三條路線在站內彼此互通

❹ 大阪地下鐵日本橋駅：堺筋線、千日前線
　　地下鐵日本橋駅同樣彼此互通，堺筋線可向南至動物園前、天下茶屋一帶，往北可到本町、天神橋筋六町目。

❺ 近鐵日本橋駅：近鐵難波線
　　車站與大阪地下鐵共構，乘車月台位在B3。利用近鐵難波線可以通往近鐵奈良駅。

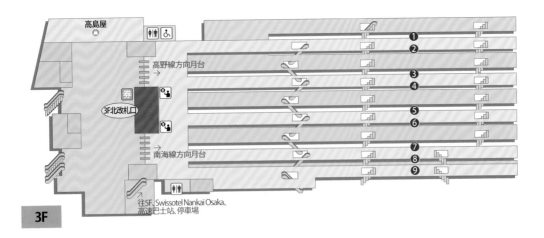

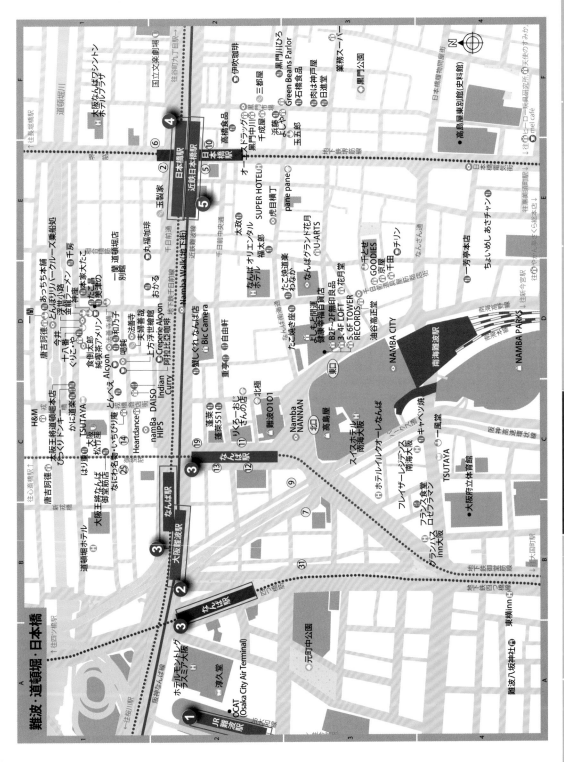

認識京阪神

行前準備

機場介紹

當地交通

主題旅遊

常見問題

公車

市區巴士：大多在阪神高速1號環狀線高架道路下方的難波巴士總站（地下鐵難波駅方向）乘車，車站正面也有站牌。巴士運行時間約6:00~22:00，15~30分一班車，單程車資￥210、小孩￥110。

乘車處	巴士月台	主要目的地
難波巴士總站	1	往【地鐵住之江公園】29
	2	往【阿倍野橋】52
	3、4	往【鶴町四丁目】71・87
	5	往【大阪駅前】8
	6	往【天保山】60、往【大阪駅前】75

🚇 www.osakametro.co.jp/

觀光巴士：大阪周遊巴士「OSAKA WONDER LOOP」的其中一站就在Namba PARKS，巴士會巡迴大阪市區14個知名景點，途經新世界、阿倍野、四天王寺、大阪城公園、大阪梅田、心齋橋等地，購買通行券的話可在1日或2日內自由搭乘並上下車。

❗ 現暫停營運中　🚇 wonderloop.jp/zh-hant/

©Osaka Wonder Loop

©Osaka Wonder Loop

長途高速巴士：如果要從難波利用長途巴士前往近郊，搭乘點主要集中在JR難波站的大阪OCAT巴士轉運站，部分巴士可在南海難波駅巴士總站（Namba PARKS方向）搭乘。

01 **OCAT巴士轉運站**：4~8號乘車處是長途巴士站，除了可以搭乘開往東京的巴士以外，前往東北（鶴岡、仙台、郡山・福島）、甲信越・北陸（新潟、輕井澤、河口湖）、中部地方（名古屋、飛驒高山、三島、長野）、近畿、四國、中國、九州的巴士都可在此搭乘。

 OCAT

02 **南海難波駅巴士總站**：巴士站位在Swissotel方向，可從車站3樓通往位在5樓的巴士站。除了開往四國的巴士是白天行駛外，其餘巴士皆為夜間巴士。

南海巴士

方向	主要目的地
關東	新宿、秋葉原、成田機場、小田原、鎌倉
東北	鶴岡、酒田
信越	長野、新潟
四國	鳴門・德島

利木津巴士（リムジンバス）：往關西空港機場巴士都在JR難波駅2樓的OCAT 9號站牌發車。

認識京阪神

行前準備

機場介紹

當地交通

主題旅遊

常見問題

南海難波駅周邊景點

南海難波駅不僅可以通往大阪最熱鬧的道頓堀，車站本身與百貨共構，光是站內有許多好吃好逛的店家，而且氣氛比梅田來得悠閒，非常值得一逛。

◎ Namba PARKS

難波公園是於2003年秋天落成的複合性商業設施，所在地曾是大阪球場，以大阪未來都市的概念進行開發，請到和東京六本木HILLS相同的設計團隊規劃，創造出一處都市中的森林綠洲。Namba PARKS與南海難波駅相連，位置便利，還有水果千層蛋糕HARBS等店家進駐，可別錯過了。

🏠 大阪市浪速區難波中2-10-70　⏰ 購物11:00~21:00，餐廳11:00~23:00
🈺 不定休　🌐 www.nambaparks.com

吃玩買
南海難波駅
Namba PARKS
Parks Garden
たこ焼道楽わなか
千日前本店

◎ Parks Garden

整個NAMBA PARKS最主要概念，就來自於難波花園，從3~9樓，每層樓都有的花園隨著建築呈現出階梯狀，看起來就是一個巨大的空中綠洲，甚至在其中創造出小溪的流水造景，種植有235種、約4萬棵左右的花木，一個充滿綠意的屋頂花園，形成都會中難得一見的小天地。

🏠 NAMBA PARKS 3~9F　⏰ 10:00~24:00

🍴 たこ焼道楽わなか 千日前本店

曾經出現在「料理東西軍」節目中的章魚燒名店，在章魚燒店隨處可見的大阪脫穎而出。秘訣在於講究的煎烤器具，特製銅板不僅能夠加快導熱效能，還能夠保持章魚燒的熱度，創造出外皮酥脆內部濕潤柔軟的口感。有三種口味可供選擇，原味、鹽味和特製醬汁，有機會不妨試試不同風味。在日本擁有十幾間分店，其中難波店也在附近，若是排隊人潮太多，或許可以到另一間店碰碰運氣。

🏠 大阪市中央區難波千日前11-19　⏰ 平日10:30~21:00 假日9:30~21:00
💲 章魚燒8個¥550　🌐 takoyaki-wanaka.com/

りくろーおじさんの店 なんば本店

難波車站附近的這家りくろーおじさんの店無論何時前往總會看到排隊人潮，可愛的微笑爺爺招牌站在門口迎接客人，還烙印在蛋糕上，表層烤成均勻的金黃焦香色彩，內餡則是嫩嫩的奶黃，吃一口就能嚐到完全地鬆軟綿密，濃濃起士香更在舌尖上散發開來，還加入了浸泡過蘭姆酒的葡萄乾，冷熱皆宜，難怪大受歡迎。

🏠 大阪市中央区難波3-2-28 ⊙ 1F難波本店9:00~20:00，2F陸カフェROOM(咖啡廳)11:30~18:00(L.O.17:30)，週末及例假日11:30~19:00(L.O.18:30) Ⓢ チーズケーキ(Cheese蛋糕) ¥965 🌐 www.rikuro.co.jp/

自由軒 難波本店

創於明治43年的自由軒，目前進入第四代經營，曾在織田作之助小説夫婦善哉中登場，有別於將咖哩醬料淋在白飯上，自由軒直接將咖哩與飯混合，將生雞蛋打散和著飯一起吃，不但可使口感更為滑順，還可降低咖哩的辛辣度。

🏠 大阪市中央區難波3-1-34 ⊙ 11:00~20:00 🅷 週一 Ⓢ 名物カレー(招牌咖喱飯) ¥800 🌐 www.jiyuken.co.jp

吃玩買

南海難波駅
りくろーおじさんの店
なんば本店
Namba CITY
自由軒 難波本店
Namba Walk

Namba Walk

沿著千日前通地下綿延的Namba Walk是從1970年就有的「彩虹之街」蛻變而成，包括美食、服飾、雜貨等，吸引了200家以上的店家進駐，這大阪南區最主要的地下街分為三大區塊，不僅串聯了許多車站，也讓遊客可以在轉乘中快速購買日常生活所需。

🏠 大阪市中央區難波1~2丁目 ⊙ 購物10:00~21:00，餐飲10:00~22:00 🅷 不定休 🌐 walk.osaka-chikagai.jp

Namba CITY

NAMBA CITY是大阪難波的地下購物街，其共有2樓~B2四層樓，營業範圍涵蓋美食、購物、娛樂、雜貨等，專門提供一個不用風吹日曬的購物環境。由於NAMBA CITY就位在南海電鐵難波駅的地下，所以交通便捷，要連接難波周邊的行程也十分方便。

🏠 大阪市中央區難波5-1-60 ⊙ 購物11:00~21:00，餐廳11:00~22:00 🅷 不定休 🌐 www.nambacity.com

天王寺駅

JR天王寺駅是南區另一交通樞紐，近年因為阿倍野HARUKAS吸引大批遊客造訪，周邊也有不少百貨。鄰近的新世界則是大阪的老城區，20世紀初受大阪博覽會與電車線開通的鼓舞，模仿巴黎都市計畫設計街道、興建通天閣，昭和年代後時光卻悄然放慢步伐，留下懷舊咖啡館、串炸、立食小吃和將棋店，成為大阪新舊交融的一區。

出口指南

天王寺駅呈東西走向、結構單純，站體只有地面1樓，旅客大多從中央改札口出站，再依目的地通往出口，或轉乘地下鐵、路面電車、近鐵系統。

Check 1

公園口、北口
公園口、北口位在比鄰的轉角，此方向觀光景點居多，也是通往地下鐵最近的出口。公園口往B1通道可轉乘地下鐵，過馬路則可達天王寺公園、天王寺動物園等地，北口則可前往四天王寺。

Check 2

南口、西口
南口、西口是最光鮮亮麗的百貨區，若要轉乘近鐵及阪堺電車，也是從這裡較為方便。不論哪個出口，都可利用天橋通往Mio百貨、阿倍野Q'S MALL、阿倍野HARUKAS、Hoop、and購物中心。

置物櫃指引

JR天王寺駅置物櫃僅有4處、約245個櫃子，數量較少，但周邊還有近鐵、地鐵站以及各大百貨，也可以考慮放在那邊。

Check 1

天王寺Mio
中央改札出站向左徒步到天王寺Mio，一樓有180個置物櫃，這裡是置物櫃最多的一區，但大型置物櫃只有20個，建議出站就先到這裡確認。

Check 2

北口通道
北口通道上的置物櫃不多，但距離中央改札口頗近，大型置物櫃也有18個，若是Mio一樓的置物櫃滿了，不妨到這裡找找。

Check 3

車站周邊有很多大型購物中心，也都能找到一些置物櫃。

阿倍野HARUKAS：Wing館B1設有行李寄物處（手荷物一時お預かり）及置物櫃，B2也有一般置物櫃（免費）與冷藏置物櫃（收費）可利用。

阿倍野Q'S MALL：1樓北側及B1的Ito Yokado內，B1有冷藏用置物櫃。

認識京阪神

行前準備

機場介紹

當地交通

主題旅遊

常見問題

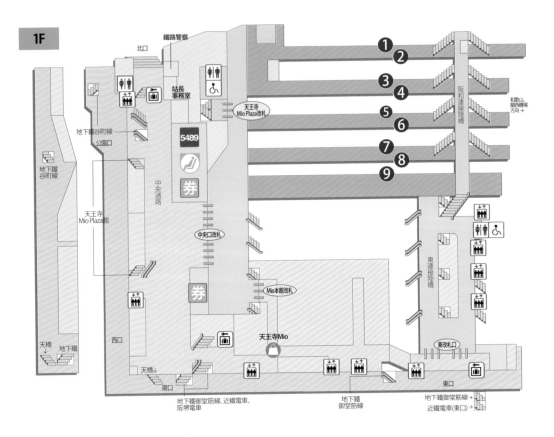

1F

北口 | 鐵路警察 | 站長事務室

地下鐵谷町線 公園口

天王寺 Mio Plaza改札

5489

券

中央通路

天王寺 Mio Plaza館

地下鐵谷町線

中央口改札

券

Mio本館改札

天王寺Mio

西口

天橋↓ | 地下鐵

天橋 | 地下鐵

南口

地下鐵御堂筋線、近鐵電車、阪堺電車

地下鐵御堂筋線

地下鐵御堂筋線→ 近鐵電車(東口)→

阪和連接陸橋

和歌山顧店機場方向→

東連接陸橋

東改札口

東口

❶❷❸❹❺❻❼❽❾

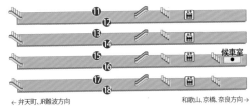

⑪⑫⑬⑭⑮⑯⑰⑱

候車室

← 弁天町、JR難波方向 | 和歌山, 京橋, 奈良方向 →

乘車指南

Check 1
除了大和路線及大阪環狀線外，阪和線、和歌山線、空港線都以天王寺為起迄站，因此只要找對班次，不會有搭錯方向的問題。

Check 2
大阪環狀線環狀運行，分內回及外回方向，須注意搭乘方向，萬一搭錯的話需要花費更多時間。

月台與對應線路

1、3、4號：關空快速、阪和線（往鳳・和歌山）
2、5、6號：下車專用月台
7、8號：阪和線
11、12號：大阪環狀線（內回，往鶴橋）

14號：ユニバーサルシティ方面、大阪環狀線（外回，往弁天町・大阪）
15號：大和路線（往奈良）、和歌山線（往高田・五條）、關空特急HARUKA・關西空港線、阪和線、きのくに線（特急，往白濱・新宮）
16號：和歌山線、大和路線（往奈良）
17號：大和路線（往JR難波）、ユニバーサルシティ方面、大阪環狀線（外回，往弁天町・大阪）
18號：特急列車（往新大阪・京都）、大阪環狀線（外回，往弁天町・大阪）、關空特急HARUKA、ユニバーサルシティ方面、大和路線（往JR難波）

156

認識京阪神

行前準備

機場介紹

當地交通

主題旅遊

常見問題

周邊車站交通指南

JR天王寺駅與最近的地下鐵天王寺駅、近鐵大阪阿部野橋駅、阪堺電車天王寺駅前幾乎都只隔一條馬路，除了阪堺電車需上到路面轉乘，其他兩站都有地下通道相接。

電車轉乘

❶ 地下鐵天王寺駅：御堂筋線、谷町線

貫穿大阪南北的地鐵路線，可通往新大阪、梅田、心齋橋、難波等地，從JR車站出來利用地下通道就可連接地鐵。阿倍野Q'S MALL與地鐵站12號出口直結。

❷ 大阪阿部野橋駅：近鐵南大阪·吉野線

通往奈良、吉野一帶，車站旁的阿倍野HARUKAS是西日本最高樓，還有展望台可以上去。（見P.180）

❸ 阪堺電車天王寺駅前：上町線

阪堺電車是大阪僅存的路面電車，上町線經住吉大社後開往濱寺駅，前往天王寺駅以南地區，也可在住吉駅轉搭阪堺線前往天下茶屋。

❹ 地下鐵動物園前駅：御堂筋線

5號出口出站可到新世界一帶，另外也可乘車前往心齋橋、大阪方向。

❺ 地下鐵動物園前駅、惠美須町駅：堺筋線

通往日本橋、天神橋筋六町目方向。惠美須町駅3號出口距離新世界、通天閣最近，出站後沿著通天閣本通商店街徒步即達。

❻ 阪堺電車惠美須町駅：阪堺線

阪堺電車的起迄站，可以通往天下茶屋、住吉方向。

公車

阿倍野・上本町接駁巴士：連接天王寺與近鐵上本町駅的接駁巴士（あべの・上本町シャトルバス），除了可以通往近鐵上本町駅以外，途中會停靠四天王寺參道口，也可以當作前往四天王寺的交通工具，單程￥100，約20分一班車。

市區巴士：天王寺駅的巴士站名為「あべの橋」（阿部野橋），主要乘車處位在JR、地鐵及近鐵這三個車站口周邊。可以前往大阪駅、住吉區、住之江公園及難波一帶，詳細路線資訊建議至網站查詢。

🚌 www.osakametro.co.jp/

觀光巴士：可在阿倍野Q'S MALL搭乘觀光巴士「OSAKA WONDER LOOP」，巡遊大阪市區14個知名景點，購買通行券的話可在1日或2日內自由上下車。

🔴 現暫停營運中

🚌 wonderloop.jp/zh-hant/

長途高速巴士：集中在阿倍野HARUKAS站（天王寺駅）出發，以近鐵巴士的夜間巴士為主。乘車位置在近鐵大阪阿部野橋駅入口前。

巴士公司	乘車地	方向	主要目的地
近鐵巴士	阿倍野HARUKAS	關東	東京、迪士尼、橫濱、新宿、八王子
		東北	郡山、福島
		信州、東海	甲府、小諸、輕井澤、靜岡、富士宮、河口湖
		近畿、中部	神戶三田
		中國、四國	佐賀、宿毛、中村
		九州	熊本

利木津巴士（リムジンバス）：往返關西空港的機場巴士都會在阿倍野HARUKAS站停靠，乘車位置一樣在近鐵大阪阿部野橋駅入口前。

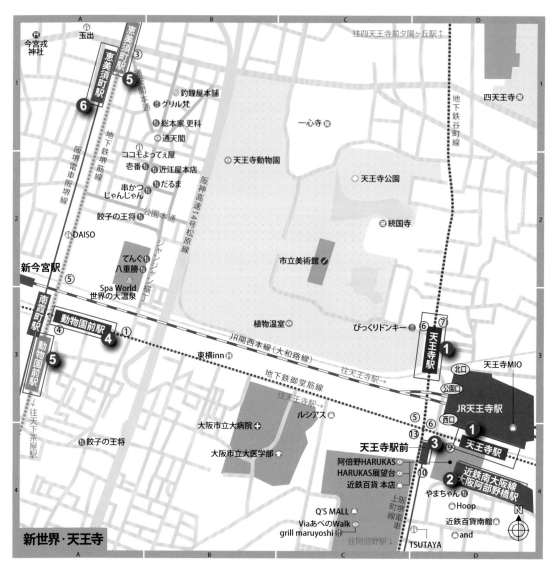

新世界・天王寺

今宮戎神社
玉出
恵美須町駅
5
6
通天閣本通
地下鉄堺筋線
阪堺電車阪堺線
釣鐘屋本舗
グリル梵
総本家 更科
通天閣
ココモよってぇ屋
壱番
近江屋本店
串かつ
じゃんじゃん
だるま
餃子の王将
公園本通
DAISO
ジャンジャン横丁
てんぐ
八重勝
Spa World
世界の大温泉
新今宮駅
南霞町駅
動物園前駅
4
動物園前駅
5
↓往天下茶屋駅
餃子の王将

往四天王寺前夕陽ヶ丘駅↑
四天王寺
地下鉄谷町線
一心寺
天王寺動物園
天王寺公園
統国寺
市立美術館
植物温室
びっくりドンキー
6
7
天王寺駅
1
阪神高速14号松原線
JR関西本線(大和路線)
地下鉄御堂筋線
往天王寺駅→
東横inn
往天王寺駅→
ルシアス
大阪市立大病院
5
6
北口
公園口
西口
JR天王寺駅
天王寺MIO
1
天王寺駅前
3
9
天王寺駅
13
大阪市立大医学部
阿倍野HARUKAS
HARUKAS展望台
近鉄百貨 本店
10
2
近鉄南大阪線
大阪阿部野橋駅
やまちゃん
Hoop
近鉄百貨南館
Q'S MALL
ViaあべのWalk
grill maruyoshi
上阪町堺線電車
往阿倍野駅↓
and
TSUTAYA
N

新手看這裡

大阪地鐵的乘降位置案內

除了車上的電子螢幕,搭乘大阪地下鐵時,還可以利用官網的「乘降案內」來確認資訊。網站依列車進站的停靠位置,標明每一節車廂較近的站內設施,舉例來說,梅田駅的1號車有洗手間、手扶梯、樓梯的圖示,代表1號車位置離這些設施較近,2號車有電梯圖示,就是離電梯最近,另外還會標明轉乘路線。這些資訊在轉車或行動不便時都很有幫助,不妨事先確認。

乘降案內

認識京阪神

行前準備

機場介紹

當地交通

主題旅遊

常見問題

天王寺駅周邊景點

　從難波再往南，就是新世界、天王寺一帶。天王寺駅周邊除了有新穎現代的高樓百貨，還有瀰漫昭和風情的庶民街區，迥異的氣息是遊客不能錯過的體驗。

通天閣

　明治時期完成的通天閣，塔狀建築外型模仿巴黎的艾菲爾鐵塔，可惜在戰爭中毀毀，現在的鐵塔是由居民們重建而成，往通天閣的入口在2樓，買票進場後，搭乘電梯上到5樓展望台可一覽大阪南區全景，回程時來到3樓，新世界與通天閣的歷史全部都濃縮在這裡。值得一提的是，塔端的顏色還是隔日天氣預報，晚上塔尖是白色就代表隔天放晴，橘色是陰天、藍色是雨天。晚上到通天閣可別忘了觀察看看哦！

🏠大阪市浪速區惠美須東1-18-6 ◎10:00~20:00(最後入場19:30)，天望パラダイス10:00~19:50 💲高中以上￥900、5歲以上￥400，天望パラダイス需另收大人￥300、小孩￥200的額外費用 ❶www.tsutenkaku.co.jp

吃玩買
天王寺駅

通天閣
阿倍野Q'S MALL
だるま 新世界総本店
四天王寺

🍴 だるま 新世界総本店

　創業於昭和四年，已有90餘年歷史的だるま是大阪串炸老店，至今仍受當地居民愛載，不時高朋滿座，用餐時刻沒有在外頭等上20分鐘絕對吃不到。除了串炸，だるま的土手燒略帶辛辣味，適合搭配啤酒。特製的泡菜雖然單吃就很夠味，但和沾了醬的豬肉串炸一同入口，更是美味。

🏠大阪市浪速區惠美須東2-3-9 ◎11:00~22:30 (L.O.22:00) ❌12/31 🍴串炸￥143起

🛍 阿倍野Q'S MALL

　大阪真是個讓人吃喝玩樂到虛脫的好地方，隨時都有新的購物中心產生，造就了瞬息萬變的都市景象！位於天王寺、阿倍野地區的購物中心Q'S MALL，潔白前衛具設計感的裝潢，打著人們與街道完美結合的涵義，就是要讓人好好享受購物時光。首次進駐關西的「SHIBUYA109 ABENO」，讓少女們眼睛都發亮了，就連彩色的「代言熊」玩偶「ABENO ABENO」都相當可愛呢。

🏠大阪市阿倍野區阿倍野筋1-6-1 ◎購物10:00~21:00、3F美食街10:00~22:00、4F饗糖11:00~23:00、Ito Yokado B1~1F 10:00~22:00、2F10:00~21:00 ❶qs-mall.jp

👁 四天王寺

　創建於推古天皇元年的四天王寺迄今已有超過1400年以上的歷史，由日本佛教始祖聖德太子所建，如今已被指定為國家重要文化財，寺院境內最值得一看的是中心伽藍，包括仁王門、五重塔、金堂等是二次大戰後依飛鳥時代的建築式樣重新修復而成。

🏠大阪市天王寺區四天王寺1-11-18 ◎中心伽藍、佛堂、庭園4~9月8:30~16:30、10~3月~16:00，其他設施:24小時 💲中心伽藍:大人￥300、高中大學生￥200、國中小學生免費。本坊庭園:大人￥300、小學~大學生￥200。寶物館:大人￥500、高中大學生￥300、國中小學生免費 ❶www.shitennoji.or.jp

JR京都駅

京都駅空間相當廣大、設施更是先進，嶄新科技感的結構，讓來到京都探尋古都風味的旅客都大吃一驚。身為京都的交通樞紐，站內就有許多體貼遊客的設施，車站更直接與伊勢丹百貨連結，並有直通京都地下鐵的地下通道可一路通往京都塔，八條口更有近鐵京都駅、利木津巴士乘車處，無論購物或轉乘機能都相當齊全。

出口指南

京都駅雖然大，但並不複雑，主要分為北側中央口(前站)及南側的八條口(後站)，只要確認想搭乘的交通工具及想去的景點在哪一側，照著各式指標前行，基本上不太容易迷路。

Check 1　中央口(烏丸口)

大部分來到京都的人都是從中央口進出，中央口有JR、地鐵、巴士系統，且京都重要觀光景點幾乎也都集中在這側。前往景點最便利的市區巴士也在中央口外的巴士站乘降。

Check 2　八條口

從一樓中央口到2樓的南北自由通道或經由地下通道，就可到位於車站南邊的八條口，這裡是搭乘JR新幹線及近鐵電車的出入口，八條口還可乘坐長途高速巴士及機場巴士，也有部分市巴士及觀光巴士。

出口方向	主要景點
中央口	伊勢丹百貨、PORTA地下商店街、京都劇場、旅客中心、京都塔、東本願寺、京都格蘭比亞大酒店
八條口	近鐵飯店、八條都酒店、AEON Mall、Avanti購物中心

新手看這裡

行李服務櫃台

中央口地下一樓還設有「Carry Service（キャリーサービス）」櫃台，無論行李大小每件￥800，以天計費，最多可放15天，服務時間8:00~20:00；同時也可寄送行李，可以利用車站與飯店間的寄送服務，京都市內一件行李只要￥1000；收件時間為8:00~14:00，約17:00後可以在住宿地領取行李。另外，站外的京都中央郵局也開始提供行李保管與寄送服務「手ぶら觀光」，寄送服務的收件時間為9:00~12:00，約18:00會送到，行李保管則到18:00，但現在在服務暫停，可以改利用附近的關西旅遊訊息服務中心(Kansai Tourist Information Center Kyoto)。

置物櫃指引

京都駅每日旅客數量龐大，置物櫃當然也設置較多，可以依照欲前往的方向、出口，尋找可用置物櫃。置物櫃視大小￥400~700。

Check 1　中央口

改札口內：一樓通往中央改札的通道上設有不少置物櫃

改札口外：

01地下一樓：從中央口出站後到地下一樓，往百貨反方向直走，就可以找到地下中央口的置物櫃區。

02地下街通道前：也可以選擇走到站外，往地下街Porta的通道旁也有。

03京都劇場方向：京都劇場方向置物櫃數量非常多，也是最方便的一區。

Check 2　八條口

出口外設有大量置物櫃，此區置物櫃大多為投幣式，也設有零錢兌換機，不用擔心身上沒零錢。

Check 3　2樓南北自由通路

車站2樓是新幹線的改札，連接中央口與西口的通道上也設有置物櫃專區，大約就位在旅客服務中心對面。

1F中央口

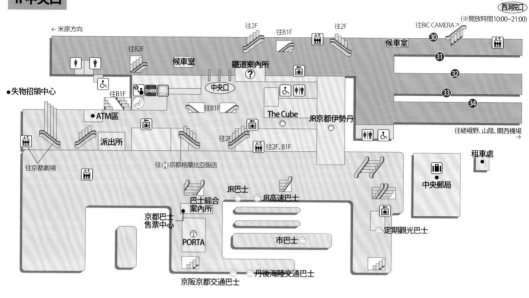

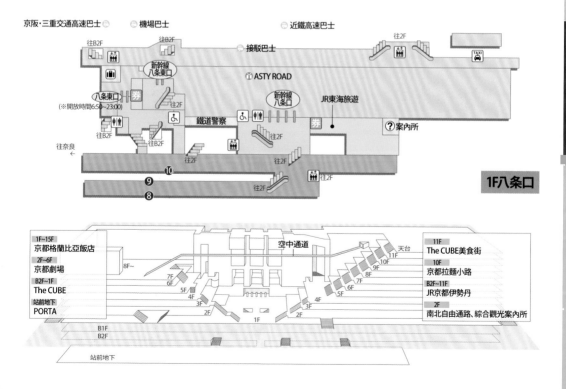

1F八条口

認識京阪神

行前準備

機場介紹

當地交通

主題旅遊

常見問題

B1F地下中央口

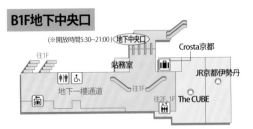

(※開放時間5:30~21:00)　地下中央口

Crosta京都

站務室

往1F　　　　　　　　　往1F

地下一樓通道

往1F

JR京都伊勢丹

往2F·1F The CUBE

B2F地下東口

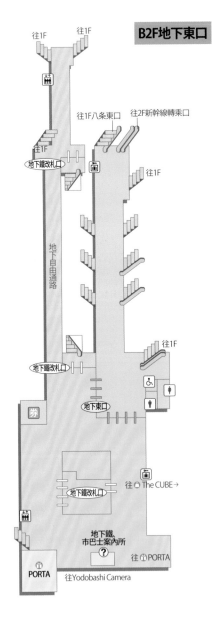

往1F　　往1F

往1F

往1F八条東口

往2F新幹線轉乘口

往1F

地下鐵改札口

往1F

地下鐵改札口

往1F

地下鐵改札口

券

地下東口

地下鐵改札口

往The CUBE→

地下鐵、
市巴士案內所

PORTA

往PORTA

往Yodobashi Camera

Check 1

簡單來說，搭乘JR各線就從中央口進站。從這裡可前往京都郊區(嵯峨野、比叡山、伏見、伏見稻荷、琵琶湖等地)及大阪、神戶、關西空港、奈良。

候車區

JR東海旅遊

往1F

往3F

往1F

往B2F

新幹線
東轉乘口

站長室
(JR東海)

往1F

往1F

新幹線
中央轉乘口

往1F

近鐵改札口

新幹線
中央口

1F ATM區

おみやげ
街道

西口廣場

西口

往1F

往1F

京都綜合
觀光案內所

往京都格蘭比亞飯店

南北自由通路

JR京都伊勢丹

2F新幹線
中央口·西口

往1F

車站資訊站

往1F、B1F　往1F

162

認識京阪神
行前準備
機場介紹
當地交通
主題旅遊
常見問題

Check 2
從中央口到B2可轉乘地下鐵烏丸線,通往市區的錦市場、京都御苑,祇園、八坂神社一帶,或再轉車前往二條城、南禪寺等地。

Check 3
搭乘新幹線或近鐵系統從八條口進出最方便。新幹線可前往名古屋、東京等地,近鐵系統則可前往奈良,還可轉車通往伊勢志摩、大阪、神戶及吉野等方向。

月台與對應線路
中央口
0號:北陸線(往北陸的福井‧金澤)、高山線(往岐阜‧高山)、琵琶湖線(往大津‧草津‧米原)、草津線(往大津‧草津‧柘植)、湖西線(往近江今津)

2、3號:湖西線、琵琶湖線

4號:JR京都線(往大阪‧三宮)

6、7號:JR京都線、智頭急行線(往鳥取)、きのくに線(往和歌山‧新宮)、關空特急HARUKA

8~10號:奈良線(往東福寺‧宇治‧奈良)

新手看這裡

站內的觀光案內所
車站2樓有兩處案內所,一為「京都綜合觀光案內所」,這裡有許多旅遊情報,可以拿到京都地圖,以及觀光、住宿及各類活動的情報,要是有旅遊上的問題,也可以詢問案內所櫃台的服務人員。另一個則是負責解決車內設施、找路等各式車站問題的「駅ビルインフォメーション」。

京都駅資訊網站
作為京都交通樞紐,京都駅當然也有專屬的資訊網站。站內各種活動、購物、餐飲、服務訊息都在其中,還有車站樓層地圖,以及實用的找路工具(道順案內),要是在車站內找不到方向的話,快點開網站吧。

京都駅
資訊網站

30號:關空特急HARUKA、山陰線特急(往福知山‧東舞鶴)

31號:山陰線(特急,往福知山‧天橋立‧東舞鶴)

31~33號:嵯峨野線(往二條‧嵯峨嵐山‧龜岡‧園部)

八條口
11、12號:東海新幹線(往名古屋‧東京)

13、14號:東海道‧山陽新幹線(往新大阪‧博多)

周邊車站交通指南

京都駅的新幹線中央口鄰近近鐵改札口，B2地下東口方向可轉乘地下鐵，可以利用這些鐵道系統轉車往各地，但地鐵線路只有兩條，站點也有限，若想觀光京都市中心最佳交通方式還是巴士。

電車轉乘

❶ 地下鐵京都駅：烏丸線

車站就位在京都駅B2，也可以從站外的出入口進站，利用烏丸線可抵達市中心最熱鬧的四條通，周邊有許多百貨，從四條通徒步10分鐘還可抵達河原町、鴨川、祇園等地。

❷ 近鐵京都駅：京都線・橿原線

近鐵車站位於2樓八條口方向，利用近鐵系統可前往伏見、丹波橋、橿原神宮，還可以轉乘前往奈良、大阪、伊勢志摩、吉野等方向，是從京都連結外縣市的另一主要工具。

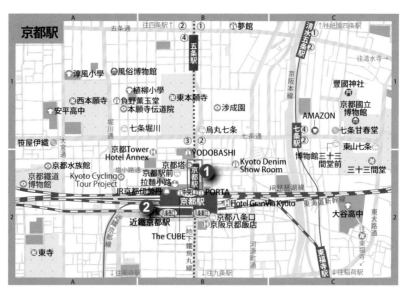

公車

市區巴士：主要搭乘點集中在中央口前方廣場、巴士總站搭乘。巴士運行時間大多為5:30~10:00，部分營運至23:30，平均10~15分鐘一班車，單程 ¥230 (小孩 ¥120)，也可以購買巴士一日券 ¥700 (小孩 ¥350)。

🌐 www2.city.kyoto.lg.jp/kotsu/webguide/ja/bus/busstop_bunsetu.html#map

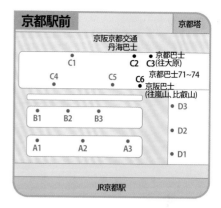

中央口站牌	前往目的地與巴士號碼
A區	A1：往【平安神宮・銀閣寺】5 A2：往【四条河原町・下鴨神社】4・17・205 A3：往【四条大宮・大德寺】6・206
B區	B1：往【二条城・西賀茂車庫】9 B2：往【二条城・北野天滿宮・金閣寺】50 B3：往【鉄道博物館・水族館・金閣寺】86・88・205・208
C區	C1：往【東寺道・九条車庫】205・快速205 C2~3：路線巴士 C4：往【東寺・中書島・伏見稲荷大社】16・19・42・78・81・南5 C5：往【桂離宮・洛西・太秦映画村】33・特33 73・75 C6：往【嵐山・大覚寺】28・京都巴士・京阪巴士
D區	D1：往【清水寺・平安神宮・南禪寺・銀閣寺】100・106・110 D2：往【三十三間堂・清水寺・祇園・東福寺】86・88・206・208 D3：往【妙心寺・北野白梅町・仁和寺】26

觀光巴士：京都中央口的巴士總站也有觀光巴士，擁有多種不同主題觀光路線，每趟時間約3~5小時不等，SKY BUS的京都駅搭乘點也在這邊。另外，串聯京都市內世界遺產的「k'loop巡遊巴士」則在八條口乘車。相關行程可參考網站。

❶ 有些路線現正停駛中
觀光巴士 🌐 www.tabione.com/tw/kyotobus/
k'loop巡遊巴士 🌐 http://kloop.jp/

長途高速巴士：京都出發長途巴士，依行駛行程不同，距離、時間與費用也大不相同。搭乘點主要在八條口。

巴士公司	前往區域
京阪高速巴士	東京、長野、松山、和歌山等
西日本JR巴士	東京、神奈川、靜岡、岐阜、愛知、廣島、德島等
阪急巴士	有馬溫泉

新手看這裡

市巴士、地下鐵案內所

京都駅中央口外是市區巴士的主要乘車處，除了可以在自動售票機購票，一旁還有案內所，販售市巴士一日乘車券、京都觀光一日乘車券等優惠票卡，還能免費索取市巴士路線圖，非常實用。

利木津巴士（リムジンバス）：來往於關西機場與京都駅的利木津巴士大多只停靠主要站點，部分站點停靠車次非常少，但京都八條口是一定會停靠的大站，不論是來回都可以在此地利用巴士，串聯機場交通。

京都駅周邊景點指南

京都駅與JR伊勢丹百貨相連，還有站內的商店街Porta等地方可逛，不論是名產、美食、時尚雜貨，都可以在站內一次解決，而且車站本身也有許多值得一看的亮點，來到京都千萬別錯過。

🏛 京都鐵道博物館

2016年4月底開幕的京都鐵道博物館，已經成了最新鐵道文化的教育新展場，會館內以大型的扇形車庫為主要展場，連接主樓的展覽設施，展示著場場主旨「與在地共進的鐵道文化據點」。館內藏有大量的鐵道文獻，提供來訪者深入研究京都鐵道的歷史與文化，或是到體驗區搭乘一段蒸汽火車，不論大人小孩來此都能體驗到育樂相長的歡樂時光。

🏠京都市下京區觀喜寺町 🕐10:00~17:00，入館至16:30止 🈲每週三、日本新年 💰全票￥1500，大學及高中生￥1300，中小學生￥500，3歲以上幼童￥200，場內蒸汽火車搭乘券高中生以上￥300、中小學~3歲以上￥100 🔗www.kyotorailwaymuseum.jp/tc/

🚆 京都拉麵小路

「京都拉麵小路」，集合了日本最火紅的多家人氣拉麵店，要用最濃醇味美的湯頭、口感絕佳的麵條和叉燒肉，將京都車站裡的人潮通通都給吸引過來。每年這裡的拉麵店都會有所變動，目前有的店家是東京的大勝軒、京都的ますたに、富山的家いろは、徳島のラーメン東大、博多的一幸舍、高槻的中村商店等；想要嚐盡日本各地的拉麵美味，來到這裡準沒有錯！

🚆京都車站大樓10F 🕐11:00~22:00 🔗www.kyoto-ramen-koji.com

吃玩買
京都駅
京都鐵道博物館
Porta
京都拉麵小路
京都塔

👜 Porta

京都車站大樓內的Porta相當具有人氣，與THE CUBE合併之後的新生「京都Porta」更是如此，佔據的5層樓分別為11F的美食、1、2F的伴手禮，地下街的購物、咖啡廳、餐廳、書籍等區域，請來將近200間熱門的店家和櫃位，由於櫃位十分集中，有書店、藥妝、服飾與京都必買伴手禮，不分男女老少通通能夠被滿足。

🏠京都駅直接 🕐約10:00~20:00，依店鋪而異 🔗www.thecube.co.jp

👁 京都塔
京都タワー

京都塔是京都車站前最醒目的地標，建築以海上燈塔為藍圖所設計，蘊含著照亮京都古老城鎮的寓意。京都塔上有展望台，從這裡可以360度欣賞京都的風景。塔上還有餐廳，1樓有特產購物街，3樓則是關西旅遊訊息服務中心，不但可以詢問旅遊資訊，也可以寄放、寄送行李，還能購買各種暢遊關西的優惠票券，如果對當天的行程還有疑問的話，不妨來這裡走一趟吧。

🏠JR京都車站正面 🕐10:00~21:00 💰成人￥900，高中生￥700，中小學生￥600，3歲以上幼兒￥200 🔗www.keihanhotels-resorts.co.jp/kyoto-tower/

四條・烏丸駅

認識京阪神

行前準備

機場介紹

當地交通

主題旅遊

常見問題

位居京都鬧區中心點的烏丸通、四條通交叉口，是京都最繁華的年輕商店街區，同時還有京都地下鐵烏丸線(四條駅)與阪急京都線(烏丸駅)在此交叉經過，串聯大阪、京都駅，讓這裡也成為京都駅之外，相當繁忙的轉乘站點。

出口指南

四條・烏丸駅是分別由京都市營地下鐵、阪急電鐵營運的兩條路線，站內透過地下通道串聯，但與其他轉乘站相較並不複雜，各有兩個主要改札，指標也相當清楚。另外，旅客大多會從四條、烏丸通上的出口出站，若想轉乘巴士，建議先看站內地圖指標，再選擇出口。

北改札口(地下鐵烏丸線四條駅)

四條駅有北、南兩個改札，但旅客幾乎都從北改札出站，這裡可以串聯阪急地鐵線，出口也接近四條、烏丸通，站外就是熱鬧的商店街，大部分巴士站也都集中在這個路口周邊。

善用行李寄送服務

四條・烏丸駅可放大行李箱的置物櫃非常少，若是有大行李要寄放，最好直接寄放在飯店或京都駅。也可考慮從京都駅利用行李運送服務，可以省去為了提領行李花費的時間，但若同行人數眾多，可能得算算，也許搭計程車還比較划算。（詳見P.160）

🆔 kyoto.handsfree-japan.com/

Check 2 東、西改札口(阪急京都線烏丸駅)

烏丸駅呈東西向，出口也是東、西兩處改札。概念很簡單，想到四條、烏丸通或轉公車、地鐵就從東改札，想往河原町方向就在西改札出站。

站名	改札口	出口方向
四條駅	北改札	四條&烏丸通路口、巴士站、阪急電鐵、東急手創、LAQUE購物中心、古今烏丸、東橫INN飯店
	南改札	佛光寺通&烏丸通路口、日航公主飯店
烏丸駅	東改札	四條&烏丸通路口、錦小路市場(烏丸通入口)、巴士站、地下鐵烏丸線、東急手創、LAQUE購物中心、古今烏丸、東橫INN飯店
	西改札	往河原町&鴨川方向，大丸百貨、O1O1、錦市場、寺町商店街、寺町京極商店街、先斗町、木屋町

置物櫃指引

四條・烏丸駅位在旅館飯店集中的區域，這裡的置物櫃很少，更不用說與京都駅上千的數量相較，基本上只有烏丸駅西改札口外、四條駅南北札改札口外共3處，大約僅200個左右，置放一天視大小￥300~600。

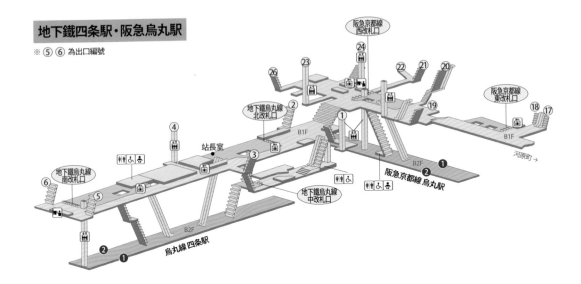

地下鐵四条駅・阪急烏丸駅

※ ⑤ ⑥ 為出口編號

乘車指南

Check 1

地下鐵烏丸線貫穿京都市中心、呈南北向，利用這條路線可以抵達京都駅聯絡各地，也可以抵達京都最熱鬧的四條駅、烏丸御池駅一帶。

Check 2

阪急電鐵京都線可說是從大阪來京都的最便利選項，無需換車就可直達最精華的烏丸駅及河原町駅，還可串聯往嵐山，購物、觀光都很便利。

月台與對應線路

地下鐵四條駅

1號月台：往京都、竹田、奈良方向(往奈良需在竹田駅轉乘近鐵京都線)

2號月台：往烏丸御池、國際會館方向

阪急電鐵烏丸駅

1號月台：往河原町方向

2號月台：往大阪梅田方向

認識京阪神
行前準備
機場介紹
當地交通
主題旅遊
常見問題

周邊車站交通指南

四條‧烏丸駅只有一條地鐵跟一條阪急京都線交會，站點出口相當簡單明瞭，周邊的烏丸御池駅、河原町駅等雖然有一小段距離，但其實車站之間有許多店家可逛，可以一邊逛一邊前往轉乘。當然，站口的路線巴士更是前往京都各景點最便利的交通工具。

電車轉乘

❶ 地下鐵烏丸御池駅：東西線、烏丸線

烏丸御池駅是地下鐵兩條路線的轉乘站，可以由此轉換路線，另外出站還可前往京都漫畫博物館、京都文化博物館、文椿大樓等景點。

❷ 地下鐵京都市役所前駅：東西線

京都市役所前駅則距離寺町通、河原町通都很近。可利用地鐵前往東山、烏丸御池、二條等方向。

❸ 地下鐵三條京阪駅：東西線

三條京阪駅出站距離新丸太町通很近，一樣可坐地鐵往東山、烏丸御池、二條等地。

❹ 京阪三条駅：京阪本線

三條駅出站後過三條大橋可到先斗町，可以前往出町柳、東福寺、宇治、大阪中之島等地。

❺ 京阪祇園四条駅：京阪本線

利用京阪電車一樣可前往出町柳、東福寺、宇治、大阪中之島等。出站就是祇園一帶，可以徒步遊逛、前往花見小路、白川、八阪神社、清水寺等景點。

❻ 阪急河原町駅：阪急京都線

阪急河原町駅是阪急京都線的起迄站，利用阪急電車可前往嵐山、大阪梅田。車站坐落在鬧區中，距離四條‧烏丸與祇園一帶各自約10分鐘路程，是觀光客很常利用的車站。

Note：出口2通往京都O1O1，出口1則可前往木屋町通，若是想到錦天滿宮的話，可以從出口9出站比較近。另外，要前往祇園方向的話，可以從出口1、2、3出站，其中出口2、3有電梯可利用。

公車

市區巴士：四條‧烏丸駅雖然是兩個車站，但此地的巴士站名就是「四條烏丸」，主要搭乘點都集中在四條通與烏丸通路口的周邊。巴士主要可通往京都駅、平安神宮、銀閣寺、四條大宮、金閣寺、清水寺等方向。

🔗 www2.city.kyoto.lg.jp/kotsu/webguide/ja/bus/busstop_bunsetu.html#map

站牌	前往目的地與巴士號碼
A	往【高野‧岩倉】31
B	往【京都駅】5、26、43、夜間巴士
C	往【平安神宮‧銀閣寺】5
D	往【四条大宮‧二条城‧金閣寺‧北野天滿宮‧東寺】12、32、46、55、58、201、207
E	往【嵐山‧高雄‧北野白梅町‧洛西】3、8、11、13、26、27、29、91、203
F	往【百万遍‧平安神宮‧銀閣寺‧北白川‧清水寺】3、11、12、32、46、201、203、207
G	往【高野‧國際會館駅‧岩倉】65

利木津巴士（リムジンバス）：欲搭乘前往關西空港的利木津巴士，可從烏丸通(錦小路通北側)的巴士站搭乘。

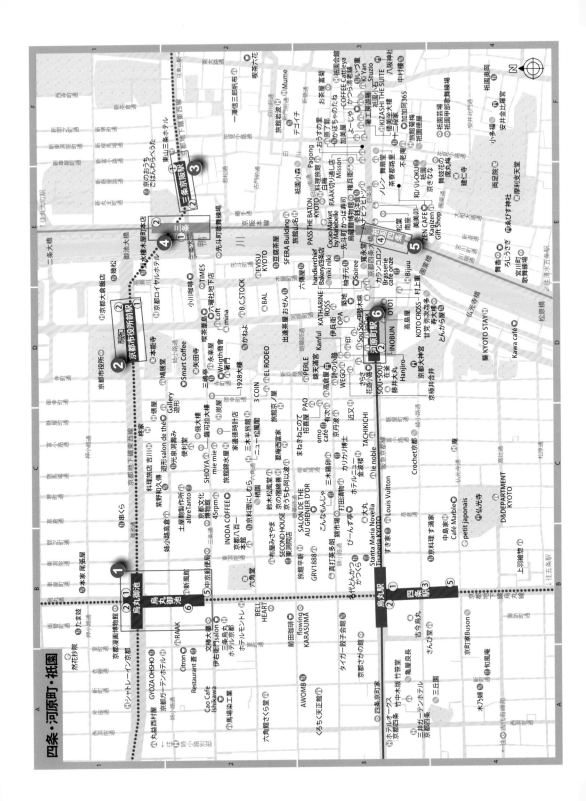

四条・河原町・祇園

170

認識京阪神
行前準備
機場介紹
當地交通
主題旅遊
常見問題

四條‧烏丸駅周邊景點

　　四條‧烏丸站外是京都最繁華的年輕商圈，在與河原町駅之間約10分鐘的路途上，集結多家年輕人必去的流行百貨；寺町商店街與寺町京極商店街也在這裡；還有錦市場、先斗町、木屋町等，處處都會有意想不到的驚喜！

上羽繪惣

　　創業於1751年的上羽繪惣，本業是製作顏料的公司，從260多年前就利用天然貝殼研磨成的「胡粉」製作繪畫顏料，日本畫、人形娃娃、寺廟藝術都會使用，是古老的工藝用品。近年更創造了胡粉指甲油，使用天然貝殼粉製成的指甲油，沒了化學臭味，也更天然無害，透氣性高、易上色，也快乾，更棒的是，它無需去光水，用一般酒精或專用卸甲液即可卸淨。

　🏠 京都市下京區東洞院通燈籠町東側　🕘 9:00~17:00　🚫 週末及例假日　🌐 www.gofun-nail.com/　❗ 上羽繪惣的商品在全日本多處都能買得，行前可上網查詢「胡粉ネイル取扱店」一項

六角堂

　　六角堂，又稱頂法寺，本堂依著佛法中六根清淨（眼、耳、鼻、舌、身、意）之意而建，在北面還有留下聖德太子當年在此沐浴的遺跡。早年，寺廟人士會在這池遺跡四周奉上鮮花，據聞這也是日本花道(いけばな)的最早由來。現在來到這裡，可以看到寺內有許多鴿子，而受歡迎的鴿子籤詩也很受歡迎。

　🏠 京都市中京區六角通東洞院西入堂之前町248　🕘 6:00~17:00　🌐 www.ikenobo.jp/rokkakudo/

吃玩買
四条‧烏丸駅

上羽繪惣
古今烏丸　六角堂
名代とんかつ かつくら
四条東洞院店

古今烏丸
COCON KARASUMA

京都四條烏丸開幕的古今烏丸是將舊有建築重新再利用，外觀充滿日本傳統風的唐長文樣，由知名建築師隈研吾操刀，以生活美學為提案的各家店舖深受年輕人喜愛，如北歐設計魅力的Actus、有特色的花店odette、百種色彩絢爛且香氣各異的線香lisn等，異國風美食餐廳則以現代和風的氣氛讓料理更添美味。

　🏠 京都市下京區烏丸通四条下ル水銀屋町620　🕘 11:00~0:00，各店營業時間不同　🚫 不定休　🌐 www.coconkarasuma.com

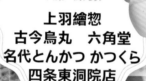

名代とんかつ かつくら 四条東洞院店

　　名代とんかつ かつくら是發源於京都的日式豬排專門店，採用來自山形縣平田牧場的新鮮豬排，嚴選精瘦少脂的部份用特調的京風醬料醃製，經純植物油酥炸後意外地鮮嫩爽口，淋上用西京味噌調製的沾醬，再配上京都口味的日式醃菜和茶碗蒸，料好實在，深受大眾歡迎。

　🏠 京都市中京區東洞院通四条上ル　🕘 11:00~22:00(L.O.21:30)　💲 各式豬排定食￥1300起　🌐 www.katsukura.jp/

JR三ノ宮駅

三宮是神戶最熱鬧的街區,JR、阪神、阪急、市營地下鐵等路線都在這裡交會,前往人工島的Portliner(港灣人工島線)也是由此出發,形成一個龐大的車站區。周邊還有0101、SOGO等百貨,地下也有地下街可享受購物樂趣,更可徒步前往市區各大景區,地理位置非常便利。

出口指南

JR三ノ宮駅以神戶線為主,車站月台位在3樓,下車後必須先下到2樓才能出站,站內僅有3個改札口,動線算是清楚簡單。鬧區主要在車站南側與西側,往北則是北野異人館區域,掌握以下幾個重點,就不怕找不到方向了。

Check 1 中央改札口
中央改札方向可通往站內商場OPA,從出口左右兩側往B1的話,可以轉乘神戶市營地下鐵、阪神電鐵。

Check 2 東改札口
東改札口出來可以轉乘港灣人工島線,可前往神戶機場,也是往巴士總站的出口方向。

Check 3 西改札口
從位在2樓的西改札口出站後,可以從天橋串聯各大百貨、前往阪急神戶三宮駅,出站徒步可至地鐵三宮・花時計前駅,從這一帶往西一直逛下去,就會到元町了。

出口方向	主要景點
中央改札口	OPA商場、市營地下鐵三宮駅、阪神三宮駅、SOGO百貨
東改札口	新交通三宮駅、M-int、三宮巴士總站、神姬巴士站
西改札口	阪急電鐵三宮駅、PLiCO、0101,神戶三宮センター街、地下鐵三宮・花時計前駅

認識京阪神

行前準備

機場介紹

當地交通

主題旅遊

常見問題

JR三宮駅

1F

往B1,地下鐵三宮駅

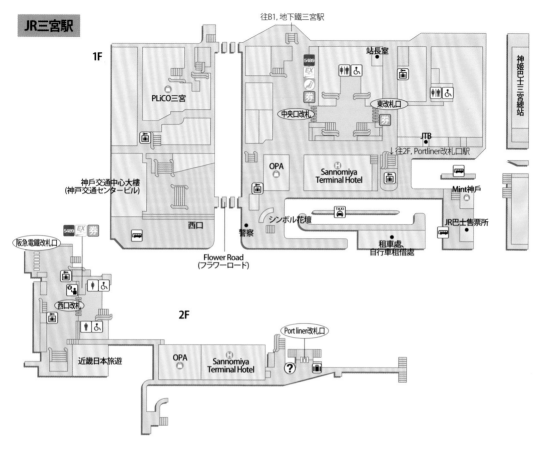

站長室

5489
EX
券

東改札口

中央改札

券

↓往2F, Portliner改札口駅

PLiCO三宮

神戸交通中心大樓
(神戸交通センタービル)

OPA

Sannomiya
Terminal Hotel

JTB

Mint神戸

JR巴士售票所

西口

シンボル花壇

TAXI

警察

租車處
自行車租借處

Flower Road
(フラワーロード)

神姫巴士三宮總站

2F

阪急電鐵改札口

5489 EX 券

西口改札

近畿日本旅遊

OPA

Sannomiya
Terminal Hotel

Port liner改札口

?

置物櫃指引

　車站置物櫃有6個地方，數量算是鄰近車站中較多的，萬一都放滿了，近鐵、阪急及地鐵站、巴士總站距離都很近，也可以考慮放在那邊。

Check 1 **東口**
　往東口方向有一處置物櫃專區，這裡有超過300個置物櫃可利用，還有特大的置物櫃，價格依大小￥300~900，需要置物櫃的話可以先到這裡看看。東改札出站右轉，在通往Portliner車站的階梯下也有上百個置物櫃可用。

新手看這裡

車站周邊置物櫃位置

除了車站以外，周邊的百貨、購物商場也都有一些置物櫃可利用。為了方便旅客寄物，神戶官方特地列出了車站周邊的置物櫃，可以藉由地圖尋找置物櫃位置，不妨多加善用。

三宮周邊
置物櫃

Check 2 **中央口**
　從中央改札口出來左轉，在三宮OPA前也有一區置物櫃，這裡利用人相對較少，雖然置物櫃不算多，也是可以到此區試試看。

JR三ノ宮駅主要營運路線為JR神戶線，僅4個月台，一邊往大阪、京都，另一邊往則往神戶(神戶港)、姬路、明石方向，還有開往鳥取、城崎溫泉方面的特急。另外可以前往阪急、阪神、地鐵等不同系統的車站乘車。

Check 1 最常利用的就是通往大阪、姬路與明石的列車。

Check 2 若需搭乘JR新幹線，必須轉搭地鐵到新神戶駅轉乘。

月台與對應線路
1、2號：JR神戶線(往尼崎・大阪・京都)
3、4號：JR神戶線(往西明石・姬路)
4號：特急スーパーはくと(超級白兔號，往鳥取)、特急はまかぜ(濱風號，往城崎溫泉)

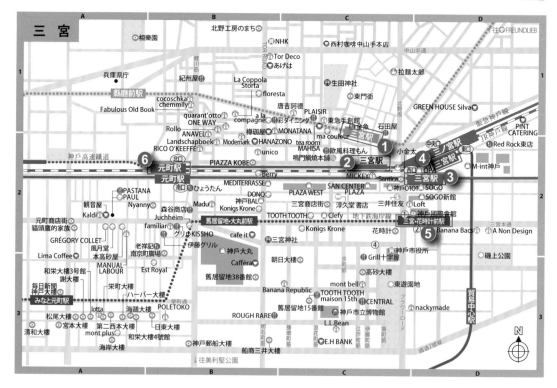

三宮

周邊車站交通指南

三宮由JR、阪神、阪急、神戶市地下鐵、港灣人工島線等多條路線串連，線路匯聚在同一路口四周，但車站卻又各自分開，除了JR車站名為「三ノ宮駅」外，其他都是「三宮駅」，轉乘時務必看清楚要搭乘的鉄道路線。還有離三宮徒步約5分鐘的「三宮・花時計前駅」、約10分鐘的「元町駅」，因為都在逛街購物區中，也可合併轉乘運用。

電車轉乘

❶ 地下鐵三宮駅：西神・山手線

從中央口出站就有通往地鐵的地下通道。西神・山手線相當長，往西到縣庁前下車可前往元町，往東到新神戶可以轉新幹線，鄰近還有神戶布引纜車可以上到神戶布引香草園。東出口8號直行可達北野異人館。

❷ 阪急神戶三宮駅：阪急神戶線

2樓的西口與阪急三宮的東口直結，主要是從神戶新開地到大阪梅田，往大阪梅田方向比較便利。

❸ 阪神神戶三宮駅：阪神本線

從中央改札口通過B1地下街可抵達，利用阪神本線可前往元町、姬路、梅田、難波。車站與SOGO百貨、Santica地下商店街直結，對面就是0101百貨。

月台上的好用資訊

搭車時雖然車內的電子螢幕會顯示該站資訊，但其實月台上會有更詳細的資訊。月台的資訊看板上不僅有轉乘資訊，告訴你該到哪裡轉哪一條線，還會有清楚圖示，可以輕輕鬆鬆找到電梯或手扶梯，到站時記得先確認，就不用扛著行李走樓梯了。

❹ 神戶新交通三宮駅：港灣人工島線(Portliner)

從JR三ノ宮駅東改札口出站就可以跟港灣人工島線站連結，是一條走高架型式的機場捷運線，可通往神戶機場。

❺ 地下鐵三宮・花時計前駅：海岸線

中央改札口出站後，從Flower Road徒步5分可達。海岸線串聯神戶最精華區域，從三宮出發可以到舊居留地・大丸前(元町)、ハーバーランド(神戶港)等。

❻ JR元町駅：神戶線(東海道本線)

搭一站或走路10分鐘可達元町駅，出口南側就是熱鬧的元町商店街、大丸百貨及舊居留地；出站沿著サンセット通(落日大道)往東徒步不久就是TOR ROAD，有許多個性小店；從元町商店街再往南還可以到神戶的中華街南京町。

認識京阪神 · 行前準備 · 機場介紹 · 當地交通 · 主題旅遊 · 常見問題

公車

市區巴士：從三宮出發的巴士乘車站分散在各個車站周邊，JR三ノ宮駅旁的巴士總站「三宮駅ターミナル前」、「三宮バスターミナル」也有一些市巴士，其他站點大多在サンセット通(落日大道)上，又以地下鐵三宮駅周邊最多。平均10~30分一班車，單程￥210、小孩￥110。
🚌 www.city.kobe.lg.jp/life/access/transport/bus/index.html#midashitop

巴士站地點	前往目的地與巴士編號
三宮駅ターミナル前	往【縣立美術館、HAT神戶】29・101
	往【神戶北町】64
	往【JR六甲道】18
三宮バスターミナル	往【森林植物園】25

觀光巴士：CITY LOOP搭乘點就在JR三ノ宮駅外，往美利堅公園方向的話，站牌就在中央口出站一旁，往北野異人館方向的車則要到對街的高架橋下搭乘。建議可以購買一日券，大人￥700，小孩￥350。（單次￥260／￥130）。
🚌 www.shinkibus.co.jp/bus/cityloop/

長途高速巴士：三宮駅出發的長途巴士主要在JR站外的「三宮バスターミナル」、「神戶巴士神戶三宮バスターミナル」搭乘，以JR巴士及神姬巴士為主。

巴士公司	乘車處	方向	目的地
神姬巴士	神姬巴士神戶三宮バスターミナル	關東	澀谷、新宿
		近畿	環球影城、廣島、岡山、倉敷
		中國、四國	德島、松山、淡路島
JR巴士	三宮バスターミナル	關東	橫濱、八王子、新宿、東京、迪士尼
		中部、東海	名古屋、長野、靜岡
		近畿	大阪、京都、奈良
		中國、四國	高松、松山、淡路、廣島、德島
		九州	熊本、宮崎

神姬巴士 🚌 www.shinkibus.co.jp/rsn/rsn_map/map.html
JR巴士 🚌 www.nishinihonjrbus.co.jp/

利木津巴士（リムジンバス）：若想搭乘機場巴士到關西機場，可以到JR車站西側，神戶交通センタービル(神戶交通中心大樓)旁的巴士站，於自動售票機購票即可搭乘。須注意下車位置是在JR三ノ宮駅東側(神戶阪急東北側)。

三ノ宮駅周邊景點

三宮不僅車站周邊就有百貨，稍微走一下路，還可以到地下街購物，或是一路直通元町地區，一路走走逛逛，非常適合慢慢逛街，另外還有神戶鼎鼎大名的洋菓子與神戶牛排，都隱藏其中，等著旅客前去品嘗。

Santica

Santica是神戶三宮地區最大的地下街，共分為10個區域，擁有服飾、餐廳甜點等各種讓通勤族方便獲取需求的店家，每個區域各有不同主題。其中7番街是甜點街；10番街為美食街，集合了多家餐廳、蛋糕店，讓利用Santica的人能夠快速享用美味。

神戶市中央區三宮町1-10-1 ◎10:00~20:00 不定休 www.santica.com Tax-free Shop(非全館)

M-int神戶

2006年10月開幕的神戶M-int就位於最便利的三宮車站前，是一棟流行感十足的複合式大樓，除了購物、美食之外，部分樓層也進駐辦公室，由於地點絕佳，且挑選進駐的店家無論服飾、雜貨、美妝、唱片等，走向都具有年輕時尚感，成為神戶年輕人喜愛聚集的逛街地。

神戶市中央區雲井通7-1-1 ◎購物11:00~21:00，餐廳11:00~23:00 不定休 www.mint-kobe.jp Tax-free Shop(非全館)

吃玩買
三ノ宮駅

Santica　生田神社
M-int神戶
SAN CENTER PLAZA

生田神社

神戶地名其實源自生田神社，古代這個地方稱管理生田神社的人叫做神戶，久而久之，這一方土地就統稱為「神戶」了。生田神社有著鮮豔的朱紅色樓門和主殿，祭祀是主司緣分的稚日女神，由於有許多名人在這裡結婚，因此這裡也成為了最佳的結緣神社，每天有許多人來參拜，祈求締結良緣。

神戶市中央區下山手通1-2-1 ◎開門7:00~18:00，9-4月~17:00 境內自由 www.ikutajinja.or.jp

SAN CENTER PLAZA

就位於三宮中心商店街的SAN CENTER PLAZA 是一個複合式購物中心，其又可分為SAN PLAZA、CENTER PLAZA、PLAZA WEST三大區，購物用餐一網打盡。與一般購物中心不同的是，其中PLAZA WEST可以說是神戶的動漫中心，從2~5樓進駐許多動漫相關商店，有點像是東京中野的動漫特區，又被暱稱為神戶的御宅街。B1還有美食街與公立市場，在此還可以買到醬菜並品嚐美食，是個符合各族群階層的購物商城。而看起來毫不起眼的地下樓層，更是集結了當地知名庶民餐廳，用餐時間跟著人龍排隊準不會有錯！

神戶市中央區三宮町1-9-1 ◎依店舖而異 3nomiya.net

主題旅遊

京阪神光市區內就有許多景點、店家，就算花上個5天也不一定能將想去的地方都走透透，在安排行程之前，不如先來認識有哪些定番的必訪景點，又有哪一些討論熱烈的美食、引人注目的街區，才不會錯過迷人的多種風情。

文／墨刻編輯部
攝影／墨刻攝影組

也不容錯過 地下美食街

阿倍野HARUKAS近鐵本店

老牌百貨近鐵百貨分店遍佈西日本，本店就在阿倍野。本店佔地廣大，可分為塔館(タワー館)與翼館(ウイング館)，塔館位在阿倍野HARUKAS中，從B2~14層樓大面積選入豐富品牌，12~14樓的美食更是多樣。主打年輕族群的翼館風格則較活潑，7樓還有針對年輕男性選入的流行品牌，貼心服務不同客群。

🏠阿倍野HARUKAS B2F~14F ⏰B2~3.5F10：00~20：30，4~11F10：00~20：00，12~14F餐廳11：00~23：00 ⓧ新年(1/1) ⓤabenoharukas.d-kintetsu.co.jp

阿倍野HARUKAS
あべのハルカス

HARUKAS在日本古語中為「變得晴朗」之意，不只指天氣，更是指心境、未來與大阪的榮景。高300m的大樓裡有日本營業面積最大的百貨「近鐵百貨」、展望台「HARUKAS300」、都市型美術館「阿倍野HARUKAS美術館」、國際連鎖「大阪萬豪都酒店」與美食餐廳、辦公室等，多樣機能讓這裡成為新興休閒購物景點，也讓沉寂一時的天王寺·阿倍野區域重新點燃百貨購物戰火，成為大阪南北區之外的商業繁盛地。

🏠大阪市阿倍野區阿倍野筋1-1-43
⏰各設施不同，詳見官網
ⓤwww.abenoharukas-300.jp/

Knowledge Supply

西日本最高摩天樓

說到日本高樓建築，大部分人都會先想到東京晴空塔，但其實東京晴空塔(634m)與東京鐵塔(332.6m)都是電波塔，阿倍野HARUKAS才是商辦大樓，也是日本摩天大樓的代表，雖然預計於2023年竣工並開業的麻布台Hills森大樓的高度約為330公尺，將取代HARUKAS成為日本第一，但阿倍野HARUKAS仍是名副其實的西日本最高樓。

吉祥物──阿倍野熊Abeno Bear

阿倍野HARUKAS有一隻以高樓為意象的吉祥物「阿倍野熊」，牠身上飄著朵朵白雲，最喜歡的食物是雲、最愛的事就是睡覺，沒睡醒般的呆萌外表非常可愛，而且除了藍天白雲，還有晚霞以及星空版本的阿倍野熊。來到阿倍野HARUKAS，別忘了找找牠的身影喔。

霸大阪的阿倍野HARUKAS。

認識京阪神

行前準備

機場介紹

當地交通

主題旅遊

常見問題

HARUKAS300展望台

　　購票後從16樓搭乘直達展望台的電梯，只要50秒便可到達60樓。四面透明的玻璃營造360度無死角視覺體驗，從300m的制高點向外望去，京阪神一帶的風景映入眼底，天氣晴朗的時候，甚至可以遠眺明石海峽大橋、六甲山、京都、生駒山、關西國際機場等。59樓回程出口還設有展望台賣店，可愛的吉祥物商品都在這裡。

🚇 阿倍野HARUKAS 58F~60F　🕘 9:00~22:00，當日券售票至21:30　💲 當日券：成人￥1500、國高中生￥1200、小學生￥700、兒童(4歲以上)￥500。一日券(無限次進出)：成人￥1950、國高中生￥1650、小學生￥950、兒童(4歲以上)￥750。　🔗 www.abenoharukas-300.jp/observatory/　❶ 購買當日券請至阿倍野HARUKAS 16樓的票券販賣處。預售票則在網路、日本全家便利商店、近鐵各大車站與近鐵百貨2樓的票券販賣處購買；可在營業時間前10分鐘到營業結束前30分鐘，在16樓購票處兌換票券

展望台亮點看這裡！

登上日本第一高樓最頂點，欣賞一望無際的美景！

停機坪導覽

　　60樓的展望台已經看得夠遠了，但想爬得更高、不受玻璃帷幕阻礙的話，一定要參加停機坪見學行程。登上60樓後現場報名，約每50分一梯次，全程約30分鐘，由專人帶領登上停機坪，享受無邊際美景，感受狂風打在臉上的快感！

🚇 阿倍野HARUKAS頂樓　💲 ￥500

Café & Dining Bar SKY GARDEN 300

阿倍野HARUKAS有許多咖啡廳，但不得不提位在展望台樓層的SKY GARDEN 300，這裡推出許多名物，像是長達300mm的熱狗麵包，還有與大阪在地老牌糖果公司「パイン株式会社」合作推出的「鳳梨糖霜淇淋」，另外也有許多與阿倍野熊結合的餐點，都是熱門的話題點心。

🚇 阿倍野HARUKAS 58F　🕘 9:30~22:00(L.O.21:30)

與阿倍野熊結合的甜點也很可愛

以遼闊的展望風光為背景，拍張紀念照

戀人聖地

阿倍野HARUKAS因為浪漫夜景被認定為「戀人的聖地」，在空中庭園還有個紀念碑，一旁不僅掛滿了小巧的金鎖象徵愛情久遠，還能夠在愛心拱門「Harukas Heart」下拍張甜蜜照，戀人造訪時可別錯過。

🚇 阿倍野HARUKAS 58F空中庭園內

大阪城

おおさかじょう　Osaka Castle

　　大阪城無疑是大阪最著名的地標，金碧輝煌的大阪城為豐臣秀吉的居城，可惜原先的天守閣早毀於豐臣秀賴與德川家康的戰火中，江戶時期重建後的城堡建築又毀於明治時期，二次大戰後再修復後則成為歷史博物館，館內展示豐臣秀吉歷史文獻。沒來大阪城就不算有來過大阪，親身走一趟豐臣秀吉打造的城池吧！

⌂ 大阪市中央區大阪城1-1

◐ 9:00~17:00(入場~16:30)，櫻花季、黃金週、暑假閉館時間將延後，詳見官網

✖ 12/28~1/1

⊙ 天守閣高中以上￥600、國中以下免費

Ⓤ www.osakacastle.net

Jo-Terrace Osaka

　　大阪城公園位在大阪城玉造門跡旁，廣大的森林公園內花木扶疏，還有音樂堂、棒球場等設施，4月上旬櫻花滿開時，更是賞櫻名所。2017年還新開設了「Jo-Terrace Osaka」空間，裡面有鬆餅店gram、大阪燒 千房、たこ燒道樂わөなか等店家入住，可以在逛完大阪城後到這裡來用餐、補充體力。

⌂ 大阪市中央區大阪城3-1 大阪城公園內　◐ 自由入場，餐廳時間因店而異　Ⓤ www.jo-terrace.jp/

豐國神社

　　豐臣秀吉、織田信長及德川家康是日本戰國時代公認的三個霸主，其中豐臣秀吉出身極為低微，最後卻官拜太閣、一統天下，大阪城是他的居城，而這裡正是祭祀他的神社。境內羅列了許多巨石的日式庭園「秀石庭」也值得一看。

⌂ 大阪市中央區大阪城2-1　◐ 自由參觀　Ⓤ www.osaka-hokokujinja.org/

造幣局

　　每年4月中下旬時，造幣局從南門到北門間，長達560公尺的櫻花步道開滿117種櫻花，是在明治初年由藤堂藩倉庫移植而來，並在1883年開放一般市民參觀。每年櫻花滿開期間，這條關西第一櫻花步道即會開放，造幣局旁也會同時擺起路邊攤，在櫻花漫飛下遊逛攤販，吃著庶民小吃，體驗日本專屬的風情。

⌂ 大阪市北區天滿1-1-79　◐ 4月櫻花季才開放，每年時間請至官網確認　⊙ 櫻花季開放時免費參觀　Ⓤ www.mint.go.jp/sakura

櫻花季限定開放，時機剛好的話一定要來走一遭

...之外，還有幾處古蹟文物也不容錯過。

大阪城名所巡禮

華麗的天守閣是大阪必訪景點

刻印廣場

在石牆上篆刻許多紋樣或記號就稱為刻印，刻印廣場便刻著許多大名（幕府時代的臣子）的家徽，是江戶時代大阪城重建時特地表揚幫助完工的大名們，為了讓更多人看到，遂將所有刻印過的石頭集中到廣場來。

夜櫻觀賞時門票為¥350

天守閣

按照原貌重建後宏麗豪華的天守閣還裝設了電梯，即使行動不便也可輕鬆登上5樓，再爬個3層可以登上天守閣位在8樓的頂樓，俯看遠闊的大阪市全景。

到了江戶時代更被稱為黃金水

金明水井戶

1969年發現的這一口井居然是與1626年天守閣同時完成，1665年天守閣受到雷擊而火災，到了1868年又歷經戊辰戰爭兩度大火焚毀，這口井卻奇蹟似地沒有受到任何波及。

西の丸庭園

西之丸庭園原本是豐臣秀吉正室北政所的居所舊址，在昭和40年(1965年)時開放一般民眾參觀，這裡以超大的草坪與春天盛開的櫻花出名，是大阪的賞櫻名所。

🕐 3~10月9:00~17:00，11~2月9:00~16:30 ⊗週一（週假日順延）、12/28~1/4 💲¥200，國中以下和65歲以上免費

大手門

大阪城的正門，古時稱之為追手門，為高麗門樣式創立於1628年，在1848年修復過一次，到了1956年更通通拆解完整修復，已經被列為重要文化財。

梅林

2月底是梅花開放的季節，也是大阪城梅林最熱鬧的時候。大阪城梅林約有1200棵、近100個品種的梅樹。比起一瞬即逝的櫻花，梅花的花期更長，每到早春時節，大阪人都會來這裡踏青賞梅。

認識京阪神

行前準備

機場介紹

當地交通

主題旅遊

常見問題

日本環球影城®

ユニバーサル・スタジオ・ジャパン
Universal Studios Japan

2001年開幕的日本環球影城，不同於一般樂園，從好萊塢誕生的電影主題相當明確與獨特，不僅傳承美國加州與佛羅里達州兩座影城的精神，更加入許多日本獨創、限定的內容。遊樂設施、園區街景都仿造電影場景，蜘蛛人、哈利波特、小小兵，無論大人小孩，都能夠親身感受最歡樂的電影世界。

日本環球影城®基本資訊

🚃利用JRゆめ咲線在JRユニバーサルシティ駅(環球城站)下車。出站後往左走徒步5分左右就可抵達影城。
🏠大阪市此花區桜島2-1-33
☎06-6465-3000
⏰依日期而異，請至官網查詢正確營業時間。
🌐www.usj.co.jp/web/zh/tw
❗除了當日在影城售票口購票，也可利用網路線上購票，日本國鐵的JR綠窗口、便利商店LAWSON、合作旅行社，都可以事前購買入場預約門票，當日抵達後換成門票方可進入。台灣特約旅行社亦可購票，免換票直接入場。

票券種類	12歲以上	4~11歲	65歲以上
1天周遊券	¥8600	¥5600	¥7700
2天周遊券	¥16300	¥10600	

環球特快入場券Universal Express Pass

環球特快入場券是用來預約入場時間的入場券，分為通行票4、通行票7、通行票全三種，4、7、全代表適用設施數量，善加利用的話可節省排隊等候的時間。通特快入場券詳細內容請見官網。

🏠售票處及好萊塢區的外景棚裝飾品店、環球影城禮品屋等，在指定預約時間向遊樂設施工作人員出示即可，每日發行量有限，須提早購買。台灣特約旅行社亦可購買。
💰環球特快入場券4¥7800、環球特快入場券7¥10800環球特快入場券全¥14700起(定價依日期而異，請依當日現場價格為準)。

不可錯過的重點設施

哈利波特禁忌之旅™
Harry Potter and the Forbidden Journey™
📍哈利波特魔法世界

搭上禁忌之旅列車後，倏地來到魁地奇比賽現場，在哈利幫忙下左衝右閃、高速俯衝追逐金探子，緊接著在三巫大賽中與龍正面對決，不小心闖入禁忌森林，歷經了一場阿辣哥（巨型蜘蛛）驚魂。然而最恐怖的絕非阿辣哥，當催狂魔出現，周遭一片漆黑陰冷，彷彿真能吸走所有快樂與希望，所幸後來哈利召喚護法，趕走催狂魔，成功完成這場禁忌之旅。

來到活米村，不能錯過帕蒂全口味豆與巧克力青蛙

Delicious me！點心工廠的小小兵餅乾香甜又可愛

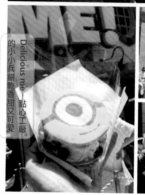

國王小小兵爆米花桶，要搶到整理券才能入手喔

小小兵瘋狂乘車遊
Despicable Me Minion Mayhem
📍小小兵樂園

尖尖屋頂、紫色磚牆，小小兵樂園內的這棟房子重現格魯家的模樣，這裡不僅是拍照的最佳場景，也是「小小兵瘋狂乘車遊」的場地。坐上設施，全新雷射投影映照出栩栩如生的畫面，高達5K的畫素不僅讓小小兵的頭髮清晰可見，更完美地欺騙了雙眼，刺激的熱血衝擊大腦，讓人化身小小兵在輸送帶上奔跑、從高處下墜，投入這個失控的瘋狂世界。

別忘了到三根掃帚點一杯奶油啤酒

飛天翼龍
The Flying Dinosaur
📍侏儸紀公園

想像一下，當你走在一望無際的草原上時，一隻巨大的翼龍從天而降，從背部抓住你，忽地騰空升起，忽地將你左拋右甩，一個360度大迴轉，更是人嚇到心臟都要跳到嘴巴外了！喜歡刺激的人絕對不能錯過的遊樂設施！

認識京阪神

行前準備

機場介紹

當地交通

主題旅遊

常見問題

清水寺

きよみずてら　Kiyomizutera

清水寺位於京都洛東東山境內，建於西元798年，是平安時代建築物，歷史相當悠久，因為寺內擁有一處清泉（音羽の滝）而得名。由於曾多次遭受祝融，目前所見的清水寺是1633年時依照原貌重建的。

沿清水坂走向清水寺，首先看到巍峨的紅色仁王門。仁王門屬「切妻」式建築，是日本最正統的屋頂建築式樣。本堂正殿中央供奉著一尊十一面千手觀音，這座十一面、四十二臂的千手觀音比一般十一面、四十臂的千手觀音多了二臂，最上面左右兩臂各捧著小如來像，故又有「清水型觀音」之稱。這座佛像每隔33年才開放參觀（下次公開時間是西元2033年），為清水寺的信仰中心，也是日本的重要文化財。

🏠京都市東山區清水1-294　⏰6:00~18:00(部分季節開放夜間參拜~21:00)

💲高中以上￥400，國中小學生￥200，因季節而異

🌐www.kiyomizudera.or.jp

〉 清水寺名物見所 〈

清水舞台

清水寺的正殿殿前的木質露台被稱為「清水舞台」，使用139根木頭架構而成、建於斷崖上的懸造清水舞台，高達12m，靠著超水準的接榫技術，沒有動用任何一根釘子。初春時，清水舞台上能欣賞腳下如細雪般飛舞的櫻花，深秋之際則有宛若烈火般燃燒的紅葉。

音羽の滝

清水寺後方的音羽の滝總是有許多人排隊，相傳喝了這裡的水，可以預防疾病與災厄，因此又有「金色水」、「延命水」的別名，為日本十大名水之一，不妨拾起木杓，嚐嚐清水寺名水的滋味。

景讓人屏息

夜間點燈

每年到了春櫻秋楓之時，清水寺都會開放夜間特別拜觀，讓人在夜間欣賞京都的最佳美景。

的第一名景。

京都地主神社

地主神社祭祀姻緣之神，正殿前方有一對相距17至18公尺的「戀占之石」，聽說信男信女只要蒙起眼睛，口中唸著愛慕者名字，從這顆石頭走到那顆石頭，日後都可成就美滿姻緣。

想要戀愛成功，可別錯過祈願的機會

🏠京都市東山區清水1-317
🕐9:00~17:00 💴自由參觀
🌐www.jishujinja.or.jp ❗現正整修中，預計在2024年12月開放

走下八坂通時，別忘了背對東大路通、回頭看看八坂通，一傾斜坂道通往高處的八坂之塔」可是東山最具代表性的風景。

八坂之塔

沿著八坂通的上坡道前行，可以見到坂道盡頭高處黝黑的「八坂之塔」，也是東山地區的象徵。八坂之塔相傳是1500年前聖德太子所建，保留了日本現存最古老、白鳳時代的五重塔樣式。經過多次祝融之災，現在的塔身建築是西元1440年由幕府將軍足利義教重建。

鈴なり団子

特別的迷你串烤糰子，每一口滋味不同，滿足遊人的好奇心。

掛得密密麻麻的布猴子前更是拍紀念照的好地方，非常具有日本風情。

八坂庚申堂

八坂之塔不遠處的庚申堂前的菩薩像前掛著許多色彩鮮豔的布猴子「くくり猿」，買一個￥500的布猴子，寫下自己的願望在上面後掛在庚申堂，據說可讓願望實現喔。

🏠京都市東山區金園町390
🕐9:00~17:00 💴境內自由

十文堂

十文堂以伴手禮「鈴最中」走紅，但炙烤糰子也很受歡迎，小小的店面裡總是擠滿人，等著品嚐這小巧的烤糰子。烤糰子份量不大，紅豆、甜醬油、黑芝麻、白味噌、磯邊燒，每種口味一口就能吃下，散步途中不妨來這裡休息一下。

🏠京都市東山區玉水町76 🕐11:00~18:00(L.O.17:30) 🈺週三、四 💴団楽(五種糰子)￥750，抹茶らて(抹茶牛奶)￥580
🌐jumondo.jp

認識京阪神

行前準備

機場介紹

當地交通

主題旅遊

常見問題

明石海峽大橋
あかしかいきょうおおはし

　　明石海峽大橋全長3911公尺，是目前世界上第二長的吊橋式大橋，橋的主塔制高點離海面297公尺高，也是世界最高。明石海峽大橋串連了本州與淡路島，可以一路開車從明石經淡路，連接鳴門大橋到四國，大大方便了兩地的交通。因為吊索的部分在夜裡亮起來的燈，看來就像一條垂掛海上的珍珠項鍊，更讓明石海峽大橋擁有「珍珠大橋」的美稱。

⊙神戶市垂水區東舞子町2051
⊙汽車通行費￥2410

Knowledge Supply

為何要建造大橋？

1945年12月9日，一艘於岩屋港發船航向明石港的播淡連絡船嚴重超載，定員100人的汽船擠上了3倍的乘客，汽船出海後被狂浪打翻，造成304人死亡。這起慘劇使二戰前就出現的造橋呼聲愈來愈大，但礙於軍艦航權與施工技術而延宕。戰後這類事件頻出不窮，1955年宇高連絡船「紫雲丸」沉沒，168人死亡，其中包含校外旅行的學生，此時造橋的聲浪達到最高，在當時神戶市長、國會議員的奔走下，計劃終於成形。
1986年動工，1995年遭遇阪神大地震，雖無損橋體

建築，但淡路島與本洲的地盤拉長了1公尺，後期施工全面更新補強，終於在1998年正式啟用通車，並創下施工過程中無人傷亡的完美紀錄。

穿雙耐走的鞋子就行

全程不需爬上爬下，只要

所以一定要在導覽行程中無廁所，想上廁所以一定要在導覽時於博物館解決

爬到大橋主塔的最頂端，從制高點感受海洋魅力！

Bridge World Tour

除了欣賞明石海峽大橋的壯麗，不如參加Bridge World Tour，走在海上維修步道，親自爬上主塔，從289m的制高點看向淡路島與整個神戶地區吧！行程需事先報名，依預約時間來到明石大橋淡路島側報到付款，聽取說明後，跟著導覽員參觀科學館，接著就是重頭戲。登上明石海峽大橋，踏上觀光客不能進入的維修步道，在海上走1公里後來到主塔，搭上電梯即能欣賞明石海峽的絕色美景。

☎078-784-3396(Bridge World事務局)　⊙神戶市垂水區東舞子町2051　⊙集合地點在明石大橋淡路島側　⊙2023年舉行時間不定，主要時間依網站為主　⊙冬季約12月~2月　⊙限中學生以上參加，大人￥5000、中學生￥2500(含舞子海上步道與橋的科學館門票)　⊕www.jb-honshi.co.jp/bridgeworld/　❶報名需透過網頁。於預約當天準時出席，若是預約後要取消，也一定要聯絡，千萬別做失格的旅人。一般導覽為日文，不定期會推出英語導覽，詳洽官網

大橋的起點

了解明石海峽

橋の科学館

科學館展示了大橋的基本結構，是想了解明石海峽大橋的最佳補給站。明石海峽大橋在動工前光是調查地形、海流等便花了近40年，克服了海流、地質問題，經過抗風、耐震等多項模擬，館內利用展示、模型、實物、影像，讓訪客了解建造時所運用的海洋架橋技術。

⊙神戶市垂水區東舞子町4-114　⊙3月~7/19、9~11月9:15~17:00 (入館~16:30)，7/20~8月9:15~18:00 (入館~17:30)，12~2月9:15~16:30 (入館~16:00)　⊙週一(遇假日順延)、12/29~1/3，7/20~8月無休　⊙大人￥310、中小學生￥150、小學生以下免費　⊕www.hashinokagakukan.jp

從海面上47公尺高的地方往下看，閃亮的波浪就在腳下，懼高的人可得小心！

舞子海上步道

舞子海上プロムナード

想體驗海上步道，從舞子這側登上明石海峽大橋中，就能來到離海面47公尺，長317公尺的迴遊式海上步道。8層樓高的展望室能夠看到四周美景，以展望大廳隔開為兩段，穿過透明的圓形通道，可看到大橋複雜的結構。在步道裡還有二處「丸木橋」以透明的玻璃讓人可直接看到海底。

⊙神戶市垂水區東舞子町2051　⊙9:30~18:00，黃金週、暑假9:00~19:00　⊙12/29~12/31　⊙平日大人￥250、銀髮族￥100，假日大人￥300、銀髮族￥150，高中以下免費

\咖啡飄香/
飲一壺迷人韻味

%ARABICA

%ARABICA是來自香港的品牌，但店主東海林克範可是一位道地日本人，他自幼隨父母於世界各地旅遊，接受不同文化、見過各地生活面貌之後，認為生活應該歸於簡單，而咖啡則是認識世界的媒介。於是他在香港創立品牌，其後找來世界拉花冠軍以及建築設計師合作，一起開設了東山的這家咖啡店。

店長山口淳一於2014年得到了世界拉花冠軍的殊榮，現在也是每天站在店裡頭為客人拉花。不只拉花技巧純熟，自家烘焙的豆子香味宜人，入口不苦不澀，且全店不同於古都氣氛，透明玻璃與原本裝潢，牆上的世界地圖點綴著，味覺就這麼跟著咖啡一同旅行於世界中。

%ARABICA京都東山店：⌂京都府京都市東山區星野町87-5 ◕9:00~18:00 ⊘不定休 ⑤拿鐵¥550起 ⓝarabica.coffee

其他分店：京都嵐山、藤井大丸

品味拉花的純熟，與咖啡與牛奶融和的醇厚口感。

%ARABICA店內必備的世界地圖，正是店主希望顧客能透過咖啡認識世界的象徵。

丸福珈琲店 千日前本店

在難波想要喝杯好咖啡，丸福咖啡是最好的選擇，曾經在田邊聖子寫的日本小說《薔薇の雨》中登場的丸福咖啡歷史悠久，空間也相當保留昔日的風華，點杯獨家的香濃咖啡再搭配上老闆娘推薦的現烤鬆餅，奶油蜂蜜為鬆軟的餅皮添加風味，讓人度過愉快的下午茶時光。

丸福珈琲店 千日前本店：⌂大阪市中央區千日前1-9-1 ◕8:00~23:00（平日早餐8:00~11:00）⊘元旦 ⑤ホットケーキ（熱蛋糕）¥770、ブレンド珈琲（咖啡）¥600 ⓝwww.marufukucoffeeten.com

80年歷史的老牌咖啡店，骨董裝潢的懷舊空間，讓人有置身於昭和時代的錯覺。

六曜社地下店

聚集許多日本文人的六曜社，一直是京都的知名文青咖啡廳。從狹長樓梯步下，推開大門意外寬廣，青綠色磁磚、木造家俱與吊燈組成的空間飄散沉靜氣氛，除了各式讓人激賞的手沖咖啡外，來此的人大多都會再點一份當店特製的甜甜圈，炸得酥脆外皮，一口咬下內部麵體扎實香鬆，愈吃愈能感受質樸的美味。

六曜社地下店：⌂京都市中京區大黑町40-1 ◕12:00~22:30 ⊘週三 ⑤咖啡¥500、甜甜圈¥180

青綠色磁磚是六曜社的經典印象，充滿舊時的現麗色彩。

懷舊老咖啡廳與必吃招牌甜甜圈

神戶牛是日本三大和牛之一，嚴苛的要求讓神戶牛成為許多老饕心中的夢幻極品！

＼大啖神戶牛／
和牛的究極滋味

認識京阪神

行前準備

機場介紹

當地交通

主題旅遊

常見問題

神戶
伊藤グリル

伊藤グリル
是一家洋溢
著老味道的
牛排館，店
內飄散一股講
究而不鋪張、
堅持原味但不退流
行的氣質。1923年創立
之初，第一代店主運用曾在遠洋郵輪服務的好手藝起家，接手的第二代則開始了炭烤的手法，而傳到了曾遠赴法國進修的第三代，更設計出精彩的酒單搭配美食，提供更優質的用餐服務。

> 不退流行的洋食老舖，炭烤牛肉美味無限

伊藤グリル：⬆神戶市中央區元町通1-6-6 🕐11:30～14:00(L.O.)、17:30～20:00(L.O.)，套餐L.O.19:30 🈲週二、三 💲牛排套餐¥6600起 🌐www.itogrill.com

神戶
紀州屋

元町附近的紀州屋使用高級的神戶牛以外，更選用最高級的紀州備長炭慢火燒烤，牛肉脂肪溶入炭火中產生的焦味又被肉汁吸入，讓牛肉滋味格外香醇。紀州屋的神戶牛排分為沙朗、菲力和イチボ，イチボ指的是牛臀骨肉，有機會一定要嚐嚐這一頭牛僅能取出2公斤的美味。

紀州屋：⬆神戶市中央區下山手通3-15-8 🕐11:30～14:30、17:00～21:00 🈲不定休 💲神戶牛ステーキランチセット(神戶牛排午餐套餐)¥3300起

> 神戶牛都會有證書，能夠查到牛肉的生產履歷

神戶
グリルKISSHO

位在元町小巷弄裡2樓的洋食店，專賣神戶牛的料理。不同於一般高不可攀的高檔牛排店，グリルKISSHO也在優惠時段以超值價格提供神戶牛套餐。建議可以選在中午前來，只要¥2500便能品嚐到神戶牛排與其他神戶牛料理。如果預算足夠，也可以點套餐再加¥300，將白飯換成牛肉咖哩飯，一次品嚐神戶牛的多重魅力。

グリルKISSHO：⬆神戶市中央區元町通1-4-8 2F 🕐11:30～22:00，午餐11:30～14:30 🈲不定休 💲赤身ステーキランチ¥2700、神戶牛ハンバーグ(神戶牛漢堡套餐)¥1800起 🌐grill-kissho.net/

> 可以用超值價格品嚐神戶牛的美味

神戶
欧風料理もん

創業於1936年的歐風料理もん位在熱鬧的三宮街區。據店主人說，會將餐廳取名叫「もん(門)」，就是指以港口為立基點的神戶是各國美食的入口，而店內的異國料理也是開啟日本人通向異國美食文化的另一道門。店內的神戶牛排餐份量非常足夠，若是多人一同前來，不妨點2~3種菜餚一起分享。許多人還會特地外帶牛排三明治，當成來到神戶的伴手禮呢！

欧風料理もん：⬆神戶市中央區北長狭通2-12-12 🕐11:00～20:45 💲菲力牛排¥4,900、咖哩飯¥1,200

傳統的日本甘味 \和菓子/

京都
紫野和久傳 堺町店

在京都擁有多家高級料亭與點心舖、喫茶店的和久傳，分店皆坐落在遠離鬧區、卻又位處市中心的位置，就同它比鄰堺町舊町家群、卻又想藏身於街景之中的不張揚，一如京都人低調，但就是這樣的氣質，渾身透著京都味。堺町店的一樓是可以購買和久傳商品的賣店，二樓則是能品味老店風情的茶菓席，在茶席深處還開設了料亭「室町和久傳」，同時滿足想品嗜不同日本味覺的客人。

紫野和久傳堺町店 ： ⌂ 京都市中京區丸木材木町679 ● 10:00~19:00 ⊗ 元日 ⑤ 依季節推出不同菓子，價格詳見官網 ⌄

京都
鍵善良房 高台寺店

有百年歷史的鍵善良房是京都有名的甘味舖，其中又以像洋菜般透明的「葛切涼粉」最出名，冰涼的葛切涼粉都是現點現做才能保持新鮮的透明感，吃的時候沾點沖繩產的黑糖蜜，口感滑溜極了。

鍵善良房 高台寺店 ： ⌂ 京都市東山區下河原通高台寺表門前上ル ● 10:00~18:00(L.O. 17:30) ⊗ 週三 (遇假日順延) ⑤ 葛きり(葛切涼粉) ￥1400、生菓子 ￥550 ⓦ www. kagizen.co.jp

京都
龜屋良長

被譽為是京菓子名門的龜屋良長，創業時的名菓「烏羽玉」至今已有200年以上的歷史。使用日本最南端「波間島」產的黑糖，嚐起來表層甘甜還有深蘊的糖香，內餡綿密紮實，風味典雅。另外龜屋良長為了讓更多人能夠體驗做和菓子的樂趣，特別開設了和菓子教室，在不同的季節前來還能體驗不同的和菓子。

龜屋良長 ： ⌂ 京都市下京區四条通油小路西入柏屋町17-19 ● 9:30~18:00 ⊗ 1月1~3日 ⑤ 烏羽玉6入￥540；和菓子體驗2種共4個￥2700 ⓦ kameya-yoshinaga.com ❶ 和菓子體驗須事先以電話預約，2人成行，需要翻譯與店家確認，現因改裝工事暫停中

和菓子以外，當然也有西式甜點，尤其受洋風影響的神戶，更是以洋菓子出名呢。

選擇多樣的 \洋菓子/

神戶

mont plus本店

推開厚重玻璃門，幾張桌椅擺在蛋糕櫃前就成了茶室，門口仍有排隊人潮等候入席，mont plus的美味甜點魅力吸引人即使排隊也要吃到。這裡的甜點每一個都很精緻美麗，光挑選就有可能猶豫好一陣子，人氣最高的是ヴァランシア(Valencia)，取名瓦倫西亞，是主廚林周平在法國Jean MILLET學藝時難忘的一品。如果不想排隊可以外帶蛋糕至港邊一邊欣賞風景一邊品嚐，也十分愜意。

將杏仁與柳橙慕思包入蛋白霜中，Valencia驚奇的口感讓人一吃難忘。

mont plus本店 : 🏠 神戶市中央區海岸通3-1-17 🔽
10:00~18:00 🈺 週二及第二個週三(遇假日順延) 💲 ヴァランシア(杏仁柳橙)￥514 🌐 www.montplus.com

---

京都

村上開新堂

明治40年(1907)，村上清太郎在寺町二條創立了西洋菓子舖，是京都的第一間洋菓子店舖。雖是洋菓子店，這裡不賣蛋糕類，而是專精在「餅乾」類的小點心。遵循創業時的風味，11種口味的餅乾各有特色，想吃一定要預約。若是到現場，則可以至店後附設的咖啡廳，坐下來享用一杯紅茶，配上一片果醬餅乾，或是特製戚風蛋糕。

村上開新堂 : 🏠 京都市中京區寺町通二条上ル東側 🔽
10:00~18:00 🈺 週日例假日、第3個週一休 💲 ロシアケーキ(果醬餅乾)一片￥194，咖啡套餐￥1200 🌐 www.murakami-kaishindo.jp

店內高掛的「開新堂」匾額，乃明治三

大阪

salon de MonCher心斎橋

MonCher最著名的人氣商品就是堂島ロール(奶油蛋糕卷)，精華的鮮奶油是使用北海道的新鮮鮮乳製成，綿密清爽、入口即化與台式奶油偏油又膩口是完全不同的口感，怕吃奶油的人也可以大膽嘗試看看，會對奶油大大改觀。位於心齋橋的堂島是有附設咖啡廳，咖啡廳佈置走華麗宮廷風，享受宛如貴婦般的午茶時光，真是一大享受。

salon de MonCher心斎橋 : 🏠 大阪市中央區西心斎橋1-13-21 🔽
10:00~19:00 🈺 不定休 💲 堂島ロールセット(堂島奶油蛋糕卷套餐)￥1134 🌐 www.mon-cher.com/

清爽不膩的鮮奶油蛋糕捲，入口即化的好滋味會讓人回味無窮。

神戶

因為便宜又好吃，就算店面較偏離商店街，假日依舊一位難求。

Motomachi Cake元町本店

Motomachi Cake以元町為名，賣的就是受當地人歡迎的各式洋菓子。為了回饋在地民眾，這裡的洋菓子超級便宜，但別以為便宜就沒好貨，其最出名的ざくろ光一天就能賣出上千個。ざくろ雖然名為石榴，但其實它是以純蛋黃與三種鮮奶油製成的海綿蛋糕，因為爆裂開的表皮上有顆大草莓，看起來很像爆開的石榴，因而得名。

Motomachi Cake元町本店 : 🏠 神戶市中央區元町通5-5-1 🔽
10:00~18:30 🈺 週三、週四 💲 ざくろ(石榴)￥320

心齋橋
しんさいばし　Shinsaibashi

Actus心斎橋

Actus是源自東京青山的家具店，進口世界各國的優良家具，以「人與物(家具)的理想關係」為概念，希望大家都能擁有一個普通平凡卻非常舒適的生活。心齋橋分店位於充滿林蔭的御堂筋上，兩層樓都以完全開放的清透玻璃讓自然光與綠意引入。

🏠 大阪市中央區西心斎橋1-4-5 御堂筋ビル1、2F
🕚 11:00~19:00　㊡第3個週二
🌐 shinsaibashi.actus-interior.com

心斎橋OPA

想要體驗大阪南區的辣妹風格的話，首推OPA百貨。OPA百貨的女性服飾齊全，風格走向年輕化，從女性最愛的雜貨、家居生活用品到美體、美膚等，應用盡有，而且9、10樓也有多間餐廳，想逛街也想用餐，逛這一間就能一次搞定。

🏠 大阪市中央區西心斎橋1-4-3　🕚 11:00~21:00，9~10F餐廳至23:00，8F H.I.S. 9:00~21:00　🌐 www.opa-club.com/

明治軒

昭和元年創業的明治軒是大阪的洋食名店，充滿濃濃的舊時風情，據說明治軒的人氣源於第二次世界大戰時，因為食材取得不易，堅持讓客人們吃到美味的老闆還曾到黑市購買，也有過讓客人以筷子在塌塌米上吃洋食的回憶。招牌蛋包飯滑嫩香柔，醬汁以醬油融合番茄醬為基底，用紅酒將上等牛腿肉和洋蔥等香料精心熬煮2天，再以達人技巧煎出蛋包，吃後讓人齒頰留香。

🏠 大阪市中央區心斎橋筋1-5-32　🕚 11:00~15:00，17:00~20:30 (L.O. 20:00)，週末及例假日11:00~21:00 (L.O. 20:30)　㊡週三(遇例假日順延)　💲 オムライス(中份蛋包飯)￥680
🌐 meijiken.com/meijiken.html

北むら

好吃的壽喜燒除了要有肉質佳的牛肉，最關鍵的是沾醬。創業超過百年的北むら提供最正統的關西風壽喜燒，將菜與肉分開燉煮，先加入砂糖將肉煎得軟嫩，起鍋後裏上生雞蛋、一口吃下，實在享受。接著用鍋內的肉汁加入昆布汁燉煮蔬菜與豆腐，進而煎煮出最佳口感，起鍋後再蘸點特製沾醬，肉與蔬菜的極致美味盡在其中。

百年歷史的壽喜燒名店，頂級牛肉沾點特製沾醬，讓人吃過後還一直念念不忘。

🏠 大阪市中央區東心斎橋1-16-27　🕚 16:00~22:00　㊡週日、例假日　💲 精肉すき焼き(壽喜燒)￥9800　🌐 shimizu.or.jp/kitamura

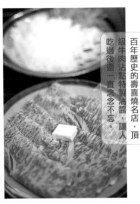

也可以加點串炸，同時享用兩種大阪國民美食。

中之島・北濱

なかのしま・きたはま　Nakanoshima・Kitahama

大阪市中央公会堂

　大阪市中央公會堂是大阪的地標建築之一，紅磚色的歷史建築以新文藝復興式樣設計外觀，被指定為日本的重要文化財，於平成14年進行修復，正門是取景的最佳地點。平時中央公會堂內部空間並不對外開放，僅有地下一樓小小的岩本紀念室可以參觀。

🏠 大阪市北區中之島1-1-27　🕐 9:30~21:30　🈲 第4個週二（遇假日順延）、12/28~1/4
osaka-chuokokaido.jp/

五感北浜本館

　以自然與愛為主題的「五感」指的是以人、新鮮、季節、和風和原料等缺一不可的元素，提供各種讓人想親近、品嚐的糕點。1F販賣新鮮糕點，2F則有咖啡館讓人品嚐現做的蛋糕或午餐，大地のデジュネ(五感午間套餐)是以現烤出爐的可頌麵包夾上大阪栽種的有機蔬菜，直接用手拿取，一口咬下，所有的季節鮮味通通在口中躍動。

🏠 大阪市中央区今橋2-1-1新井ビル　🕐 10:00~19:00　🈲 10月1次、1/1~1/3　🍴 完熟苺のショートケーキ(草莓蛋糕)￥486

在懷舊建築裡品嚐可口餐點，別有一番情趣。

手指三明治、司康，正宗英國滋味讓人彷彿置身於英國古典茶館。

北濱懷舊大樓

北浜レトロビル

　小巧的北濱懷舊大樓是明治45年(1912年)築成的洋館，紅磚的外觀屬於英國式樣。最初是證券交易商的辦公室，戰後頹圮老舊最後廢棄，眼看即將被拆除之際，深受建築之美所吸引的有心人士決心搶救，經過一番整修之後，現為日本政府指定的有形文化財。平成9年(1997年)咖啡館北浜レトロ開幕後更是聲名大噪，成為來北浜一定要朝聖的人氣景點。

🏠 大阪市中央區北浜1-1-26　🕐 北浜レトロ11:00~19:00、六日及例假10:30~19:00　🈲 新年、盂蘭盆節　🍴 Afternoon tea(英式下午茶)￥2100

大阪府立中之島図書館

　大阪市公所旁的中之島圖書館也是大阪的代表建築。明治37年由日本大企業家住友家族捐贈，是以水泥打造的巴洛克式建築，圓柱體採希臘三大柱頭樣式中的柯林斯式，展現了設計者追求的華麗感，也讓外觀彷彿希臘神殿般壯觀，內部的圓頂大廳也以教堂為模型打造，獨特風格與歷史使其被指定為文化財產。

🏠 大阪市北區中之島1-2-10　🕐 9:00~20:00、週六9:00~17:00　🈲 週日、例假日、3、6、10月第2個週四、年末年始　🌐 www.library.pref.osaka.jp/site/nakato/

認識京阪神

行前準備

機場介紹

當地交通

主題旅遊

常見問題

祇園是昔日最主要的花街，保存至今的茶屋建築讓祇園飄散迷人的濃濃京味。

祇園
ぎおん　Gion

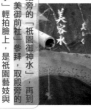

喝下本殿旁的「祇園御神水」，再到境內的「美御前社」參拜，取殿旁的「美容水」輕拍臉上，是祇園藝妓與舞妓磨練「女子力」的秘密武器。

八坂神社護佑興業起家，舞殿上掛滿商家奉納的提燈，夜間提燈點亮時甚是美麗。

八坂神社

香火鼎盛的八坂神社是關西地區最知名且悠久的神社之一，被暱稱為「祇園さん」。八坂神社傳說是因為昔日災疫不斷而建廟祈願，是藝妓經常造訪的寺廟，也是京都商人的信仰。八坂神社拜的是保佑商家生意興隆、消災解厄的神祇，建築獨特的神社大殿被稱為「祇園造」，是日本獨特的神社建築，最早的記載見於西元925年。

🏠 京都市東山區祇園町北側625　⑤ 自由參觀　🌐 www.yasaka-jinja.or.jp/

いづ重

擁有超過60年的歷史，いづ重始終在八坂神社前默默地提供美味京都壽司，招牌的鯖壽司挑選真鯖魚，直到現在依然搭配用柴火炊煮的米飯，在壽司職人的熟練技巧下一個個壓地緊實，作出完全融合入味的美食，若是夏日造訪，也可品嚐季節限定的香魚壽司。

🏠 京都市東山區祇園町北側292-1　⏰ 10:30~19:00　㊡ 週三、週四　⑤ 鯖姿ずし(鯖壽司1人份)￥2268　🌐 gion-izuju.com

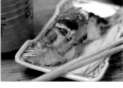

祇園小森

ぎおん小森位在祇園白川旁，建築的前身為藝妓表演的茶屋，飄散著濃濃的京都花街風情。這裡專賣和風甜品，使用的素材像是大納言、吉野葛、柳櫻園抹茶等，每一樣都是最上等的材料，讓人吃來格外安心。榻榻米的座位旁隔著竹簾就是潺潺流水與迎風搖曳的楊柳，使在這裡品嚐甜食成了純和風的優雅享受。

🏠 京都市東山區新橋通大和大路東入元吉町61　⏰ 11:00~20:00(L.O.19:30)　㊡ 週三(遇假日照常營業)　⑤ わらびもちパフェ(蕨餅聖代)￥1630　🌐 www.giwon-komori.com

安井金比羅宮

安井金比羅宮是以結良緣、斬惡緣而聞名的神社，境內最醒目的是個覆滿白色籤紙、中間有開口的大石，名叫「緣切緣結碑」，只要在籤紙上寫下願望，再穿過中間的洞口，願望就能實現。祈求良緣要從石洞的裏口（うら）爬到表口，想切斷惡緣則從表口往裏口，可千萬別弄錯了。境內還有展示古今繪馬的繪馬館和玻璃館可以參觀。

🏠 東山區東大路松原上ル下弁天町70　⏰ 境內自由參觀，繪馬館10:00~16:00　㊡ 繪馬館+玻璃館：週一　⑤ 境內免費，繪馬館+玻璃館成人￥500，高中生以下￥400，幼兒免費　🌐 www.yasui-konpiragu.or.jp

潮流聖地

認識京阪神

行前準備

機場介紹

當地交通

主題旅遊

常見問題

嵐山別具山水之美，春秋兩季的賞櫻、狩楓人潮總是將嵐山擠得水洩不通。

嵐山
あらしやま　Arashiyama

天龍寺

天龍寺建於1339年，據說是因為一位和尚夢見一條飛龍從附近的江中騰空飛起而取名，境內隨處可見龍的造型。包括總門、參道、白壁、本堂大殿，曹源池庭園、坐禪堂等建築，除了曹源池庭園屬早期建築外，其餘諸堂都是明治後重建。曹源池庭園是夢窗疎石所作的池泉迴遊式庭園，以白砂、綠松配上沙洲式的水灘，借景遠山溪谷。在京都五山裡天龍寺排名第一，是造訪嵐山必遊的景點。

📍京都市右京區嵯峨天龍寺芒ノ馬場町68　⏰8:30~17:30，10月21日~3月20日至17:00　💲成人￥500、中小學生￥300；參觀大方丈、小方丈、多寶殿要多加￥300；參觀法堂￥500　🌐www.tenryuji.com

渡月橋

渡月橋幾乎可説是嵐山的地標，由於昔日龜山天皇看見明月當空，一時興起命名，目前的風貌是1934年以鋼鐵重建的，構造與舊橋相同，以春天櫻花或秋日紅葉作為前景拍攝渡月橋，已經成為嵐山的代表景觀。渡月橋旁邊豎立有周恩來從前拜訪此地時，所題的字句石碑。

📍京都市右京區嵯峨

嵐山香火最盛的一座寺廟，境內可看之處眾多，值得購票進入。

嵯峨野小火車
嵯峨野トロッコ列車

造型復古的蒸汽小火車「嵯峨野號」沿著保津川，奔行於龜岡到嵐山間，全程約25分鐘。搭乘者可以用絕佳的角度，欣賞保津峽的山水景色；途中列車還會特別減速，讓乘客飽覽周圍風景。每到春櫻和秋楓時節，小火車上還可以欣賞沿途兩岸特別美麗的山景。

造訪嵐山可以不吃美食，但千萬不能錯過走在溪谷旁的小火車。

📍京都市右京區嵯峨天龍寺車道町　⏰從トロッコ嵯峨駅出發9:02~16:02之間每小時一班，一天約8班，依季節另有加開班次。　🚫週三不定休，詳見網站　💲起站「トロッコ嵯峨」到終點站「亀岡」，單程大人￥880、兒童￥440　🌐www.sagano-kanko.co.jp/

竹林の道

由野宮神社通往大河內山莊的路段，是條美麗的竹林隧道。夏日涼風習習，翠綠的竹蔭帶來輕快的涼意；冬天則有雪白新雪映襯著竹子鮮綠，別有一番意境。這片竹林也是特別有嵐山氣氛的風景。

📍天龍寺北側的到野宮神社周邊

出町柳‧一乘寺
でまちやなぎ‧いちじょうじ　Demachiyanagi‧Ichijyoji

朱紅寺社，綠意森林，建築與自然調和讓下鴨的美永存心中。

恵文社

令人驚喜的書店。

買畫不難，但要遇見特別的書卻不簡單，惠文社正是會

從北白川到一乘寺這段路被稱為「書蟲小徑」，不但京都大學和京都造型藝術大學都在這條線上，還有一間文青最愛、豐沛京都人精神生活的惠文社一乘寺店。聞名全日本的「惠文社」雖然遠離市中心，但因為店裡販售的書籍、舉行的展覽、嚴選與惠文社氣質相符的各式生活雜貨、

文具、CD、DVD、服飾等，仍吸引許多人特地搭車前來朝聖。

京都市左京區一乘寺払殿町10　10:00~21:00　休1/1　www. keibunsha-books.com

包圍下鴨神社的糾之森保留了平安建都以來京都高速發展的原初地貌，與下鴨神社一同被列入世界遺產。

下鴨神社

　　下鴨神社全部的殿社建築皆按平安時代樣式所造，境內還配置有十二生肖的七座「言社」，是十二生肖的守護神社，每個言社都有專屬的守護符和繪馬，十分有趣。本殿不但是國寶，更是每年舉行流鏑馬(5月3日)與葵祭(5月15日)的重要舞台，過年時的踢足球儀式「蹴鞠始め」也是一大盛事，穿著平安時代貴族衣飾的人物按古代儀禮舉行各項活動，彷彿瞬間回到千百年前風雅的平安朝。

京都市左京區下鴨泉川町59　6:30~17:00　自由參觀，寶物殿￥500　www.shimogamo-jinja.or.jp

百萬遍知恩寺手作市集
百万遍さんの手づくり市

　　京都有許多手作市集，其中最盛大、熱鬧的非百萬遍莫屬了。每月15日在知恩寺御影堂前聚集約350家店舖，大多來自左京區的許多店家，不論是手工藝、雜貨、糕餅、咖啡等傾巢而出。由於每個月的店舖都是由抽簽決定，所以每個月設展的店有可能會不同，看到喜歡的店舖可得把握機會。

京都市左京區田中門前町 知恩寺境內　每月15日8:00~16:00　www.tedukuri-ichi.com/

加茂みたらし茶屋

　　加茂御手洗茶屋是御手洗糰子的始祖，相傳由於下鴨神社境內「みたらし池」池底的泡泡幻化而成；另一說則是在下鴨神社御手洗祭時，有小販販賣這種糰子，所以也就漸漸以祭典的名字來稱呼這種糰子了。加茂御手洗茶屋店裡熱騰騰的現烤糰子5個一串，配上祕傳的黑糖醬油，香甜對味。

京都市左京區下鴨松ノ木町53　9:30~18:00　休週三　みたらし団子(御手洗糰子)3支￥420

神戶港區擁有商場、餐廳、樂園、博物館,建物更配合海洋意象,展現海港的自由氣息。

認識京阪神

行前準備

機場介紹

當地交通

主題旅遊

常見問題

神戶港

こうべこう　Kobe Port

神戶港塔

神戶ポートタワー

登上神戶地標景點 遠眺整個神戶市區

108公尺高的紅色神戶港塔在神戶港灣成為最耀眼的地標,上下寬闊、中央細窄的外觀造型靈感來自於日本傳統的鼓,展現優雅和風美學。展望台共分為五層樓,從望遠鏡中可眺望神戶全景,3F還有360度旋轉賞景的咖啡廳,可以邊休息邊欣賞神戶港口的美景。

🏠神戶市中央區波止場町5-5　⏰3~11月9:00~21:00(入館~20:30),12~2月9:00~19:00(入館~18:30)　💲大人￥700、國中小學生￥300,與神戶海洋博物館共通券成人￥1000、國中小學生￥400　🌐www.kobe-port-tower.com/　⚠現因改裝工事暫不開放

DUO Kobe

一走出JR神戶車站看到的商店街就是DUO Kobe,不僅有服飾、雜貨、餐廳等各種商店,還有通勤一族最需要的書店、便利商店與各種服務設施,JR車站出口的廣場不定期舉辦各種特賣活動,另一端則作為藝廊,成了港區的藝文訊息中心。

🏠神戶市中央區東川崎町1-2-3　⏰購物10:00~20:00,餐廳L.O.21:00　🈺不定休　🌐www.duokobe.com

Umie

2013年開幕的Umie,挑高的長形中庭,是條有陽光的寬敞散步道,種植著綠意盎然的花草,搭配中央圍著樹木的圓形木椅,最適合逛累的人買杯咖啡或是冰淇淋在此休息。從中庭可以再把整座賣場分為南館與北館,而從Umie穿過空中步道,就是MOSAIC購物中心,現在也一同併入Umie的經營體系之下。

神戶港濱最大百貨商場,不管逛街購物或想品嚐美食,種類選擇很多

🏠神戶市中央區東川崎町1-7-4　⏰10:00~20:00　🌐umie.jp/　⚠提供Free Wi-Fi、Tax-free Shop(非全館)

神戶海洋博物館

海洋博物館白色網狀外觀,在藍天白雲下有如帆船般,一到了夜晚,藉由投射燈映照出淡藍色光芒的照明,變成另一種絢麗的色彩景觀。1987年開館,介紹神戶港的歷史、港口的建造技術並收藏了船隻模型、2F播放神戶港震災相關展示。

🏠神戶市中央區波止場町2-2　⏰10:00~18:00(入館~17:30)　🈺週一(遇假日順延)、12/29~1/3　💲大人￥900、國中小學生￥400　🌐www.kobe-maritime-museum.com/

對於第一次到神戶的人來說，北野那一棟棟不同於日本建築的歐式房舍，便是神戶的面貌。

北野異人館

きたのいじんかん　Kitano Ijinkan

風見鶏の館

這棟紅磚建築是1909年德國貿易商湯瑪斯建造的家，尖尖的屋頂之外，2樓有著龍椅與八角窗的書房也是很值得注意的設計。值得一提的是，當年住在兒童房的湯瑪斯先生的女兒，在風見鶏の館開放參觀後還曾由德國前來一遊，她當時的留影紀念照片展示在兒童房內，喜歡西洋古典的人可以進館參觀。

屋頂上的風向雞幾乎已成了北野異人館的標誌

🏠神戶市中央區北野町3-13-3　🕐9:00~18:00(入館~17:45)　🈳2、6月第1個週二(遇假日順延)　💲￥500，持City Loop一日券￥450　🌐www.kobe-kazamidori.com

北野坂 西村咖啡

北野坂にしむら珈琲店

大名鼎鼎的西村咖啡在離本店這麼近的北野坂上開設分店，就是因為其風格與本店大不相同。位在中山手通的本店主打當地客層，提供當地人舒適的咖啡環境。而北野坂店則是從店門口就充滿濃濃洋風，不只有咖啡，還提供午、晚間套餐，希望客人能在被藤蔓爬滿的紅瓦洋房中，優雅且自在地度過用餐時光。

🏠神戶市中央區山本通2-1-20　🕐10:00~22:00　💲午餐￥3000起　🌐www.kobe-nishimura.jp

異人館共通券

異人館共通券有多種組合，從九館共通券到兩館券都有，請視自己時間與需求選擇。如果時間不多，建議可以挑選重點館參觀，其他館則看外觀即可。另外，購買地點不同的話，提供的共通券也可能不同，記得要多加注意。(適用共通券可至各館官網確認)

魚鱗之家·魚鱗美術館

うろこの家 うろこ美術館

閃耀著淺綠色光澤的鱗狀外壁，夏天時翠綠的藤蔓如一張綠網纏繞其上，門前的中庭裡還蹲座著一隻像貌極富藝術感的山豬，這就是為人津津樂道的魚鱗之家。魚鱗之家是舊居留地的外國人租屋，在明治後期才搬移到北野的高台上，除了特殊的外觀，館內保存著精緻華美感的西洋古董家具，以及名家瓷器。

🏠神戶市中央區北野町2-20-4　🕐冬季9:30~17:00，夏季9:30~18:00　💲大人￥1050、小學生￥200　🌐kobe-ijinkan.net/

魚鱗之家旁還有一間小小的美術館，裡頭收藏了許多名畫，別忘了來品鑑這些畫作。

北野天滿神社

異人館這一塊區域之所以會被稱為「北野」，就是因為這位在風見鶏の館右邊的北野天滿神社。北野天滿神社祭祀學問之神菅原道真，對於合格、必勝祈願十分靈驗。登上高高的階梯，莊嚴的神社氛圍與異人館的西洋風情大不相同，而從神社旁的高台向下望去可以遠眺神戶港口景色，更可以看到風見雞の館的屋頂，是在地人才知道的觀景名所。

🏠神戶市中央區北野町3-12　🕐7:30~17:00　🌐www.kobe-kitano.net

常見問題

受傷、急病、遭竊、迷路…旅行中總是會遇上各式各樣的問題，尤其在語言不通的環境下更讓人心慌，本篇特別解答旅人會遇到的緊急狀況、不熟悉的當地習慣，雖然都是小提醒，卻可以讓旅行途中更安心。

文／墨刻編輯部
攝影／墨刻攝影組

緊急問題

東西被偷了

請先打免費電話110報案，請日本的警方幫忙處理。也可連絡各地辦事處幫忙，詳細資訊見「護照掉了」。

日本緊急電話簿

以下是能以英文溝通的緊急連絡電話。

警察局：緊急110，遺失物品03-3814-4151（東京），一般詢問03-3503-8484（東京）

火警、救護車：119

日本救助專線：0120-461-997

護照掉了

請聯絡就近的辦事處，請他們協助處理國外護照補發和回國事宜。除了東京和大阪外，福岡、那霸、橫濱和札幌也都設有分處，詳情可上台北駐日本經濟文化代表處的網站查詢：www.taiwanembassy.org。

台北駐大阪經濟文化辦事處

🏠大阪市北區中之島2-3-18 中之島フェスティバルタワー17F ☎06-6227-8623(一般)、090-8794-4568(緊急) 🕐9:00~11:30、13:00~17:00 🚇地下鐵四つ橋線「肥後橋」駅4號出口徒步5分

信用卡不見了

第一件事就是先掛失，將損失降到最低，大部份信用卡公司也提供海外補發緊急信用卡的服務，以方便接下來的行程。

以下是幾家信用卡公司的海外掛失服務電話，也可直接至當地機構辦理：

VISA信用卡國際服務中心：00531-44-0022

Master信用卡國際服務中心：00531-11-3886

JCB全球熱線：1-213-688-00941

美國運通日本掛失專線：03-3586-4757

迷路了

先找找看附近有沒有大的地標、任何指標或地圖，還是找不到的話可以到交番（有點像迷你的派出所，會有警察在）問路，東西遺失或被搶等狀況，也可在此報案。如果人在觀光地，可以試問看看便利商店的店員。

生病或受傷了

如遇急難狀況可用公共電話免費撥打119。在日本看病貴得嚇人，如果不得已真的碰上了，記得一定要申請診斷證明（雖然證明也要花錢），回國後才能申請保險和健保的理賠。此外，在藥妝店也有販賣止痛、感冒等各種簡單的基本藥品。

關西地區的醫療諮詢電話：050-3598-7574(週一~五9:00~17:00)

日本禮儀

日本算是社會禮儀規範相當嚴謹的國家，許多隱形的禮儀界線，常讓外國旅客摸不清頭腦。特別提醒幾個需要具備的禮儀小常識和有趣的用餐、神社禮儀，一起做個有禮貌的旅人。

電車讓坐視情況

也許你也注意到日本人在車上不太讓坐，但這倒不能單純歸咎成冷漠而已。事實上心思纖細的日本人，因為擔心讓坐給「老人家」時反而直指出對方是老人而顯得失禮，因此除非真的看起來有需要的旅客，否則一般不大讓坐（除非你就坐在優先席上）。

上廁所衛生紙記得沖掉

日本的廁所專用衛生紙是可以水沖的，因此除了生理用品外，衛生紙直接丟進馬桶裡沖掉即可。

浴衣或和服的領口為右下左上

記得在別人看起來是個英文的y字型就不會錯，如果有同伴的話不妨互相check一下。相反的話根據日本禮俗，與往生忌諱有關，可別搞錯了。

別在溫泉池裡洗毛巾

溫泉浴池是洗淨身體後大家共同浸泡的地方，因此日本人相當重視浴池的乾淨；在這邊洗小毛巾、搓身體、敷臉、讓頭髮泡在水裡等會弄髒大家的水的事情，都會被視為相當不禮貌的行為。

拍照時請注意周邊他人

拍照時的問題主要在櫻花和紅葉時分，因為日本國內外的遊客居多，部分寺廟為了避免妨礙動線會禁止使用三角架及自拍棒，部分寺廟則是不論季節，一概不許使用。在拍照時，周圍的人都一樣，久久才來這麼一次，記得不要佔據所有人想要的好角度不放，和別人輪流才是禮貌喔。

神社參拜的禮儀

參道
踏入鳥居之後，就代表從人世來到神明的居所，在踏上通往拜殿的道路時，記得要走在左右兩端，因為既然來到了神的居所，道路正中間當然是「神明走的路」，凡夫俗子怎麼能與神靈爭道呢。

手水舍
別急急忙忙地衝到拜殿，參拜之前記得先到手水舍洗手、漱口，洗去穢氣，顯示對神明的敬意。

洗手順序為：左→右→口→左，先以右手持水勺盛水洗左手，接著洗右手，然後再倒水至左手、以手就口漱口，接著再洗一次左手，最後直立水勺（杓口朝內）用剩下的水清洗杓柄，擦乾雙手。

參拜
走到神前時先鞠躬一次，接著投硬幣入賽錢箱，搖動鈴鐺再開始參拜。參拜時的基本口訣為「二拜、二拍手、一拜」，也就是先鞠躬兩次，合掌於胸前、拍兩次手，向神明述說願望，接著再敬禮一次，就完成參拜儀式了。

認識京阪神

行前準備

機場介紹

當地交通

主題旅遊

常見問題

一般問題

不小心買太多東西，想先寄回台灣怎麼辦？

將包裹寄回台灣可選擇日本郵便局的國際快捷 (EMS)或是以國際包裹的方式寄送，國際快捷與DHL 等國際快遞類似，送達時間快但價格昂貴；國際包裹可選擇以航空或海運寄送，海運時間最長但也最便宜。無論哪種寄送方式，每件最重皆不能超過30公斤，也有可能在寄送回台灣被台灣的海關課稅。

若是附近沒有郵局，或是包裹較大可直接在郵局寄送或是打電話到0800-0800-111請工作人員到府收取。打電話時先輸入所在地點的7碼郵遞區號，即會轉接到當地的分局，但每個分局的收取時間不一，提早打電話較為保險。

日本郵便局網址：www.post.japanpost.jp/
郵遞區號查詢：www.post.japanpost.jp/zipcode

怎麼寄明信片？大概多少錢？

找到有郵局標示和郵筒的地方就可以寄信，寄明信片回台灣一張￥70，平信的話一封￥90，可以和郵局櫃檯買郵票（日文寫作切手，きってki-te）或直接購買貼好郵票的明信片，寫好後投入信箱或交給郵局人員即可。另外，日本郵筒都是紅色的，小心看一下要寄往的地點，可別投錯了。

怎麼用手機打電話？

打回台灣的話，請打+886加上電話號碼去掉第一個零即可。如果打日本電話則直接打，例如手機的話就是直接撥090-XXX-XXXX。

怎麼用公共電話打國際電話？

現在可以投幣的機台較少，必須先在便利商店或自動賣票機購買國際電話卡。撥號方式為：電話公司號碼（依各公司規定而異）＋010（國際冠碼，可能有變動）＋886（台灣國碼），再加上去掉第一個0的電話號碼即可。（如台北市02，就直接撥886-2）。

怎麼認地址？

如果你在東京或北海道，基本上地址是按街區（BLOCK）分。例如文京區後樂1-3-61，先找到文京區後樂1的大範圍之後，被路隔開的一塊塊街區編為1、2、3……，範例地址就是在3號街區內編號61號的地方。但京都的地址就不是按這樣的規定，基本上先照在路的哪個方位，分為上ル、下ル、西入ル、東入ル，接下來不見得有詳細的門牌，因此事先查好地圖就格外重要。

口渴了可以直接喝水龍頭的自來水嗎？

除了有特別標示的地方外，日本國內的自來水幾乎都可以直接飲用，其中北海道的水更是特別甘甜好喝。若是不敢嘗試的話，可以喝飯店提供的礦泉水或是在外購買瓶裝水。

認識京阪神

行前準備

機場介紹

當地交通

主題旅遊

常見問題

充電要帶轉接頭嗎？

日本的電壓為V100，台灣的電壓雖然為V110，但基本上插頭規格相同，並不會對電器造成影響，可以直接使用。

車票有沒有兒童票？

除了部分特殊票之外，大部分都有。這裡的的兒童指6~12歲的小朋友，一般的收費標準大約是成人的半價；6歲以下的嬰幼兒免費。

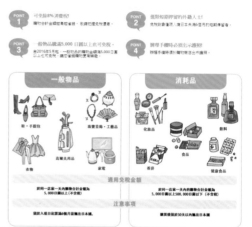

在日本要怎麼退稅？

日本的消費稅之前是8%，2019年10月起正式調漲至10%。但無需擔心這會讓荷包大大縮水，因為退稅的方式也有所調整。除了交通、飯店、餐廳用餐等無可避免，其他像是只要在貼有免稅／可退稅貼紙的店家消費達門檻，例如當地機場及免稅商店，或是大型電器連鎖賣場、百貨公司、大型商店等貼有免稅商家的店，也可享有退稅優惠，對於觀光客而言，影響不至於太大。

退稅流程：

1 選購商品

2 同一日於同一家店購買a)消耗品滿¥5000(未稅)，或b)一般商品(非消耗品家電、服飾、包包等)滿¥5000(未稅)，須注意的是消耗品與一般商品會分開計算金額。當場可於賣場或店家提供護照、填表辦理退稅。

退稅門檻降低：以往的退稅範圍會將消耗品與一般商品需分開計算金額，在可退稅店家購物後，需各自額滿日幣5000(未稅)，方可辦理退稅，但新制上路後，有部分店家也容許兩者合併計算。若不確定該店計算方式，也可詢問後再行消費。

購買物品可否拆封、使用：新制規定一般物品(像是衣服、包包、電器、飾品等)，退稅後仍可於日本拆封使用。消耗品(像是香菸、酒、食品、藥妝等)，退稅後不可拆封，且若消耗品購物總額高於50萬日圓以上，也不退稅。若是一般物品＋消耗品合併計算的退稅品，一律不可拆封使用，且購物總額高於50萬日圓以上，也不得享退稅。

飲食類分10%、8%兩種稅制：食品及飲料等適用輕減稅率，其消費稅仍維持為8%，但酒類和外食不適用，也就是說酒的稅率算新制10%；餐飲的話，坐在餐廳或在便利商店裡吃都算10%，外帶就是8%。

液體要放托運：原則上所有免稅商品都需要在出境時帶在身邊讓海關檢查，但如果買了酒、飲料等液態食品，或是化妝水、乳液等保養品不能帶入機艙，必須要放入托運行李中時，可在結帳退稅時請店員分開包裝，但切記裝入行李箱時一樣不可打開包裝袋或箱子，以免稅金被追討。

有關新稅制詳細規定可洽官網：tax-freeshop.jnto.go.jp/

旅行日文

總之，先說這句

不好意思。

すみません。

Su-mi-ma-sen.

註：不管問什麼都先說這句，比較禮貌。

單字

大阪 **おおさか** Osaka	祇園 **ぎおん** Gion	清水寺 **きよみずてら** Kiyomizutera
梅田 **うめだ** Umeda	四条 **しじょう** Shijyo	姫路城 **ひめじじょう** Himejijou
中之島 **なかのしま** Nakanoshima	河原町 **かわらまち** Kawaramachi	奈良 **なら** Nara
日本橋 **にほんばし** Nihonbashi	嵐山 **あらしやま** Arashiyama	伏見稲荷大社 **ふしみいなりたいしゃ** Fushimi-Inari Taisha
難波 **なんば** Namba	三宮 **さんのみや** Sannomiya	
心斎橋 **しんさいばし** Shinsaibashi	北野異人館 **きたのいじんかん** Kitano Ijinkan	
道頓堀 **どうとんぼり** Dotonbori	元町 **もとまち** Motomachi	
新世界・天王寺 **しんせかい・ てんのうじ** Shinsekai・ Tennouji	明石 **あかし** Akashi	
大阪城 **おおさかじょう** Osakajyo		

看不懂就問吧！

我想要去～。

地名+に行きたいです。

地名+ni iki-tai desu.

去～的月台／乘車處是幾號？

車站名+行きはどのホーム／乗り場ですか？

車站名+yuki wa do no ho-mu／no-ri-ba desuka.

看不懂就問吧！進階版

地名+にいきたいですが、+情境

地名+ni iki-tai desu ga、+情境

情境：

搭什麼線比較好？

何線でいいですか？

nani-sen de ii desu ka.

請問在哪裡轉車？

どこで乗り換えますか？

doko de nori-kae masu ka.

那一個出口比較近

何番出口の方が近いですか？

nan-ban de-guchi no ho ga chi-kai desu ka.

怎麼辦才好

情境+どうすればいいのですか？

情境+ do-su-reba ii no desu ka？

情境：

過不了改札口

改札口を通れませんでした。

kai-satsu-guchi wo toore-masen de-shi-ta.

車票不見了

切符をなくしてしまいました。

kippu wo naku-shite shi-mai-ma-shi-ta.

東西忘了拿

荷物を忘れてしまいました。

ni-mo-tsu wo wa-su-re-te si-mai-ma-shi-ta.

想退票

払い戻ししたいんです。

ha-rai mo-do-shi shi-tain desu.

認識京阪神

行前準備

機場介紹

當地交通

主題旅遊

常見問題

想找車站裡的設施嗎？

最近的 〜 在哪裡。

一番近い＋名詞＋はどこですか。
ichi-ban chi-kai 〜 wa doko desu ka.

認得這個字！

轉乘
乗り換え
nori-kae

剪票口
改札口
kai-satsu-guchi

月台
ホーム
ho-mu

車票
きっぷ
kippu
備註：漢字寫作「切符」

售票處
きっぷうりば
kippu u-ri-ba

這裡不是出口。
出口ではありません
de-guchi dewa ari-ma-sen
備註：這個標示在東京鐵路各線轉乘時常常看到，
表示該改札口是轉乘專用而非出口。

單程
片道
kata-michi

來回（往返）
往復
ou-fuku

坐滿了
満席
man-seki

下（車）
降り
o-ri

上（車）
乗り
no-ri

直接這麼說！

搭錯車了。
乗り間違えた。
no-ri machi-gae-ta.

坐過站了。
乗り過ごした。
nori su-go-shi-ta.

請寫下來。
書いてください。
kai-te-ku-da-sai.

單字

觀光案內所
かんこうあんないしょ
kan-ko-an-nai-syo

廁所
トイレ
to-i-re

電梯
**エレベーター
(elevator)**
e-re-be-ta

電扶梯
**エスカレーター
(escalator)**
e-su-ka-re-ta

投幣置物櫃
**コインロッカー
(coin locker)**
ko-in-ro-kka

出入口
でいりぐち
de-iri-guchi

駅員室
えきいんしつ
eki-in-shitsu

精算機
せいさんき
sei-san-ki

公共電話
こうしゅうでんわ
ko-syu-den-wa

作者墨刻編輯部
攝影墨刻攝影組
責任編輯陳楷琪
美術設計許靜萍（特約）·羅婕云
封面設計羅婕云
地圖繪製墨刻編輯部

出版公司
墨刻出版股份有限公司
地址：台北市104民生東路二段141號9樓
電話：886-2-2500-7008／傳真：886-2-2500-7796
E-mail：mook_service@hmg.com.tw
發行公司
英屬蓋曼群島商家庭傳媒股份有限公司城邦分公司
城邦讀書花園：www.cite.com.tw
劃撥：19863813／戶名：書虫股份有限公司
香港發行城邦（香港）出版集團有限公司
地址：香港灣仔駱克道193號東超商業中心1樓
電話：852-2508-6231／傳真：852-2578-9337
城邦（馬新）出版集團 Cite (M) Sdn Bhd
地址：41, Jalan Radin Anum, Bandar Baru Sri Petalin g,
57000 Kuala Lumpur, Malaysia.
電話：(603)90563833／傳真：(603)90576622／
E-mail：services@cite.my
製版·印刷
凱林彩印股份有限公司
ISBN978-986-289-875-8·978-986-289-876-5（EPUB）
城邦書號KV1026 **初版**2023年6月 **二刷**2023年7月
定價380元
MOOK官網www.mook.com.tw
Facebook粉絲團
MOOK墨刻出版 www.facebook.com/travelmook
版權所有·翻印必究

執行長何飛鵬
PCH集團生活旅遊事業總經理暨墨刻出版社長李淑霞

總編輯汪雨菁
資深主編呂宛霖
採訪編輯趙思語·陳楷琪
叢書編輯唐德容·王藝霏
資深美術設計主任羅婕云
資深美術設計李英娟
影音企劃執行邱茗晨

資深業務經理詹顏嘉
業務經理劉玫玟
業務專員程麒
行銷企畫經理呂妙君
行銷專員許立心
行政專員呂瑜珊

印務部經理王竟為

國家圖書館出版品預行編目(CIP)資料

出發!京阪神自助旅行. 2023-2024 : 一看就懂旅遊
圖解Step by Step/墨刻編輯部作. -- 初版. -- 臺北
市 : 墨刻出版股份有限公司出版 : 英屬蓋曼群島商
家庭傳媒股份有限公司城邦分公司發行, 2023.06
208面；16.8×23公分. -- (一看就懂旅遊圖解；26)
ISBN 978-986-289-875-8(平裝)

1.自助旅行 2.日本關西

731.7509   112006664